理论自觉的先声

——郑杭生与中国社会学自主知识体系构建

杨发祥 著

華東理工大學出版社
EAST CHINA UNIVERSITY OF SCIENCE AND TECHNOLOGY PRESS
·上海·

图书在版编目（CIP）数据

理论自觉的先声：郑杭生与中国社会学自主知识体系构建 / 杨发祥著. -- 上海：华东理工大学出版社，2024. 11. -- ISBN 978-7-5628-7607-6

Ⅰ. C91

中国国家版本馆CIP数据核字第2024B5V682号

策划编辑 / 刘　军　藕　园
责任编辑 / 秦静良　藕　园　刘　军
责任校对 / 王雪飞
装帧设计 / 肖祥德
出版发行 / 华东理工大学出版社有限公司
地址：上海市梅陇路130号，200237
电话：021-64250306
网址：www.ecustpress.cn
邮箱：zongbianban@ecustpress.cn
印　　刷 / 上海盛通时代印刷有限公司
开　　本 / 710 mm × 1000 mm　1/16
印　　张 / 20.25
字　　数 / 260千字
版　　次 / 2024年11月第1版
印　　次 / 2024年11月第1次
定　　价 / 78.00元

深切缅怀

社会学家郑杭生先生

（1936—2014）

序

2016年5月17日，习近平总书记在哲学社会科学工作座谈会上的讲话中指出，哲学社会科学“要按照立足中国、借鉴国外，挖掘历史、把握当代，关怀人类、面向未来的思路，着力构建中国特色哲学社会科学，在指导思想、学科体系、学术体系、话语体系等方面充分体现中国特色、中国风格、中国气派”①。2022年4月25日，习近平总书记在视察中国人民大学时强调，“加快构建中国特色哲学社会科学，归根结底是建构中国自主的知识体系。要以中国为观照、以时代为观照，立足中国实际，解决中国问题，不断推动中华优秀传统文化创造性转化、创新性发展，不断推进知识创新、理论创新、方法创新，使中国特色哲学社会科学真正屹立于世界学术之林”②。党的二十届三中全会进一步指出，要“创新马克思主义理论研究和建设工程，实施哲学社会科学创新工程，构建中国哲学社会科学自主知识体系”③。

面对百年未有之大变局，我们又一次处于机遇和风险并存的紧要关头。对于中国这样一个人口规模巨大的国家的社会转型来说，西方国家的

① 习近平．在哲学社会科学工作座谈会上的讲话［N］. 人民日报，2016-05-19（002）.

② 习近平．坚持党的领导传承红色基因扎根中国大地　走出一条建设中国特色世界一流大学新路［N］. 人民日报，2022-04-26（001）.

③ 中共中央关于进一步全面深化改革　推进中国式现代化的决定［N］. 人民日报，2024-07-22（001）.

经验常常缺乏解释力，中国经验或中国模式迫切需要自身的理论抽象与理论提炼，用中国道路总结中国经验，把中国经验上升为中国理论。因此，开展郑杭生先生与社会学理论自觉研究，对于检验和反思中国社会学本土化的理论进路与实践历程，准确把握中国特色社会学理论的发展脉络、规律和方向，继承和发扬郑杭生的社会学思想，缅怀他对中国社会学的卓越贡献，提升中国社会学的学术影响力，推动中国社会学理论的百花齐放、百家争鸣，催生中国特色、中国风格、中国气派的中国社会学自主知识体系的建构，具有重要的理论意义和实践意义。

理论自觉是一个立足本土、突破西方范式的过程，也是一个科学定位和不断推进中国社会学自主知识体系创新发展的过程。中国社会学的本土化，需要我们站在中国大地上，既汲取西方社会学的有益成分，又摆脱对西方学术理论的过度依赖。我们只有充分尊重文化传统，进入中国当前正在如火如荼推进的政治、经济、文化、社会、生态文明建设的“田野”，才能古为今用、洋为中用，才能迈向中国式现代化的光辉前景，推进中国特色社会学自主知识体系的发展。为全面提高理论自觉的基本功力，中国社会学人一要有守正创新的学术使命，二要有基于“文化自觉”的学术传承，三要有“接地气”“有底气”的学术意识，四要有“本土特色与世界眼光”的学术认知。作为当代中国社会学界承前启后的重要人物，郑杭生先生毕生致力于推动中国社会学的本土化。他对理论自觉的现实追问与身体力行，影响了中国社会学界的本土理论建构，为提升中国社会学与西方的平等对话作出了重大贡献，彰显了一位前行者和引领者的远见卓识。

杨发祥教授曾师从郑杭生先生，从事博士后研究工作，与郑先生交往密切，对郑先生的社会学理论有深刻的体认和感悟，有很多研究心得。在郑杭生先生逝世十周年之际，杨教授倾心撰写这本力作，对郑杭生先生的理论自觉思想作出了全面而又系统的探讨，提出了很多具有思想穿透力的学术观点。

总体看来，该书有以下几个方面的新意：

第一，从学术史角度，通过历时性与共时性相结合，将郑杭生先生的社会学学术历程放到中国社会学本土化进程中进行研究，全面探讨了郑杭生先生的学术发展与理论自觉的关系。作为中国社会学恢复重建时期的领军人物，郑杭生先生对中国社会学的本土化作出了历史性贡献。该书在系统梳理郑杭生先生理论自觉思想总体架构、发展脉络和演进历程的基础上，从时局审视与敏锐感知、学科使命与话语转换、知识生产与身体力行、“顶天立地”与应用拓展等四个维度，系统阐释了郑杭生先生何以成为理论自觉的先觉者、倡导者、先行者、推动者，从而深刻把握理论自觉的思想精髓，凸显了郑杭生先生在中国社会学恢复重建中的重大作用。作者认为，理论自觉不仅是郑杭生先生晚年学术思想的重要内容，也是贯穿郑杭生先生社会学理论的核心元素。郑杭生先生对中西社会学的科学审视与敏锐感知，对国际前沿和本土特质的把握，对社会学学术话语权的感悟，对社会学理论建构和知识生产的身体力行，对“顶天立地”和应用拓展的殚精竭虑，对建构本土和超越本土的科学论证，以及学术自省与建设性的批判反思精神，都推动了中国社会学自主知识体系的建构。

第二，系统剖析中国社会学的理论谱系与层次结构，全方位展现郑杭生先生社会学理论的思想深度。一般而言，社会学理论包括社会学元理论与社会学本理论这两个相对独立而又不可分割的组成部分。社会学本理论既包括宏大理论，也包括中层理论。而贯穿在元理论、基本理论和经验研究过程中的，是社会学家认识世界的基本立场，即社会学的认识论。从总体上看，郑杭生先生社会学理论的谱系结构，主要包括社会学元理论、宏观社会学理论和中层社会学理论等三个层次。郑杭生先生基于老一辈社会学家的本土化探索，确立了“个人与社会的关系”问题是社会学的元问题和基本问题，这是社会学理论元层面和社会学知识体系的基础，为社会学本土理论的建构提供了价值取向与方法论基础。该书认为，作为社会运行学派的奠基人，郑杭生先生及其学术团队率先垂范，身体力行，立足中国社会转型的鲜活经验，先后提出和发展了社会运行论、社会转型论、学科本土论、社会互构论和实践结构论等五大理论，形成了相对系统的社会学理论体系，开创了一种探索中国风格、中国特色和中国气派社会学理论的风气。作为一种标识性理论，这五个理论彼此呼应、互为一体，展现了历史与逻辑的内在统一。

第三，从价值评估和叙事认同的角度，科学评价理论自觉思想遗产的当代意义，客观评价郑杭生先生在社会学理论建构中的历史地位和重要作用。作为改革开放后中国社会学重建的重要倡导者和新时期中国社会学理论的重要开拓者，郑杭生先生为我们留下了丰富的学术遗产，其兼容并包的学术精神和高度的社会责任感堪为垂世风范。[①]“对有中国特色的社会学理论有所贡献，对转型中的中国社会的认识有所深化”，是郑杭生先生给自己从事社会学研究设定的目标。该书认为，理论自觉的思想，生动诠释了郑杭生先生的理论抱负和不倦追求，已成为当代中国社会学人的集体记忆。郑杭生先生的社会学理论命题，经历了从学理语言到大众日常语言再到政策理念的演变过程，并在社会生活实践中不断得到检验和完善。在社会学界的共同努力下，中国社会学的本土化进程和“理论自觉”意识不断加强。学术共同体意识的集体觉醒、薪火相传与接续努力，推动了中国社会学自主知识体系的生产、应用与传播，为谱写“中国故事”提供了有

---

① 张建明，冯仕政．家国情怀知行合一：纪念郑杭生先生［M］. 北京：中国人民大学出版社，2020：3-8，219-231.

力的学术支撑。

此外，《郑杭生社会学思想年谱选编（1984—2014）》系统整理了郑杭生从1984年留学英伦归国创立中国人民大学社会学学科到2014年逝世的30年间出版和发表的大量著述及相关档案资料等，非常系统地呈现了社会运行学派的形成和发展过程。这些社会学探索与思考，立体勾勒了郑杭生先生的学术肖像，对于梳理学术链条，把握理论进路，全面、系统、深入了解中国特色社会学理论，展现郑杭生先生对中国风格、中国气派、中国特色社会学理论的探索及其应用拓展的过程，具有十分重要的价值。它从另一个侧面展现了郑杭生先生对中国社会学理论自觉的卓越贡献，具有重要的史料价值。

总之，中国社会学自主知识体系的构建是一项长期的工作，建立一个学派，或者形成具有解释力的理论话语，需要长期的实践探索与极具智慧的理论创新。2024年是中华人民共和国成立75周年，也是实现“十四五”规划目标任务的关键一年。中国式现代化的伟大实践，为哲学社会科学发展提供了重要机遇和广阔空间。理论自觉意识支撑了中国社会学的想象力。在强国建设和民族复兴的新征程中，如何从社会学视角探寻中国式现代化的建设规律？如何在全面深化改革中进一步推动社会良性运行与协调发展？如何以一门学科回应一个时代的发展变化？这些问题都值得持续深入探讨。

我虽然工作在中国社会科学院，但多次在正式场合或非正式场合听郑杭生先生阐述学术主张、讲述理论观点，也经常学习郑杭生先生的著述。杨发祥在完成该书之后，希望我写一个序。我自知不能完全把握郑杭生先生的学术真谛，但对社会运行学派的建构努力，以及郑杭生先生带领的团队的本土化实践，一向神往。世界上有很多社会学学派。每一学派的发展，都遵循开拓创新、发扬光大、持续传播、形成潮流的逻辑理路。杨发祥作为郑杭生先生的学生，能够在郑杭生先生仙逝之后继续梳理与推广先师的学脉，令人感动！结合自己对郑杭生先生的理解，我也阅读了本书的文字，认为杨发祥可谓得其大者！这让我不得不欣然命笔，写下上面的话。鼓励自己，也盼望我们社会学人，既能够不忘来时的路，也能够走出未来的路，在做大做强自己学派的过程中，不负先生、不负时代、不负韶华！

谨以是书之！

于中国社会科学院中国式现代化研究院

2024 年 9 月 10 日

目录

第一章

导论

第一节　选题缘起与研究意义

一、选题缘起

郑杭生是新时期中国社会学学科的重要奠基人之一，是当代中国社会学界承前启后的重要人物。2014 年 11 月 9 日，中国社会学会名誉会长、中国人民大学一级教授郑杭生不幸辞世，是中国社会学界的重大损失。“理论自觉”不仅是郑杭生晚年社会学思想的重要内容，也是贯穿其整个社会学思想谱系的核心元素。他对理论自觉的现实追问与身体力行，唤醒了中国社会学界对本土社会学理论建构的探索与认同。开展郑杭生与中国社会学理论自觉的研究，系统剖析郑杭生社会学学术思想的源和流及其内在结构，全面阐释其理论精髓，为从理论和实践上回应中国社会学自主知识的学术传承和体系建构，找到了理论创新和应用拓展的契合点，留下了大量可供探索的空间和可行的研究路径。

当今世界百年未有之大变局加速演进，国家发展的机遇和风险接踵而至，如何把握机遇和规避风险是所有社会学人需要共同关注的。作为一门关注社会良性运行和协调发展的综合性具体学科，社会学对国家经济社会发展所面临的不确定性风险作出自己的回应，科学回答中国之问、世界之问、人民之问、时代之问，是构建中国社会学自主知识体系的题中应有之义。中国改革开放 40 余年的巨变，实现了中华民族的华丽转身，文化自觉变得尤为重要。费孝通先生晚年对文化自觉的提倡和追寻，就是一种先觉性发现。郑杭生先生将“自觉”细化，以社会学学科视角为切入点，明确提出和阐发了中国社会学“理论自觉”的概念与命题，认为中国特色社会学要做到理论自觉，应遵循“立足现实，提炼现实；借鉴国外，跳出国外；开发传统，超越传统；创新话语，创造特色”的发展思路，为提升中国社会学与西方平等对话的学术话语权不遗余力，彰显了一代社会学家的远见卓识。在西方学术霸权和话语中，如何确立基于文化自觉的理论自觉是中国社会学未来发展的重要方向，为社会学发展开启了一种极为重要的研究旨趣，任重而道远。谨以此项研究，作为对郑杭生先生的一种深切缅怀。

二、研究意义

理论自觉是当代中国社会学的重要议题。开展郑杭生与中国社会学理论自觉研究，为认识和解读中国社会学理论发展，提供了一个重要的分析视角，对于检验和反思中国社会学本土化的理论进路与实践历程，促进中国社会学的理论建构与批判反思，扩大中国社会学的学术话语权，不在西方“笼子”里跳舞，具有重要的学术价值；同时，对于继承和发扬郑杭生的学术思想，缅怀他对中国社会学的卓越贡献，准确把握中国社会学理论的发展脉络、规律和方向，推动中国社会学理论的百花齐放，催生中国特色、中国风格、中国气派的中国社会学自主知识体系构建，具有重要的理论价值和实践意义。

郑杭生的社会学理论命题，经历了从学理语言到大众日常语言再到政策理念的演变过程，在社会生活实践中不断得到检验和完善。在新一代社会学人的共同努力下，中国社会学的本土化进程不断加快，理论自觉意识不断增强。西方国家的经验对中国这样一个巨型国家的深刻转型常常缺乏解释力，中国经验或中国模式迫切需要自身的理论抽象与理论提炼。这样，理论自觉呼唤和重构中国社会学的想象力，可以为当前社会转型和改革发展中面临的各类社会问题作出自己的理论回答。因此，开展理论自觉思想研究，对于构建中国社会学自主知识体系具有重要的应用价值。

第二节　文献回顾

一、郑杭生社会学思想谱系研究

进入21世纪以后，郑杭生带领他的研究团队一次次深入基层调查，形成了十分丰富的社会学中层理论，体现在其晚年（十多年）出版的系列研究报告中。这些理论都是与“五论”（社会运行论、社会转型论、学科本土论、社会互构论、实践结构论）密切相关的理论命题，共同构成了郑杭生社会学思想谱系。郑杭生社会学思想谱系研究，主要聚焦在四个方面。

一是从理论史的角度出发，论述郑杭生社会学理论的思想渊源、历史背景、形成过程和发展脉络，阐明郑杭生社会学理论的学术特色及其历史地位。郑杭生之于中国社会学建设，意义在于博采众长，既赓续学术的理论脉络，又扎根本土的实践。奂平清认为，郑杭生作为率先对韦伯社会学思想进行深入研究的中国学者之一，在韦伯“价值中立”“理想类型”“传统-现代”分析框架等经典学术遗产的基础上，创造性地提出了新时期“新型现代性”等概念和命题，为中国社会学理论发展历程添上了重要一笔。[①] 董驹翔、董翔薇通过论述郑杭生社会学研究对象理论的产生过程，分析其历史维度，最终阐明郑杭生社会学理论的历史感、学术特色和理论

---

① 奂平清．郑杭生先生的韦伯研究与中国特色社会学理论建构［J］．西北师大学报（社会科学版），2024，61（5）：55-63.

地位。[①] 谢立中认为，“社会运行学派”是中国社会学重建之后由中国社会学家自觉提出的最早的也是最系统的社会学理论体系。这一学派强调从社会运行的角度研究社会，并且试图综合东西方社会学思想和社会理论资源完成理论目标。[②] 刘少杰从郑杭生的三部著作《中国特色社会学理论的探索》《中国特色社会学理论的拓展》《中国特色社会学理论的应用》入手，阐述郑杭生由此展开的学术研究，贯穿其中的核心是建构中国特色的社会学理论，而“社会运行论”“社会转型论”“学科本土论”“社会互构论”使这一核心得以充分展现。[③] 童潇认为，郑杭生社会学思想的创建，既受到马克思主义及其中国化理论体系、中国传统哲学和传统文化及西方哲学的影响，又受到转型期中国的特殊社会实践的影响和检验，并从世界观、方法论、深层理念及思想展开等方面总结了郑杭生社会学思想的逻辑思路。[④] 江立华、胡翼鹏认为，郑杭生社会运行论融合了经典社会学理论与中国传统社会思想求治去乱的理念和实践，既从结构功能角度阐明了社会秩序的动态生成机制，又从中国历史变迁与传统思想中揭示了社会良性运行和协调发展的基本逻辑，体现了理论的历史关怀与文化禀赋。[⑤] 周贤润则基于新发展理念探讨了郑杭生发展社会学思想，以及其对我国高质量

---

① 董驹翔，董翔薇．学术的历史感：郑杭生社会学理论的历史厚度［J］. 山东工商学院学报，2003（4）：121-123.

② 谢立中．当前中国社会学理论建构的努力与不足［J］. 河北学刊，2006（5）：84-85.

③ 刘少杰．建构中国社会学理论的新形态［J］. 甘肃社会科学，2006（3）：6-7.

④ 童潇．郑杭生社会学思想理路探微［J］. 学习与实践，2008（11）：139-146.

⑤ 江立华，胡翼鹏．社会运行论的历史关怀与文化禀赋［J］. 福建论坛（人文社会科学版），2015（11）：92-96.

发展的理论价值和政策意义。①

二是从理论体系的构成出发，阐述郑杭生中国特色社会学理论体系的内涵、本质、主旨和内在逻辑。董驹翔早在 1989 年就评论了郑杭生的社会运行论体系。他认为，面对社会学对象问题的讨论如此激烈，从来没有像郑杭生的著作这样作出了专门、系统而深刻的研究与总结。郑杭生全面设计了自己关于社会学对象的理论与研究方法，并在此基础上重新定义了社会学研究对象。② 文梓从郑杭生对社会学的定义和社会运行论与社会转型论等角度，总结和肯定了郑杭生社会学理论体系的独特贡献和价值。③ 郭星华认为，郑杭生在本土思想资源的基础上，通过借鉴西方的理论和方法，结合当代社会的现实，创立了中国特色的社会学理论体系，具有完整的体系化和鲜明的时代性特点。④ 李迎生将郑杭生社会学理论进行了系统性总结，社会运行论是郑杭生中国特色社会学理论的核心，社会转型论是中国特色社会学理论的拓展，学科本土论是中国特色社会学理论的基础，社会互构论是中国特色社会学理论的深化。这四种社会学理论有着严密的内在逻辑，自成一体，构成了中国特色社会学的深刻内涵。⑤ 黄家

① 周贤润 . 新发展理念与中国特色社会学话语体系构建：以郑杭生发展社会学思想为例［J］. 福建论坛（人文社会科学版），2021（1）：173−184.

② 董驹翔 . 社会运行与社会学：评论郑杭生教授的理论［J］. 齐齐哈尔师范学院学报（哲学社会科学版），1989（6）：14−18.

③ 文梓 . 中国特色社会学的开创性研究：郑杭生先生的社会学理论简析［J］. 阴山学刊，1998（4）：1−5.

④ 郭星华 . 耕耘结硕果桃李舞东风：试论郑杭生教授对中国社会学发展的三个贡献［J］. 甘肃社会科学，2006（3）：4−5.

⑤ 李迎生 . 当代中国特色社会学理论的开拓者：郑杭生社会学探索历程［J］. 社会科学战线，2007（1）：270−275.

亮认为，对中国现代性独特逻辑的探寻，是贯穿郑杭生社会学理论的核心问题。郑杭生的社会学理论体系以建设性反思批判精神对待西方理论，并不断回应中国转型和全球化现代性，最终形成了相对系统且兼具世界眼光与本土特色的中国特色社会学理论体系。[①] 龚长宇认为，郑杭生积极提倡社会学“理论自觉”和“建设性反思”之路，强调社会学必须跳出西方社会学传统，立足中国实际，为我国社会建设与发展服务。其中，社会运行论、社会转型论、学科本土论、社会互构论等是中国特色社会学理论的创造性发展，是对中国社会问题的积极回应。[②]

三是从实践应用的角度出发，以郑杭生“五论”为研究基石，结合中国社会转型过程中的诸多现实问题，如环境、城市发展、社区建设、民族（民族发展）等，开展实证探讨，丰富和完善了郑杭生社会学理论体系。洪大用认为，环境社会学的理论基础十分薄弱，需要从郑杭生的“理论自觉”角度发展中国环境社会学，即充分回答建设什么样的环境社会学及如何建设环境社会学。[③] 童志峰认为，“环境—社会”关系在郑杭生具有中国风格的宏大社会学理论体系中处于核心位置。在西方社会学话语体系排斥生态因素背景下，郑杭生基于本土实践，明确指出生态环境因素是社会运行的重要条件。[④] 黄家亮认为，郑杭生在系统总结中国社区建设的历史

---

① 黄家亮．中国现代性的探寻与中国社会学的理论建构：以郑杭生社会学学术历程为例［J］．西北师大学报（社会科学版），2012，49（3）：49-54.

② 龚长宇．思想的力量永在——郑杭生先生社会学理论发展析述［J］．社会学评论，2015，3（1）：31-36.

③ 洪大用．理论自觉与中国环境社会学的发展［J］．吉林大学社会科学学报，2010，50（3）：109-116，159.

④ 童志锋．“环境—社会”关系与中国风格的社会学理论：郑杭生生态环境思想探微［J］．社会学评论，2017，5（3）：65-75.

背景、时代使命等基础上，对社会资源配置模式、国家和社会的关系，以及社会学理论自觉等议题进行深入探索，进一步完善了中国社会学自主知识体系。① 杨发祥系统梳理了郑杭生自2006年之后进行的城市社区调查，从概念本质与二维视野回答了何为社区建设，以及社区建设何以可能的问题，并结合理论自觉与创新之维寻找建设社区的突破口，立体勾勒了中国城市社区建设的经验版图。② 杨敏认为，在21世纪初的十余年里，郑杭生将他的中国特色社会学理论运用于民族社会学研究。从基础性内容来看，郑杭生民族社会学思想涉及三个方面：确定民族社会学的历史时空定位，建立一级学科研究视野；探索历史、现实与未来中国运行贯通性，凸显“边疆国家”的战略意义；阐述民族互利、民族认同、民族团结的核心命题，强调中华民族的命运共同体的重要意义。③ 杨敏、和思鹏认为，郑杭生在推动社会学理论应用过程中形成了社会协商论的中层理论。郑杭生对社会协商对话制度的内容、渠道和基本原则的论述，为这一理论奠定了开创性基础。④

四是从学科发展的角度出发，阐述郑杭生社会学思想体系及其本人对社会学学科建设、人才培养和学科地位提升等方面的重要作用。黄家亮认为，郑杭生明确了中国特色社会学的两个根本问题，即建设什么样的社会

---

① 黄家亮．郑杭生先生社区调查与社区建设思想研究［J］．西北师大学报（社会科学版），2024，61（5）：71-80.

② 杨发祥．城市社会发展与郑杭生社区建设思想研究［J］．西北师大学报（社会科学版），2017，54（2）：45-51.

③ 杨敏．中国多民族社会及其现代应对：郑杭生民族社会学思想探究［J］．西北师大学报（社会科学版），2015，52（6）：29-38.

④ 杨敏，和思鹏．社会协商论：包容共享与社会公正新探　试析郑杭生先生对中国特色中层理论的贡献［J］．福建论坛（人文社会科学版），2015（11）：77-84.

学和如何建设社会学。有了明确的建设目标，郑杭生从学科制度和学术共同体实践方面推进了中国特色社会学学科建设。[①] 刘荣从亲身经历出发，深切肯定郑杭生对西北民族大学社会学等学科建设的巨大支持和帮助。[②] 郑杭生的中国特色社会学理论，是承前启后的重要理论成果。杨发祥等系统总结了郑杭生编写的教科书、学术论文与著作及其对中国社会学理论自觉的重要影响。[③]

二、郑杭生理论自觉思想研究

在费孝通“文化自觉”的影响启发下，郑杭生提出并大力倡导社会学的“理论自觉”，认为中国特色社会学要做到理论自觉，应遵循“立足现实，开发传统，借鉴国外，创造特色”[④] 的发展思路，立足当代中国的社会实际，以国际视野和世界眼光，进行系统深入的社会调查，将分散的经验材料提炼成指导社会建设与社会治理的理论观点。作为“文化自觉”在社会学学科中的特殊表现，“理论自觉”是“社会运行学派”的思想灵魂。理论自觉思想不仅为中国社会学的发展提供了明确的目标方向，而且也正

---

① 黄家亮．中国特色社会学的学科建构（1984—2014）：郑杭生社会学学科建设思想及实践研究［J］. 甘肃社会科学，2016（5）：19-27.

② 刘荣．西北民族大学的社会学学科建设与郑杭生先生［J］. 西北民族研究，2016（1）：137-141，41.

③ 杨发祥．郑杭生中国特色社会学思想的形成与发展：基于理论自觉的视角［J］. 西北师大学报（社会科学版），2018，55（6）：34-41.

④ 奂平清．“理论自觉”与中国马克思主义社会学的发展：郑杭生的社会学理论立场及意义［J］. 甘肃社会科学，2012（3）：9-14.

是对郑杭生本人的社会学学术进程的真实写照。[①]郑杭生在《促进中国社会学的“理论自觉”——我们需要什么样的中国社会学》一文中，正式提出了“理论自觉”这一标识性概念。所谓理论自觉，是指从事社会学教学研究的人对其所教授和研究的社会学理论有“自知之明”，即要明白它们的来历、形成过程、所具有的特色和发展趋向，分清楚哪些是我们创造的，哪些是汲取西方的。中国社会学的“理论自觉”具有双重使命，一是要努力创造自己的有中国风格的理论，二是要正确对待其他各种理论，特别是外来的理论。把握这两个自主，有助于增强自己在理论转型中的自主能力，取得社会学学科为适应新情况而进行的理论选择、理论创造的自主地位。[②]为此，郑杭生曾对理论自觉作了五点说明，特别强调理论自觉要顺应当今时代的要求，遵循“实证的态度、实事求是的精神”，科学评估中外理论。郑杭生之所以能提出理论自觉思想，是因为他对中国社会学恢复和重建以来所取得成就进行了深刻反思，同时也进一步明确了学科立身之本和未来发展方向。[③]

围绕郑杭生理论自觉思想，学界的研究主要聚焦在四个方面：

首先，从理论维度出发，系统阐述和评价郑杭生理论自觉思想的目标、主要内容、实现途径等。洪大用、黄家亮认为，郑杭生的理论自觉倡导“立足现实、提炼现实”，既强调理论建构又要建立在对实践的提炼的

---

① 李娜，胡翼鹏．论郑杭生关于社会学研究的理论自觉与文化禀赋［J］．学术论坛，2013，36（8）：186-193.

② 郑杭生．促进中国社会学的“理论自觉”：我们需要什么样的中国社会学？［J］．江苏社会科学，2009（5）：1-7.

③ 郑杭生．“理论自觉”与中国风格社会科学：以中国社会学为例［J］．江苏社会科学，2012（6）：1-5.

基础上，从而避免种种“无根”的理论。[①]陆益龙认为，“理论自觉”的提出，标志着中国特色社会学及理论流派的创建达到了一个成熟的阶段，中国社会学的理论自觉在某种程度上体现在以下方面：（1）对马克思主义社会学两种类型的探讨；（2）对“价值中立”的具体分析；（3）对与前沿意识相结合的草根精神的提倡；（4）对改革开放30年的社会学反思和总结；（5）社会互构论与“理论自觉”的彼此推动；（6）对西方社会学理论整合困境的超越；（7）对一些理论误导的学术剖析；（8）学术话语权与理论自觉；（9）学术争鸣、时代精神与理论自觉。[②]

其次，从方法论角度，通过对中国特色社会学理论的梳理，指出理论自觉是郑杭生“五论”和各个中层理论的研究主线。“方法论问题是一门学科的核心问题”[③]，理论自觉作为一种指导思想，如何科学而具体地阐释方法论内涵和外延，将直接影响郑杭生中层理论的具体实践问题。“史、论、法”是社会学知识体系的三大支柱，通过与传统马克思主义社会学研究对话，郑杭生辨明了当代中国马克思主义社会学的独特理论品格，据此展开后续的具体实践。[④]

再次，从实践探索出发，将理论自觉思想运用到社会学的各个分支学科如环境社会学、法社会学、人类学、民俗学、文化社会学中，推动了社会学理论的应用和拓展。郑杭生不仅倡导这样一种理论自觉，还非常自觉

---

① 洪大用，黄家亮．理论自觉与社会运行学派的发展［J］．社会学研究，2015，30（5）：2-12，242.

② 陆益龙．从文化自觉迈向理论自觉：郑杭生对中国社会学及理论的贡献［J］．甘肃社会科学，2012（3）：1-6.

③ 郑震．社会学方法论的基本问题：关系主义的视角［J］．天津社会科学，2019（4）：74-80.

④ 王道勇．郑杭生：当代中国马克思主义社会学的主要创立者［J］．西北师大学报（社会科学版），2024，61（5）：64-70.

地践行这一主张。他一方面作了很多理论梳理，包括社会运行论等理论的提出，另一方面也对中国社会发展的经验进行了理论总结和提炼。无论是对杭州民生促民主发展模式的讨论，还是对浙江温岭民主恳谈等地方民主实践创新的研究，他都力图从指导中国社会发展的理论高度进行总结。[①]

最后，从理论意义出发，将理论自觉思想看作中国社会学话语体系创新的重要推动力。郑杭生"理论自觉"的提出意义何在？奂平清认为，社会学的"理论自觉"意义在于突破"自我实现预言"（the self-fulfilling prophecy）的茧房，因为与自然科学相比，人文社会科学的研究和结论本身会成为某种思想和意识形态，形成某种自我实现预言机制，在不同程度上影响和改变人们对社会的理解和行为方式，从而改变社会变迁和发展的方向。[②] 做学术研究，就是时刻把握与平衡理论和实践之间的关联，这一过程决定了社会科学研究必须有理论自觉，坚持建设性反思批判精神。林聚任认为，郑杭生的理论自觉观对中国社会学理论话语体系的创新具有非常重要的启示意义。第一，这种理论自觉观建立在深刻的反思性基础上，强调了对中国社会学创新发展的重要性。第二，这种理论自觉观为中国社会学的发展明确了方向。第三，这种理论自觉观强调了学术话语权的确立是中国社会学获得学术自主性，实现从世界学术格局边陲走向中心的必由之路。[③] 郑杭生理论自觉的创建贡献巨大，他所强调的"神州气派、本土

---

① 陈光金．倡导理论自觉，研究中国问题：郑杭生教授对中国社会学的贡献［J］．社会建设，2015，2（1）：15-18.

② 奂平清．新时代中国社会学的理论自觉［J］．西北师大学报（社会科学版），2018，55（6）：26-33.

③ 林聚任．理论自觉与中国社会学话语体系建构：从郑杭生的理论自觉观谈起［J］．社会学评论，2017，5（2）：56-62.

风格、中国特质、华夏品位”学术理念甚至催生了一个“后郑杭生社会运行学派”①。

三、中国社会学自主知识体系研究

知识是人运用理性对外部世界理解、把握过程中形成的概念、范畴、术语、原理等。所谓知识体系，即通过一定标准，经由人的理性提炼和表达，形成稳定的概念范畴和价值原理体系，是人类进一步改造世界、传承文明的理性操作指南。那么，中国自主的知识体系，是立足中国本土丰富的实践活动，自主把握客观世界，坚持“两个结合”，坚持人民至上、自信自立、守正创新、问题导向、系统观念、胸怀天下的立场观点方法，总结提升形成规律性的认识，即知识，将这些知识体系化、系统化而形成的知识体系，是对西方人文社会科学知识体系批判和超越的全新思想创造。②

中国社会学自主知识体系源远流长。从社会学传入中国开始，就不可避免地在形式与实质方面有自主知识的思考和书写。这是所有学科国别性、地区性扩散过程中进行本土化、在地化的核心任务之一。如果以社会学传入中国作为起点，那么中国社会学自主知识体系包含了多个核心主题：文化自觉、实践自觉、理论自觉、三大话语体系构建等。从体系的概念看，中国社会学的自主知识体系，可以是由多个亚体系组成的庞大体系，也可

① 董驹翔，董翔薇．社会运行论：运行社会的社会学［M］// 李强，洪大用．社会运行论及其发展：郑杭生学术思想研究．北京：中国人民大学出版社，2020：41.

② 张东刚．建构中国自主的知识体系的若干思考［N］．中国社会科学报，2024-06-21（005）.

以是统一组织和规划的严密体系。从学科发展的自由性和现实性看，前者更可取，即应当是诸多社会学人依据各自的经验质感、现实关怀、人生旨趣等，提出具有本土特色的标识性概念和理论等，这些“零碎”努力，在中国社会学发展历程中通过时代特征而排布成一个有序的位列，逐渐汇成一个可能的知识体系。因此，厘清中国社会学发展史中的关键本土化概念和理论，就是在揭示中国社会学自主知识体系的建构过程。建构本土自主知识体系以建构标识性概念作为出发点，标识性概念建构又以理解概念的构成要素和建构原则作为基础。①所谓原创性概念和标识性概念，是构成新的知识体系不可或缺的概念基础。建构好中国自主知识体系的主要标志，是实现“术语的革命”，赋予概念以新的思想内涵、时代内涵和文明内涵，形成一系列原创性、标识性概念。“原创性概念”凸显的是其所实现的“术语的革命”，“标识性概念”则不仅具有“原创性”，而且凸显特定知识体系的“主体性”和“自主性”。提炼原创性、标识性概念，实现“术语的革命”，是建构中国自主知识体系最为重要的概念基础。②

就中国社会学的诞生问题来看，一般认为社会学来自西方社会，将孔德视为社会学创始人，但 20 世纪 30 年代，拉德克利夫·布朗就指出，其实荀子就开创了中国社会学，这比孔德、斯宾塞早了 2500 多年③，即所谓荀子群学④。当然，这在社会学本土化过程中的被接受度和认可度并不

---

① 郭忠华．自主知识体系视域下的标识性概念建构［J］. 中国社会科学，2024（5）：72-89.

② 孙正聿．原创性概念和标识性概念：建构中国自主知识体系的概念基础［J］. 中国社会科学，2024（7）：38-51.

③ 费孝通．从实求知录［M］. 北京：北京大学出版社，1998：232.

④ 景天魁．论群学元典：探寻中国社会学话语体系的第一个版本［J］. 探索与争鸣，2019（6）：36-47，157.

高。在 1997 年，费孝通在北京的第二届社会学人类学高级研讨班上提出了“文化自觉”概念，是指“生活在一定文化中的人对其文化有自知之明，明白它的来历、形成过程、所具有的特色和它发展的趋向，不带任何文化回归的意思，不是要复旧，同时也不主张全盘西化或全盘他化，自知之明是为了加强对文化转型的自主能力，取得决定适应新环境、新时代文化选择的自主地位”①。费孝通从学科之于民族国家的意义角度看待社会学的现实意义，即社会学不单是经世济民的实用学科，也是开明启智、以文化人的学科。此后，围绕文化自觉，中国社会学界开展了和谐社会②、社会发展③乃至全球化④的讨论。

在“文化自觉”以后，由郑杭生提出的理论自觉将中国社会学自主知识体系构建推入新的高潮。首先，关于社会学本土思想资源及其流源的研究。景天魁围绕荀子群学，开展一系列厘清中国社会学源流及其与西方社会学之间关系的研究。⑤⑥⑦荀子“群学”是社会学的第一人，严复在翻译《社会学研究》一书时将“sociology”翻译为“群学”，但这些

---

① 费孝通 . 反思 · 对话 · 文化自觉［J］. 北京大学学报（哲学社会科学版），1997（3）：15-22，158.

② 乐黛云 . 和谐社会与文化自觉［J］. 广东社会科学，2006（6）：48-52.

③ 王玉周 . 社会发展与文化自觉［J］. 云南师范大学学报（哲学社会科学版），2000（1）：57-60.

④ 刘曙光 . 全球化与文化自觉［J］. 山西大学学报（哲学社会科学版），2002（5）：41-45

⑤ 景天魁 . 论群学相态［J］. 哈尔滨工业大学学报（社会科学版），2021，23（6）：65-79.

⑥ 景天魁 . 论群学元典：探寻中国社会学话语体系的第一个版本［J］. 探索与争鸣，2019（6）：36-47，157.

⑦ 景天魁魏厚宾群学的创立及其对中国社会学实现崛起的意义［J］. 人文杂志 2022（9）：1-14.

说法始终未被“中国社会学”所接受[①]；景天魁从严复的“心结”开始，推进群学的复兴——建构群学概念体系和命题体系，指出群学的核心是合群、能群、善群、乐群。更重要的是，群学能够和西方社会学在研究对象和领域上“相合”。[②]其次，关于社会网络和关系社会学研究。人情、面子的研究，是社会学本土化的一个重要体现。中国是一个讲人情、面子的社会[③]，中国社会遵循的法则与西方社会有显著的差异，更加注重“报”，且它因人们的差序关系网、义务性质等不同而有所改变，从而构成中国人情与面子的伦理模式[④]；胡先缙通过研究中国人关于“丢脸”“不要脸”“没有脸”“脸皮厚薄”“面子”，深刻探讨了中国人自我与其特殊环境之关系的重要性。[⑤]杨国枢、金耀基等则通过对“面子”“耻”“报”的研究，揭示了这些传统社会心理与中国人社会网络与社会关系之间的底层逻辑。而周飞舟认为，当代中国人的社会行动中包括了传统伦理因素，是“关系”的基础。[⑥]最后，关于社会行动与社会伦理的研究。周飞舟沿袭了梁漱溟、潘光旦等人的伦理思想，进一步发展了费孝通的差序

---

① 景天魁．中国社会学崛起的历史基础［J］．北京工业大学学报（社会科学版），2017，17（4）：1-7.

② 景天魁．论群学复兴：从严复“心结”说起［J］．社会学研究，2018，33（5）：1-22，242.

③ 翟学伟．人情、面子与权力的再生产：情理社会中的社会交换方式［J］．社会学研究，2004（5）：48-57.

④ 黄光国．人情与面子：中国人的权力游戏［M］// 黄光国．人情与面子：中国人的权力游戏．北京：中国人民大学出版社，2004：1-39.

⑤ 胡先缙．中国人的面子观［M］// 黄光国．人情与面子：中国人的权力游戏．北京：中国人民大学出版社，2004：40-62.

⑥ 周飞舟．行动伦理与“关系社会”：社会学中国化的路径［J］．社会学研究，2018，33（1）：41-62，243.

格局，将慈孝一体视为其“核心层”[①]；将一本与一体视为中国社会理论的基础，进一步与中国传统社会结构、中国社会伦理体系结合起来[②]。应星通过研究“气”与中国乡村集体行动的再生产，用“气”这一独特的中国概念来理解乡村集体行动。农民的抗争并非出于西方利益或理性范式所理解，而是为了人格尊严和底线承认的殊死斗争，是“不蒸馒头争口气”。[③④]“气在乡土传统中是一个具有较大弹性的范畴”，“融汇了本能与理性、道义与利益的激情”。[⑤]

继理论自觉之后，洪大用等学者提出实践自觉的概念，并认为“实践自觉是马克思主义实践观点的社会学表达”，是创造中国特色和普遍意义的知识体系的一种方式，其重要途径是调查中国重大社会议题，贡献学科智慧。[⑥]实践是社会学素有的基本品格，也是中国社会学的应当发扬的传统。[⑦]就某种意义来说，实践自觉其实是理论自觉的特殊表现，因为实践需要理论指导，或者说理论作为前提必不可少。当然，实践自觉本身也会促进理论自觉的螺旋前进，两者互相促进。

总的来说，在中国社会学自主知识体系的构建过程中，浮现了关于社

---

① 周飞舟．慈孝一体：论差序格局的“核心层”［J］．学海，2019（2）：11-20.

② 周飞舟．一本与一体：中国社会理论的基础［J］．社会，2021，41（4）：1-29.

③ 应星．“气”与中国乡村集体行动的再生产［J］．开放时代，2007（6）：106-120.

④ 应星．“气场”与群体性事件的发生机制：两个个案的比较［J］．社会学研究，2009，24（6）：105-121，244-245.

⑤ 应星．“气”与中国乡土本色的社会行动：一项基于民间谚语与传统戏曲的社会学探索［J］．社会学研究，2010，25（5）：111-129，244-245.

⑥ 洪大用．实践自觉与中国式现代化的社会学研究［J］．中国社会科学，2021（12）：22-36，199.

⑦ 冯仕政．社会学的实践与实践的中国社会学［J］．社会学评论，2022，10（3）：5-27.

会学的中国传统思想资源及其源流回溯，从文化自觉、理论自觉、实践自觉到方法自觉的分布式推进，以及各种重新挖掘本土理论资源的中国社会学话语体系、学术体系、学科体系的思考，如李培林关于中国式现代化和新发展社会学的研究[①]，李友梅关于以人民性引领中国特色社会学话语体系建设和中国特色社会学学术话语体系构建的若干思考[②③]，王宁关于迈向社会学中国化 2.0 版的挑战与路径[④]，张翼关于社会学的中国化、话语权与话语体系建设研究[⑤]，洪大用关于超越西方化与本土化是新时代中国社会学话语体系建设的实质与方向[⑥]，蔡禾关于社会学学科的话语体系与话语权研究[⑦]等，共同构成了中国社会学自主知识体系的重要部分。

四、既有研究成果的评价及反思

既有的研究成果为我们系统梳理郑杭生社会学思想及“理论自觉”思想奠定了良好的基础，但也存在一些不足：一是现有研究主要侧重于对理论的推介和阐述，缺乏从历时性与共时性相结合的角度，深入研究郑杭生

---

① 李培林．中国式现代化和新发展社会学［J］．中国社会科学，2021（12）：4-21，199.

② 李友梅．以人民性引领中国特色社会学话语体系建设［J］．中国社会科学，2023（2）：99-119，206.

③ 李友梅．中国特色社会学学术话语体系构建的若干思考［J］．社会学研究，2016，31（5）：27-37，242.

④ 王宁．迈向社会学中国化 2.0 版：挑战与路径［J］．社会，2022，42（6）：46-56.

⑤ 张翼．社会学的中国化、话语权与话语体系建设［J］．江苏社会科学，2018（2）：17-23.

⑥ 洪大用．超越西方化与本土化：新时代中国社会学话语体系建设的实质与方向［J］．社会学研究，2018，33（1）：1-16，242.

⑦ 蔡禾．社会学学科的话语体系与话语权［J］．社会学评论，2017，5（2）：28-32.

理论自觉思想的内核及其展开历程；二是目前的研究主要集中在对理论内涵和价值的探讨上，尚未从学术史的角度，全面梳理郑杭生与中国社会学理论自觉的关系。因此，本书进一步就以下几个关键问题进行探讨。第一，从史论结合的视角，系统阐发郑杭生理论自觉思想的源和流、总体架构和思想精髓。第二，从历时性与共时性相结合的角度，全面探讨郑杭生在中国社会学理论自觉及本土化进程中的历史地位和独特作用。第三，从学科建设出发，科学评估郑杭生理论自觉思想的学科价值与方法论意义。

在"文化自觉"的指引下，打造兼备学科规范性与民族精神气质的中国特色社会学，需要从概念史研究方法中汲取促成社会学理论知识创造性转化和原发性生成的思想性能力和方法论营养。① 因此，从学术史的角度，全面归纳和总结郑杭生本人及其学术团队的相关研究成果，通过综合分析、比较，提炼郑杭生理论自觉思想的精髓，梳理学术链条，把握理论进路，系统展现郑杭生一生对中国风格、中国气派、中国特色社会学理论的探索及其应用和拓展的过程，立体呈现郑杭生对中国社会学理论自觉的卓越贡献，通过价值评估与学科反思，客观评价郑杭生在中国社会学理论建构中的历史地位和重要作用，从而为中国社会学自主知识体系构建贡献力量。

① 朱兴涛，李一凡．以概念史拓展社会学研究方法边界［EB/OL］.（2022-02-08）［2024-09-11］. https://www.cssn.cn/skgz/bwyc/202208/t20220803_5461470.shtml.

第三节 资料来源与研究思路

一、资料来源

本书的研究对象为郑杭生与中国社会学理论自觉的关系。在梳理郑杭生理论自觉思想的源和流及总体架构的基础上，系统探讨郑杭生与中国社会学理论自觉和本土化进程的关系，展现理论自觉的思想进路，以及研究该问题的思路与方法，评估郑杭生理论自觉思想的学科价值与方法论意义，既是对郑杭生理论自觉思想的传承创新，也是推动中国社会学自主知识体系构建的重要议题。

郑杭生著述丰硕，研究领域涉及哲学、社会学、民族学等学科。在1984至2014年的30年间，郑杭生主要从事社会学理论及其应用研究，公开发表学术论文400余篇，出版学术著作60余部。本研究从学术史的角度，在全面梳理郑杭生本人的社会学著作、学术论文、各种讲稿以及学界对其学术思想进行研究的文献和相关报道的基础上，系统解读郑杭生社会学理论的总体架构、思想源流和具体展开，立体呈现郑杭生中国特色社会学思想的源流、总体架构和立场、观点与方法。在研究范式上，本书坚持历时性研究与共时性研究相结合，既有对郑杭生宏观社会学理论和中层社会学理论的文本分析，又有对郑杭生社会学理论自觉思想形成过程、内在结构的逻辑论证，还有对郑杭生推动中国社会学理论自觉的经验研究。为了立体呈现郑杭生学术思想全貌，我们通过学术会议和专程拜访中国社会学会历任负责人、全国主要省市社会学会负责人及兄弟院校代表、中国人民大学社会学院教师、郑杭生生前的学术友人及其学术团队等，完成部分口述资料的收集，用口述史、全息生活史资料佐证文献资料，逐次对文献资料进行补充和完善。

二、研究思路

理论自觉是认识和解读郑杭生社会学学术思想的一个重要分析视角。郑杭生是中国社会学恢复重建的重要人物，对中国社会学的本土化作出了历史性贡献。本研究从学术史角度，在厘清郑杭生理论自觉思想的源和流及总体架构的基础上，系统探讨其理论自觉思想与社会学学术历程，从命题提出到中外对比、从经验提炼到话语提升、从批判反思到实践应用，再分别从时局审视与敏锐感知、学科使命与话语转换、知识生产与身体力行、顶天立地与应用拓展等四个维度，全面论证郑杭生如何成为理论自觉的先觉者、倡导者、先行者、推动者及其卓越贡献，科学评价其理论自觉思想的理论价值与方法论意义，展望中国社会学学派纷呈的生动图景。

（1）时局审视与敏锐感知：理论自觉的先觉者。郑杭生毕生致力于社会学的本土化探索，理论自觉思想是其集中体现。严复的群学定义、费孝通的文化自觉理论，是理论自觉思想的本土渊源；中西格局的重大转换和中国社会转型的鲜活经验，是理论自觉思想的现实依据。基于西方社会学理论对巨型大国的转身常常缺乏解释力，如何理解中国故事，是理论自觉的逻辑起点。

（2）学科使命与话语转换：理论自觉的倡导者。中国社会学如何秉持持中守正的中国立场，通过建构本土与超越本土、开发传统与超越传统、立足现实与提炼现实，对中西关系、今古关系、理实关系进行再认识、再评判、再提炼，妥善处理好科学与人文之间的关系，追求“真善美”，提升“精气神”，努力提高理论自觉的基本功力。这种学科使命与话语转换，使郑杭生成为理论自觉的倡导者。

（3）知识生产与身体力行：理论自觉的先行者。郑杭生以社会学理论建构的执着与勇气，先后提出了社会运行论、社会转型论、学科本土论、社会互构论和实践结构论等五大原创性的宏观社会学理论，对中国改革开放和社会发展进程中的重大理论和实践问题作出了创造性的回答，开启了具有东方风格的社会学理论体系，身体力行，推动中国特色社会学的知识生产，成为理论自觉的先行者。

（4）顶天立地与应用拓展：理论自觉的推动者。理论自觉永远在路上。郑杭生带领他的学术团队，以一种顶天立地与知行合一的精神，一次次深入城乡基层调查，不断基于对中国经验开展理论抽象，对宏观社会学理论进行应用、检验和自我完善，形成了十分丰富的社会学中层理论。这些中层理论扎根中国现实、立足中国经验，与宏观社会学理论一起，共同构成中国特色社会学理论体系。

（5）价值评估与叙事认同：理论自觉的思想遗产。用历史和发展的眼光，对理论自觉思想开展科学评估与批判反思，具有重要的理论价值和方法论意义。教材编著和中国社会学概论体系、理论谱系与社会学元理论的探讨、中国特色社会学三大体系构建，以及历史与逻辑内在统一的理论进路，是中国社会学自主知识体系构建的表征。而学术自省与建设性的反思批判精神、学派建设自觉与理论流派的百花齐放、文明互鉴与中国自主知识的中外传播，推动了理论自觉的批判反思与学术共同体的叙事认同，推动了理论自觉的薪火相传，这是思想遗产的时代回音。

总之，理论自觉不仅是郑杭生晚年学术思想的重要内容，也是贯穿郑杭生社会学理论的核心元素。对中西格局的科学审视与敏锐感知，对社会学学科的远大抱负和学术话语权的争取，对国际前沿和本土特质的把握，对社会学理论建构和知识生产的身体力行，对顶天立地和应用拓展的殚精竭虑，对建构本土和超越本土的科学论证，以及建设性的批判反思精神，推动了中国特色社会学知识的生产、应用与传播，使郑杭生成为中国社会学理论自觉的先觉者、倡导者、先行者和推动者，从而在中国社会学本土化进程中具有重要的历史地位。

第二章

时局审视与敏锐感知：理论自觉的先觉者

经过40余年的恢复重建，中国社会学发展已迈过了草创和译介阶段，今天步入了日益成熟的新阶段。随着中国经济的发展和腾飞，中国面临的国际环境也日益复杂多变，全球化与反全球化、逆全球化相互交织，世界处在持续动荡变革期和新旧动能转换的风口。中西方格局的急剧变动，是构建中国特色社会学三大体系的重大机遇。郑杭生及其学术团队较早就科学审视和敏锐感知到理论自觉的必要性与现实可能性，成为中国社会学理论自觉的先觉者，率先为构建中国社会学自主知识体系喊出了时代之声。

第一节　理论自觉的必要性：中西发展格局的重大转换

从社会学角度来看，中西百年之大变局包含两个层次，即世界格局的巨型变迁和中国社会的重大转型。如何对中国自身的发展模式或转型经验进行理论抽象或理论概括，把自身的学术关怀和国家命运结合起来，是时代赋予当代中国社会学人的历史使命。

一、中西发展格局的结构性巨变

中国崛起的进程正是中国以开放的姿态融入全球化和国际体系的进程。[①] 自近代以来，西方资本主义发达国家长期占据话语裁判权，控制着国际话语议题的生产和输出，形成了高度垄断的国际话语格局。凭借这种话语霸权地位，西方国家常常“以我为中心”“以我为标准”“以我为权威”。[②] 改革开放以来特别是中国加入 WTO 以来，随着经济全球化的持续加深，中国在世界经济中的地位不断提高，世界格局正在发生重大变化。当前的中国已经成为世界第一大货物贸易国、第二大经济体，深刻影响世界经济，改变了中国在世界经济中的地位。进入 21 世纪以来，全球经济版图的改变令人瞩目。2002—2011 年，中国 GDP 年均增长率达 10.7%，

---

① 胡键．中国崛起的价值基础：从民族主义到新世界主义［J］．社会科学研究，2020（1）：37-46．

② 雅克．当中国统治世界［M］．张莉，译．北京：中信出版社，2010：11．

而同期全球 GDP 年均增长率仅为 3.9% 左右。中国经济的崛起已成为不争的事实。[①]2014 年，中国按现价计算 GDP 达到 10.38 万亿美元，仅次于美国，是第三名日本的 2.2 倍。同年，按购买力平价（PPP）计算，中国的经济规模约为 17.6 万亿美元，超过了同期美国的 17.4 万亿美元。这是自 1872 年美国按 PPP 计算的 GDP 超过英国成为世界第一以来，一个半世纪中首次有国家反超美国。[②] 中国的资本、资本市场和金融机构在 21 世纪世界经济中的影响力，可能和美国的资本、资本市场和金融机构在 20 世纪的影响力一样。[③] 全球化视野下中西格局的重大转换，迫切需要中国社会学的理论自觉。从来没有一个时代像今天这样，如此迫切而又理直气壮地呼唤中国理论自觉、理论自信、理论自强和学术话语权，走出面对现实和面对西方社会学同行的“双重失语危机”，逐渐形成具有中国特色的社会学话语体系。[④]

当今中国正处于近代以来最好的发展时期，世界处于百年未有之大变局，两者同步交织、相互激荡。[⑤] 中国的崛起早已超出西方理论和话语的诠释能力。改革开放 40 多年来，中国的发展模式在世界现代化进程中创造了“中国奇迹”，这是中国在国际社会讲好“中国故事”，构建“中

---

① 臧旭恒，李扬，贺洋．中国崛起与世界经济版图的改变［J］. 经济学家，2014（1）：92−102.

② 冯维江．中国崛起及其对世界的影响［J］. 经济研究参考，2015（63）：105−108.

③ 中国崛起是世界经济实力逆转主因［J］. 经济导刊 .2017（10）：3−3

④ 郑杭生，黄家亮．“中国故事”期待学术话语支撑：以中国社会学为例［J］. 人民论坛，2012（12）：59−61.

⑤ 习近平．习近平外交思想引领中国特色大国外交创新局面［EB/OL］.（2018−06−25）［2024−9−11］. http://www.xinhuanet.com/politics/xxjxs/2018−06/25/c_1123029499.htm.

国话语”的重要依据。[1]中国的崛起不是单纯GDP的崛起，也不是仅指实力的壮大，而是推动和倡导新理念、新思想，促进国际体系、国际秩序更为公正合理的发展进程。中国的复兴意味着世界进入新的历史发展阶段。[2]多年来，西方话语对中国人文社会科学的浸透非常之深，导致国内不少学者在一些重要观点的论述上喜欢引用西方知名学者的话语，有些甚至是不考虑前后条件和背景的“生搬硬套”。[3]社会学学者应该发现并摒弃西方哲学社会科学意识形态的偏见及其本身存在的深层次缺陷，用中国人的眼光和话语来观察和讲述自己的国家及外部世界，而无须用西方学者的话语作为佐证。在中西方格局重大变化、新旧动能重大转换的时间节点上，社会学如何对中国自身的发展模式或转型经验进行理论抽象或理论概括，把学术问题与国家命运结合起来，解构西方话语体系，用新型现代性破解旧式现代性，建构中国特色的本土话语体系，是时代赋予当代中国社会学界的历史使命。当前，中国社会学需要切切实实以高度的理论自觉，对中国社会学理论研究和经验研究中涉及的各个层次的概念、原则、方法等进行全面、深入和系统的反思性梳理，对那些尽管占据主流学术话语地位，但不符合或不利于中国社会建设和社会治理实践的概念、理论、原则和方法进行反思性清理，要采用创新性改造的态度进行使用，对于那些明显与中国实践不相符甚至相矛盾的内容，应采用摒弃的态度。对于中国社会学在发展过程中形成的符合当时国情的

---

① 刘影．话语、国家形象与中国崛起：论中国国家形象的话语塑造［J］．理论月刊，2017（1）：161-167.

② 王帆．中国崛起正改变世界历史进程［N］．求是，2015（2）：63.

③ 张维为．中国崛起已超出西方话语诠释能力［J］．中国领导科学，2017（9）：13.

概念与理论，要积极回应社会快速转型中出现的新问题、新现象和新趋势，进行借鉴继承和创新发展，立足中国社会建设和社会治理实践的现实，借鉴国外但要跳出国外。①

二、新型现代性与话语体系重构

社会学根植并脱胎于现代性之中，它以独特的方式对人类的浩大历史进程进行持续不断的研究②，为人类面临的风险与机遇、冲突与和谐、未来与发展提供了某种确定性和可能性。从哈贝马斯将现代性看作“未竟的事业”，到吉登斯的“去传统化”和沃勒斯坦的“真正的现代性”，都展示了现代性的一种转变。然而，不管他们对现代性及其转型的理解有何不同，都存在一种共同性，即认为由欧洲启蒙时代开创的、以人类自身为行动主体、以科学和民主为主题、以人的自由和解放为目标的现代性过程，正面临深刻危机和重大转折。③郑杭生基于欧美对现代性理解的局限，将现代性划分为旧式现代性和新型现代性。自从人类踏上解放的旅途，旧式现代性的局限性就在不断显现中。旧式现代性是建立在自然和社会双重代价和牺牲的基础上的片面的现代性，它过分强调人的主观能动性，认为人类是万物主宰，这种片面主体观念使其走向衰落成为一种必然。世界现代

---

① 奂平清．“理论自觉”与中国社会学的发展：以郑杭生及其社会运行学派为例［J］. 西北师大学报（社会科学版），2012，49（3）：42-48.

② 郑杭生，杨敏．社会互构论的提出：对社会学学术传统的审视和快速转型期经验现实的反思［J］. 中国人民大学学报，2003（4）：21-32.

③ 郑杭生，杨敏．社会互构论的提出：对社会学学术传统的审视和快速转型期经验现实的反思［J］. 中国人民大学学报，2003（4）：21-32.

性的扩展，使社会学对自身的反思达到一个更高的层次。随着“绿色惩罚”等世界性的大自然的报复导致世界性的反思逐渐增强。面对旧式现代性的各种困境，新型现代性呼之欲出。新型现代性在民族国家纷纷独立和各种社会运动的大潮中彰显了自身的特性。对社会学来说，现代性转型问题说到底是个人与社会关系的转型问题。个人与社会关系是社会学的立身之本，是社会学研究的基本问题，并以多种不同的表达方式潜藏在科学型和人文型等理论学说的脉络中。

郑杭生致力于对“现代性”的研究，社会互构论将“现代性”概念的内涵进行了肯定性的积极拓展，提出了与“旧式现代性”相对的“新型现代性”这一理论命题①，并在此基础上提出中国特色社会学的深层理念：“增促社会进步，减缩社会代价。”旧式现代性与新型现代性作为一种贯穿性的理论思路，体现在社会互构的每一个结构和部分之中；以社会互构为核心，社会互构论展开了关于个人与社会两大行动主体间的相互建构与形塑关系的讨论，对个人与社会这两大互构主体、互构时空、互构内容、互构形式、互构效应等，进行了一系列的具体阐释。尽管社会学理论研究中的具体设问形式多种多样（如自由与秩序、权益自主与权力规范、行动与结构、意义与支配、生活世界与系统、惯习与场域、身体与权力等等），但它们都可以还原为一种元形式，即个人与社会的关系问题。对这个基本问题的多种具体设问、研究和探索，使社会学与现代社会生活建立起牢固的联结，并不断追踪和逼近现代性的深刻本质。②因此，中国特色社会学

① 郑杭生．新型现代性及其在中国的前景［J］．学术月刊，2006（2）：21-24.

② 郑杭生．郑杭生社会学学术历程之一：中国特色社会学理论的探索［M］．北京：中国人民大学出版社，2005：592-596.

的深层理念，对于社会结构性巨变下的中国社会建设与社会治理具有重要的启示意义。社会的大转型必然催生很多社会弱势群体，以人为本的理念要求把社会治理的重心放在让弱势群体共享社会发展成果上来，改善他们的弱势境地，使弱势群体与强势群体在社会发展过程中互利共赢，而不是通过牺牲一方来使另一方获益的零和博弈。在社会治理与社会建设中实现"增促社会进步，减缩社会代价"，就是要在增加和促进社会的协调发展、可持续发展以及社会成员的全面发展，保障社会弱势群体的基本生活，维护社会弱者的基本权益的同时，积极探索如何将代价减少到最低限度，缩小到最小范围的途径与办法。[①]郑杭生认为，和谐社会不会自动来到，只有通过社会治理尤其是善治才能实现。中国特色社会学深层理念的提出，是新时代中国社会建设与社会治理的方法论前提。郑杭生晚年创立郑杭生社会发展基金会，践行中国特色社会学深层理念，推动社会的公平正义，展现了新型现代性的学术生命力。

尽管中国社会学发展和西方社会学存在一定差距，但就中国社会学自身发展的自洽性而言，已驶入快车道。对于社会学学者而言，丰富的阅历和经验是一笔丰厚的思想财产，学者可以从其中提炼、萃取关于社会的独特性认知，最终形成社会学理论或者看问题的方法。郑杭生早年下乡劳动和留学英伦的独特经历，使其拥有开阔的学术视野。他意识到，中国的社会转型不仅是中国社会自身的、独立的、故步自封的转型，而且是深受国际发展形势和趋势影响的，既要看到自身转型的不足与前景，也要看到世

---

① 郑杭生．社会学视野中的社会建设与社会管理［J］．中国人民大学学报，2006（2）：1-10.

界发展的长波进程，即现代性长波进程和本土社会转型的特殊脉动①，它是来源于两种力量相互扭合的动态结果，它们所产生的效应被称为“二维效应”，作为一种视角则可以称为“二维视野”，为理解中国所处的内外环境巨变提供了系统性分析视野。不同于社会学自诞生以来就存在和传承的“二元”传统，“二元视角”从功能上否定了“二元”传统中非此即彼的对立，如涂尔干的机械团结与有机团结、滕尼斯的社区与社会、马克思的资本主义与社会主义、韦伯的理性与非理性、梅因的身份社会与契约社会、斯宾塞的尚武社会与工业社会等，取而代之的是两者兼顾。正是因为这种大开大合的思想格局，使郑杭生成为审视时局的先觉者，从而有力把握住中国社会学自主知识体系构建的重大机遇。

---

① 郑杭生，杨敏．社会实践结构性巨变的若干新趋势：一种社会学分析的新视角［J］．社会科学，2006（10）：109-115.

第二节　理论自觉的可能性：中国社会转型的鲜活经验

“理论之于一个学科，可以说是其脊梁。对于一个学科而言，只有理论的繁荣、发展和日臻成熟，才有学科的进步与发展。”[①] 中国社会学的发展进程是伴随着中国现代化进程而不断推进的。中国特色社会学理论，只有基于中西社会发展大势，根植中国社会结构变动的经验现实，通过发掘中国传统思想资源，不断传承创新，得出对中国经验具有解释力的概念体系和理论框架，才会焕发出强劲的生命力。

一、中国社会结构变动的经验现实

理论自觉根植于社会转型与社会发展。理论自觉的体悟，来自对中国转型实践的敏锐感知。“中国社会转型是中国的社会生活和组织模式即社会实践结构从传统不断走向现代、走向更加现代的转型变迁过程。”[②] 中国社会的巨变，特别是社会组织结构、社会身份结构、社会职业结构等方面的变化，重构了传统社会秩序的运作逻辑和基本格局。[③] 中国社会的

---

① 陆益龙．从文化自觉迈向理论自觉：郑杭生对中国社会学及理论的贡献［J］．甘肃社会科学，2012（3）：1-6.

② 郑杭生，童潇．中国特色社会学理论的探索之路：在建国六十周年之际访著名社会学家、中国人民大学郑杭生教授［J］．甘肃社会科学，2009（5）：1-11.

③ 郑杭生，杨敏．社会实践结构性巨变的若干新趋势：一种社会学分析的新视角［J］．社会科学，2006（10）：109-115.

转型是在一个具有 14 亿人口、960 万平方公里国土、五千年连续文明的巨型国家中发生的。这三大要素构成的中国是不能用西方小国理论来解释的。因为 14 亿人面临的社会转型，所遇到的问题是其他国家不可比拟的。中国社会发展和社会转型，为中国社会学进行理论提炼提供了取之不尽的实践源泉。研究中国的任何社会现象、社会问题及其他社会议题，离开中国社会转型这个无比丰富的社会事实，中国社会科学不可避免地会成为"无本之木，无源之水"[①]。只有这样，才能真正抓住我国社会转型为中国社会科学提供的前所未有的历史性巨大舞台和现实性宝贵资源。中国社会学不仅要从理论上再现中国社会发展和转型的轨迹，而且要努力推进整个社会的科学发展和良性转型，为促成制度创新和价值重塑，作出自己应有的贡献。[②]

中国自主知识体系构建，需要"立足中华民族伟大历史实践和当代实践，用中国道理总结好中国经验，把中国经验提升为中国理论，实现精神上的独立自主"[③]。这意味着打碎现有的话语体系结构,重建一个全新的话语体系。中国社会学百余年发展历程表明，凡是在学术话语权上有所创造更新的，除了有正确路径和广阔视野外，更需要有理论自觉。中国社会转型的广度和深度，是历史上前所未有的，这样的现实条件促使我们在新的历史条件下继承并超越前辈社会学家的学术遗产。坚持广义转型论，强调以开放的、宽阔的、包容的视野来看待社会转型与现代性、社会主义与资

---

① 郑杭生．中国社会学年鉴 1979—1989［M］. 北京：中国大百科全书出版社，1989：25.

② 郑杭生．改革开放三十年：社会发展理论和社会转型理论［J］. 中国社会科学，2009（2）：10-19，204.

③ 张贺，王珏，郑海鸥，等．担负起新的文化使命努力建设中华民族现代文明［N］. 人民日报，2023-07-27（018）.

本主义的关系，进而探讨发展社会学与现代化理论在当代社会学中的关系。对中国社会快速转型的理解和思考，一直伴随着郑杭生中国特色社会学理论的探索、应用、拓展、深化和提升历程。对中国社会建设的研究，对中国城乡社区建设的探索，对社会发展中“中国经验”与地方贡献的思考，对新型城镇化理论和实践的对话的思考，对中国社会治理体制创新的提炼，依然是当下中国社会学基于社会转型事实需要回应的重要社会学命题。在郑杭生看来，中国社会学要走出主体性危机，首先必须确立理论自觉意识，明白我们所使用的理论的来历、形成过程、前提预设及解释限度等，并立足于中国传统和本土实践，回应时代提出的重大问题，形成自己的理论体系。

二、学术话语权与社会学的世界格局

学术话语权是中国自主知识体系构建的核心动力，也是社会学理论自觉的核心和深层要义。所谓“学术话语权”，就是在学术领域中说话权利与说话权力的统一，话语资格和话语权威的统一，既要有资格说话也要有能力说话，并且所说之话受到重视。“权”在主客体方面是统一的，权利侧重指行动者作为主体所具有的话语自由，权力则侧重指主体作为权威中心对于客体的影响。作为“权利”的学术话语权，主要有创造更新权、意义赋予权、学术自主权等类型；作为“权力”的学术话语权，主要有指引导向权、鉴定评判权、行动支配权等类型。① 面对西方强势话语的冲击，中国社会学从知识引进伊始就面临着主体性丧失的危机，这使中国社会科

① 郑杭生．学术话语权与中国社会学发展［J］. 中国社会科学，2011（2）：27-34，4，220.

学看似繁荣却处在一种尴尬甚至荒谬的境地——在我们用以观察中国的理论面前，“中国”却始终处于“缺位”状态。这种对西方社会学趋之若鹜而视中国鲜活经验和丰富历史于不顾的做法，体现的是一种本末倒置的边陲思维。因此，要走出面对现实和面对西方社会学同行的“双重失语危机”，就必须打破现有的话语体系，破除边陲思维，基于中国立场重建一个全新的话语体系，掌握学术话语权并达至学术话语权的制高点，推动中国社会学从世界学术格局边陲走向中心[①]。郑杭生认为，现在确实是到了大声疾呼“争取学术话语权，提升理论自觉度”的时候了。

理论自觉是学术话语权的前提。争取学术话语权的问题与提升理论自觉度的问题是正相关的。过去我们属于一种自发的理论自觉，现在则处于自觉的理论自觉阶段。“理论自觉”范畴一经形成和提出，就有这样或那样的方法论意义，其中之一就是为回顾、展望、观察中国社会学的成熟度，提供新的概念工具和理论视角。[②]如何提升中国社会学的学术话语权呢？最重要的是要树立理论自觉、理论自信和理论自强意识，逐渐培育出具有中国特色的社会学话语体系，真正破除学术话语权长期被西方垄断的局面。[③]郑杭生提出，凡是在学术话语权上有创造、更新的，大致为三个方面：第一，有正确路径，即“立足现实，提炼现实；开发传统，超越传统；借鉴国外，跳出国外；创新话语，创造特色”。第二，有广阔视野，即立足本土，超越本土；看重传统，超越传统；汲取西方，超越西方；把

---

① 郑杭生．把握学术话语权是学术话语体系建设的关键［EB/OL］．(2014-04-08)［2024-09-25］．http://sociology.cssn.cn/webpic/web/sociology/upload/2014/04/d20140408162700108.pdf.

② 郑杭生．学术话语权与中国社会学发展［J］．中国社会科学，2011（2）：27-34，4，220.

③ 郑杭生，黄家亮．“中国故事”期待学术话语支撑：以中国社会学为例［J］．人民论坛，2012（12）：59-61.

握时代潮流，坚持与时俱进。第三，有理论自觉，即虽处边陲，不甘边陲；主动担当创新责任，而非被动地亦步亦趋；力争成为理论创新者，而不甘只做西方理论掮客。[①] 只有这样，中国社会学才会在平等对话的基础上，在世界社会学格局中拥有相应的学术话语权，从而推动中国社会学从世界学术格局的边陲稳步走向中心。郑杭生认为，中国社会学理论自觉的核心和深层要义，就是要建立起自己的学术话语权，推动中国社会学从世界学术格局的边陲稳步走向中心。

三、本土特质与世界眼光的理论提炼

建设什么样的社会学和如何建设社会学，是我国社会学学科建设的两个核心问题。对这两个核心问题的理论思考与实践探索，伴随着郑杭生学术生涯的全过程。郑杭生明确将“建立具有中国特色的马克思主义社会学”作为中国社会学努力的方向，将“世界眼光、本土特质”的中国特色社会学作为我国社会学学科建设的目标。[②] “世界眼光”为与国外社会学进行平等交流提供知识基础，“本土特质”则要求中国特色社会学理论体系具有“中国风格”“华夏品味”。社会学理论以其抽象性和系统性，为解释变动不居的社会事实提供确定性，需要以“理论自觉”为先。1982年，费孝通在《人民日报》上发表的《建立我国社会学的一些意见》一文明确指出，我们必须立足于当前中国社会实际，通过实践的考验逐渐发展

---

① 郑杭生．把握学术话语权是学术话语体系建设的关键［EB/OL］.（2014-04-08）［2024-09-25］. http://sociology.cssn.cn/webpic/web/sociology/upload/2014/04/d20140408162700108.pdf.

② 郑杭生．社会学对象问题新探［M］. 北京：中国人民大学出版社，1987：215.

我国自己的社会学。[1]如果说费孝通积极倡导了中国特色的社会学研究取向，那么郑杭生则是将中国特色的社会学进行了多角度、全方位的透视与探索，并试图构建起中国特色的社会学框架。[2]郑杭生的“理论自觉”思想指导下建构的中国特色社会学理论体系既有中国气派又具有世界眼光。与这一思维具有同构性的是郑杭生的“实践结构论”。它从某种程度上是本土和世界的“二维”结合，看到了本土社会的优点，也看到了世界发展的优点，取长补短，不断进步。可以说，“中国气派”和“世界眼光”，是“理论自觉”思想的重要特点。郑杭生及其创建的社会运行学派的发展历程表明，理论自觉是中国社会学形成学派、提升地位和话语权、推进社会学学科中国化和中国社会学自主知识体系构建的必由之路。

郑杭生通过对中国社会学发展历程的考察，将“理论自觉”归纳出四句话，即“立足现实，开发传统，借鉴国外，创造特色”，认为这是当代中国社会学发展的历史轨迹和鲜明特色。[3]“立足现实”就是要把现实的中国社会作为自己的立足点、出发点和归宿点；“开发传统”就是要注意挖掘和吸取中国几千年历史上丰富的社会思想，以此来观察现实的中国社会，并对西方传入的社会学给予具有中国特色的解释[4]；“借鉴国外”就是中国社会学界要注意借鉴国外社会学的一些理论和方法；“创造特色”就

---

① 郑杭生．对中国社会学的巨大贡献：纪念费孝通先生从事学术研究70周年［J］．江苏社会科学，2006（1）：43-47.

② 龚长宇．社会学中国化进程中的里程碑式人物［J］．湖南师范大学社会科学学报，2001（2）：22-25.

③ 郑杭生．改革开放30年：当代中国社会学的历史轨迹和鲜明特色［J］．教学与研究，2008（6）：20-23.

④ 郑杭生．中国社会学百年轨迹［J］．东南学术，1999（5）：87-96.

是在立足现实、开发传统和借鉴国外的基础上，进行自己的创造。这四个方面构成一个统一的整体，不可分割。后来，在深入探索中国社会建设和社会治理实践的过程中，他又将这四句话进一步阐发为“立足现实，提炼现实；开发传统，超越传统；借鉴国外，跳出国外；创新话语，创造特色”的学术道路，按照“顶天立地”的治学境界，正确总结“中国理念”，科学概括“中国经验”。[①] 他在晚年又反复强调，在学术研究过程中要不断地反思这几对关系，时刻保持反思的状态和清醒的理论自觉意识，不断尝试对“中国经验”进行理论提升，对“传统资源”进行理论开发，对“西方学说”进行理论借鉴，对“学术话语”进行理论创新，做到“建构本土特色”与“超越本土特色”相结合，最终形成世界眼光、中国气派兼具的中国特色社会学，即形成中国社会学自主知识体系。

---

① 郑杭生．社会建设和社会管理研究与中国社会学使命［J］．社会学研究，2011，26（4）：12–21，242.

小结　理解中国故事：理论自觉的叙事起点及源流

20世纪80年代中后期以来，我国社会改革与发展进入了快速转型时期，如何回应社会发展所带来的现实问题，需要有新的理论视角来作出阐释和回答。面对全球化浪潮的冲击，中国的社会学应该作出何种选择，也是关系中国社会学发展的关键议题。用中国道理总结好中国经验，最为根本的就是以中国化时代化的马克思主义哲学世界观、方法论总结中国特色社会主义的伟大实践；把中国经验提升为中国理论，最为重要的就是以追求真理和实现价值相统一的中国化时代化的马克思主义哲学的实践智慧，深刻地阐述中国式现代化及其所创建的人类文明新形态。[①] 中国知识分子从现在起要承担一定的责任，从西方的话语霸权中摆脱出来。郑杭生提出，中国社会学在立足现实的基础上，既要走本土化、中国化之路，又要有迈向国际化、全球化的步伐，开发传统，走“建构本土”与“超越本土”相结合的特色之路。对西方的学说，他提倡“学习借鉴，跳出国外”，不断增强自身的主体意识、弱化“边陲思维”，树立“顶天立地”的精气神，保持“前沿意识”和“草根精神”相结合的研究意识。同时，他倡导学术研究要做到接“历史中国”、“现实中国”和“中国立场观点”的“地气”，才能对“中国经验”有从“理论自信”到“理论自觉”的提升，最终达至“世界眼光和中国气派兼具”的中国社会学。中国特色社会学理论的体系建构，是郑杭生在宏观社会学理论领域内的重要贡献，推动了中国社会学的本土化进程，增强了中国社会学界的学术自信心，为建构有中国

① 孙正聿．中华民族现代文明与中国自主哲学知识体系［J］．中国社会科学，2023（8）：22-27.

特色、中国风格、中国气派的社会学理论体系作出了示范。

郑杭生认为，对“中国经验”“中国模式”的社会学研究，既要关注现代性之全球化发展趋势，也要投身于本土社会转型变迁的经验研究。社会学本身就是研究社会良性运行和协调发展的条件和机制的学科，中国的崛起无疑为社会学研究提供了一个全新的实践场域，其中充满了无数不同于以往的鲜活的社会事实。中国社会学从世界学术场域的边陲走向中心，是与中国和平崛起的大势同步的。中国社会学既要借鉴西方社会学的概念、理论等，更要立足中国社会发展和社会转型这个最大实际，结合中国社会历史悠久的丰富传统学术资源进行原创性的或有原创意义的理论创新，而不是在西方社会学理论或社会理论的指导下，把自己的理论研究或经验研究作为西方社会学理论或社会理论的案例和验证[①]。促进中国社会学的理论自觉和推进中国社会学的学派建设是贯穿郑杭生学术生涯的两条主线[②]。可见，“理论自觉”的意义在于，它既从理论上揭示了西方一些社会学理论之于解释中国社会的严重局限性，又从学术话语权的角度挑战了西方话语霸权，还从现实关怀的高度揭露了一些西方理论的意识形态阴谋，对维护中国的意识形态安全起到了非常重要的积极意义。[③]郑杭生及其学术团队不断在构建中国特色社会学理论体系这条道路上艰辛探索，唱响了中国社会学自主知识体系构建的序曲。大国转身，是理论自觉的前提基础。理解中国故事，则是理论自觉的叙事起点和主要内容。

---

① 郑杭生．促进中国社会学的“理论自觉”：我们需要什么样的中国社会学？[J]. 江苏社会科学，2009（5）：1-7.

② 黄家亮．理论自觉与中国社会学的学派建设：以郑杭生及其社会运行学派为例[J]. 福建论坛（人文社会科学版），2015（11）：97-103.

③ 刘少杰．新形势下意识形态传播方式的变迁[J]. 吉林大学社会科学学报，2011，51（5）：68-74，159.

第三章

学科使命与话语转换：理论自觉的倡导者

社会学的学科使命，既需要持中守正的中国立场，即坚定的民族气节、学术立场、观点和方法，又需要有“接地气”“有底气”的学术意识。郑杭生及其学术团队通过对中西、今古、理实等三组学术关系的重新审视，正确对待社会学的两种形态，不断增强学术自主性，兼顾科学与人文，追求“真善美”，提升“精气神”，推动了社会学话语体系的转换，成为中国社会学理论自觉的倡导者。

第一节　学科使命：持中守正的中国立场

所谓“学术路线”，是指学术研究和学术发展所应秉持的根本取向、基本原则、价值追求，以及作者据此所作的路径选择。[①]在社会学的发展过程中，中国社会学学者具有强烈的主体意识，这种主体意识包含两层含义：一是“为天地立心”“为往圣继绝学”的学科使命，谋求以中国社会学为主体的自主发展；二是中国知识分子“为生民立命”“为万世开太平”，即以关怀国家与社会发展为双重目标。这种内化于知识分子身上的使命关怀，使中国社会学学者既要对社会学本土化过程有清醒的认识，又要批判吸收西方社会学的成果，站在中国的立场上解决中国社会的问题。

一、坚定的民族气节、学术立场与方法

曹锦清认为，社会科学表面上是一个认识论问题，实际上是立场问题，即民族的立场。[②]中国社会学理所应当立足中国的立场，切实分析与解决中国的实际问题，这种基本的学科使命需要在理论自觉思想的指导下经由话语转换来完成。如果社会学缺乏自身特色的本土话语体系，就意味着既无说话权利也无说话能力。郑杭生提出，社会学本土化能否顺利进

① 景天魁．“植根于中国土壤之中”的学术路线：怀念与学习陆学艺先生［J］．社会学研究，2014，29（3）：2-16，241.

② 曹锦清．如何研究中国［M］．上海：上海人民出版社，2018：135-150.

行，与本土学者学术研究的主体意识、对本土化阻力的认识以及对待外来社会学成果的态度有关系。[①] 中国社会学需要的是对西方社会学的借鉴，并主要根据中国社会发展和社会转型的实际，结合中国社会悠久而丰富的传统学术资源，进行原创性或有原创意义的理论创新，而不是在西方社会学理论或社会理论的笼子里跳舞，使自己的理论研究或经验研究成为西方社会学理论或社会理论的一个案例、一个验证。[②] 如果自觉不自觉地把西方社会学某种理论的中国版作为自己的目标，就是与中国社会学增强自己的主体性、减缩自己的依附性的大势相悖的，是与它从世界学术的边陲走向学术中心之一的愿景相反的，是与中国从地区性大国向世界性强国的趋势不相称的，也是与广大社会学学子的期待不相符的。总之，它是与我们的时代对中国社会学的要求背道而驰的。[③] 只有从因历史造成的西方强势文化和强势社会学理论中解放出来，以我为主，学会对它们的借鉴，即学习它们的精华之处和精华之处中的适合中国之处，而不是对它们照抄照搬、亦步亦趋，才有可能真正做到费孝通所说的“各美其美、美人之美、美美与共、天下大同”。如果没有自主性，只有边陲性，没有自己可美的东西，只有别人可美的东西，就做不到“各美其美”，只剩下单纯的“美人之美”，为他人作嫁衣裳了。[④]

---

① 郑杭生．中国社会的巨大变化与中国社会学的坚实进展：以社会运行论、社会转型论、学科本土论和社会互构论为例［J］．江苏社会科学，2004（5）：46-52.

② 郑杭生．促进中国社会学的“理论自觉”：我们需要什么样的中国社会学？［J］．江苏社会科学，2009（5）：1-7.

③ 郑杭生，童潇．中国特色社会学理论的探索之路：在建国六十周年之际访著名社会学家、中国人民大学郑杭生教授［J］．甘肃社会科学，2009（5）：1-11.

④ 李潇潇．理论自觉与中国的学术话语权［N］．中国社会科学报，2010-09-09（005）.

中国社会学理论自觉首先需要重构话语体系，而话语体系的重构需要知识分子始终秉持中国立场，即通过历史发展脉络充分挖掘中国思想宝库，结合当前社会发展来解释与解决中国现实问题。郑杭生秉承为国为民、“以学术为志业”的民族立场，基于理论自觉思想提出“五论”，充分彰显了在构建中国特色社会学理论体系过程中坚定不移的民族立场。社会运行论的历史基因是中国千百年历史发展的精辟总结，即“治乱兴衰”，用之以搭建中国特色社会学理论体系的根基，为充分理解中国社会提供理论阐释的历史基础；社会转型论通过深刻体察中国社会现实，提出中国社会正从农业的传统社会向工业的现代社会转型，并对转型过程中可能出现的重大问题予以明确，提出相应的解决方案。这种对症下药的做法是中国社会的良方，促进了社会的良性运行和协调发展；作为推动学科本土化的理论，学科本土论推动了社会学学科的不断进步，有助于解决中国社会学长期食洋不化的问题，从而建立本土学科自信；社会互构论在一定高度上探讨了社会学的元问题，提出达到自然与社会双盛、人与社会双赢的大方向，对中国社会学发展起到了正本清源的作用；实践结构论的“双侧分析”或“二维视野”则基于中国历史方位的变化，提出要从国内和国际两个方面理解社会发展，既要看到世界发展整体性变革，也要看到国内社会实践的结构性变迁等，从而通过两个主体之间的互动和调适以实现共赢。

二、“接地气”“有底气”的学术意识

郑杭生一直强调，做学问要“接地气”，要有草根精神。“接地气”表明了学问不是高高在上的，不是“阳春白雪”，而是要和“下里巴人”紧密结合，从社会现实问题中寻找突破口，既要解决实际问题，也要进行经验概括和理论总结，只有这样才能“有底气”。

面向现实“接地气”。郑杭生认为，社会学研究中，只有接地气，才能有底气。所谓全面接地气是指至少要在三个方面做到接地气：一是要接现实中国的地气，二是要接历史中国的地气，三是要接中国立场观点的地气。其中，接现实中国的地气无疑是最基本的，但不是唯一的。①社会学理论的生成发展，总是在与社会和时代的互动中相互建构和形塑的。一种理论的自洽逻辑，必然蕴含社会实践中丰富的经验现实。反之，正是由于理论蕴含社会实践中的丰富现实性，才具有理论的逻辑自洽性。理论研究只有面向社会现实或社会事实，才能形成具有强大现实解释力的理论话语。郑杭生社会学理论的话语创新，正是在与中国社会实践、社会现实的持续互动中建构起来的。郑杭生社会学理论是立足中国社会的实际，在对中国本土社会发展变迁的调查研究和概括总结的基础上提炼而成的。在中国的社会和文化语境中，如何在“理论自觉”的基础上达至中国社会学的发展，归根结底是能否正确总结“中国理念”，科学概括“中国经验”或者“中国道路”。只有立足现实，才能更“接地气’，尤其是更接现实中国的地气。中国社会学研究的立基之本，集中体现在对“从实求知”“实事求是”的认识论与方法论的强调和苛求。②郑杭生秉着孜孜不倦的精神，沿着“顶天立地”的思路，始终立足中国社会现实和经验研究，积极构建中国概念、中国理论，对于“中国理念”、“中国道路”或“中国经验”有比较独到的解释，对中国的社会建设作出了理论概括和话语提升，形成了立足于中国实际的理论体系和社会运行学派，为中国社会学乃至中国社会

---

① 郑杭生．只有接地气，才能有底气：在南开大学“新改革时期中国社会学的传承与创新”学术研讨会上的发言［EB/OL］.（2014-03-17）［2024-09-11］. https://ssrm.nankai.edu.cn/info/1006/1675.htm.

② 李友梅．中国社会科学如何真正从“地方”走向“世界”［J］.探索与争鸣，2017（2）：26-29.

科学的话语体系建构作出了榜样。

面向未来“有底气”。当理论创新面向价值评判和理想规则的建构时，必须发挥理论对于现实实践活动的规约和导引作用。换句话说，社会学理论必须充分利用社会学的想象力这种心智品质去感受生活，关注社会现实生活，回到真实的实践中，回到日常生活中，这是社会学的最终归宿。可以说，郑杭生的社会学学术实践，贯穿着明确的价值追求，其理论价值因丰厚的底蕴而越发彰显出面向未来的“有底气”。通过实地调查，郑杭生认为，在中国“国家-社会”关系中的“社会”，时刻都是在处理与政府、市场的关系中运行着，没有政府和市场，社会难以运行。在一个地方，国家、社会、市场三者之间合作得好与不好，决定着这个地方社会建设得好与不好。这三者间形成某种上下联通、融合一体的结构性条件，三者又通过各自对应的部门促成组织、群体与个体的互动，能够相互促进与制约，从而达至预期的合作意愿。在此基础上，各自都能优势互补，扬长避短，最终通过有效的联动合作，形成有利于社会建设的良好结果。不论是从横向来看还是从纵向来看，“国家-市场-社会”关系的中国理念和地方经验，为构建“中国经验”“中国道路”作出了自己独特的贡献。从实践层面来看，郑杭生晚年不断深入中国社会基层，参与社会调查实践，积极参与中国城乡社会建设，总结中国地方治理经验，积极探索社区发展出路，为学界乃至政界理解中国社会提供了不可胜数的一手资料与鲜活素材。正是基于长期的“接地气”，他才能在指导社会治理、社会建设和社会发展时更加“有底气”。

第二节　学术认知：三种关系的重新审视

本土特色与世界眼光，是郑杭生社会学理论的基本内核。正是有了这种理论自觉的情怀，郑杭生指出，在中国社会学的本土建构中，必须面对和处理好“中西”“古今”“理实”这三大学术关系，对传统资源作出自己的理论开发，对“西方学说”作出自己的理论借鉴，对现实的“现实”要有理论立场。只有具备了这种学术认知，中国特色社会学理论才能称之为一种建基于中国本土之上的社会学理论，才能对转型中国的经验现实具有解释力，从而具有持续的生命力。

一、建构本土与超越本土：中西关系再评判

“中西关系”在三大基本学术关系中处于最前面，是一种支配其他关系的关系。中西关系是结合社会学这门来自“西学”的学科的实际提出的，它关系到中华民族独立和自信心的提升，以及政治地位和综合国力的提高。社会学这门学科在西方的产生和建立有其特殊的时代背景，但社会学传入中国后，不能代替中国社会学。社会学传入中国后，中国社会学学者一直强调本土性的价值取向，强调“洋为中用”，从“我”出发。对中国社会未来经济社会发展的现实描述和理论诠释，是一种可资借鉴的价值取向。中西关系的再评判，是“理论自觉”意识的一种先导。社会学中国化，应是在“建构本土特色”与“超越本土特色”中增强中国社会学的“主体意识”，弱化“边陲思维”，这样才能真正在理论自觉基础上达至

学术话语权的制高点[①]。随着中国综合国力的增强和国际地位的显著提高，中西方格局发生了急剧变化，在“西强中弱”的世界社会学格局中，中国社会学界的学术自信心大为增强。

在中西关系上，郑杭生提出借鉴国外、跳出国外、批判反思、世界眼光等核心概念，阐明了中西之间开展理论对话的立场，成为中国学术话语概念的重要组成部分。中西关系的再评判，就是要在社会学本土理论的建构中，“通过对社会现实迫切问题的思考或解决，结合到中国的社会实践中，并围绕着中国现代化的实际进程和实际需要而向前推进”[②]。说到底，社会学本土化的进程，就是要跳出西方的话语体系，不在西方社会学理论或社会理论的笼子里跳舞，从而打破西方的“学术话语”垄断权，创造自己的理论、自己的概念、自己的术语[③]。因而，对西方学说有分析、有识别的主体意识的确立，逐步打破了西方“学术话语”霸权，这对于弱化边陲思维，展现理论勇气，建构新的社会学世界格局，具有重要的意义。随着中西学术对话和交流的日益频繁，这种中西关系的理念已广为中国社会科学界所接受，并成为社会建设、社会治理和社会科学研究的基本取向。

二、开发传统与超越传统：古今关系再认识

中西关系的再评判，是古今关系再认识的基础。“理论自觉”，就是要根据自身实际，从中国已有的历史文化和学术传统中挖掘理论资源，结合

---

① 郑杭生．学术话语权与中国社会学发展［J］．中国社会科学，2011（2）：27-34，4，220.

② 杨建华．经验与启示：中国社会学的百年反思［J］．天津社会科学，2000（6）：34-37.

③ 郑杭生．促进中国社会学的“理论自觉”：我们需要什么样的中国社会学？［J］．江苏社会科学，2009（5）：1-7.

中国社会发展和转型的实际，进行“原创性”的理论创新。正如曹锦清所言：“现在东西方变动太快，目前我们都无法定下来。东西方关系的判断是梳理古今判断的先决条件。这个判断不稳定的话，中国人对自己近代的叙事就不能稳定起来，对未来的预计也会动荡。所以，国内思潮的混乱都跟这有关系，东西判断不清，古今叙事不明，大判断不明，很多微观研究无法进行。”① 因此，“古今关系”的再认识，就是告诫我们要立足“开发传统，超越传统”，不能一味用西方社会学理论与方法来解读和分析中国社会，拔高甚至神化国外理论，这将使我们缺乏主体评判和意识转换，割离或遮蔽中国传统学术思想资源。郑杭生站在历史和民族的立场上，从中国的具体情境出发，既洞察过去又解释现在，既立足当下又回归传统，阐明了传统与现代的互构关系。进入 21 世纪以后，郑杭生多次提出与阐释了“古今关系”的深层内涵，并对中国传统社会思想中蕴含的“经世致用”“治乱兴衰”“去乱求治”等核心理念和思想资源展开了全面系统的梳理，从而开发传统并超越传统。“传统－现代”论、社会治乱论等中层社会学理论，正是基于这种学术灵感进行的理论抽象。

从学术传统与学科发展角度看，中国社会学的传统思想资源可以分为中国社会思想史和中国社会学史这两大类。如何正确认识我国社会学传统思想资源，关系到如何从中吸收理论养分，也关系到如何总体观照中西方的理论共性与差异，这是中国社会学理论建构中如何开发传统的重要航标。传统是现代性话语的修辞。随着社会学理论的全球化转向，如何正确看待自身传统显得更加难能可贵。郑杭生提出，开发传统，就是通过对传统进

① 曹锦清．对社会复杂性心存高度的敬畏［EB/OL］.（2013－02－03）［2024－09－25］. https://www.aisixiang.com/data/61194.html.

行某种改造和重新建构来实现的，即以“现代的成长和传统的被发明”来超越传统。例如，他综合传统中国和现实中国以及西方的观点，对社会公平这一概念进行重新解读，认为社会公平就是合理的差别，这一更易于为人所接受的社会学定义，为开发传统和超越传统作出了最好的注脚。

三、立足现实与提炼现实：理实关系再提炼

理论与现实的关系，是学术研究特别是理论构建中最基本的关系，但也是最难处理的一对关系[①]，指向的就是理论与实践、理论与现实的关系。“理实关系”通过对理论与现实、理论与实践之间逻辑关系的系统阐述，实现了中西关系与古今关系的有效联结。在进行理论铺陈之后，理实关系并没有停留在抽象概括层面，而是更加立足现实，对中国社会学与社会转型实践及其困境与挑战作出积极回应，从而使中国社会学如何更好地服务现实，使理论建构成为源头活水。郑杭生认为，在中国社会深刻转型的当下，中国社会正在经历着现代风险、熟人陌生化、价值多元化、社会急剧分化和环境恶化等“社会事实”，所有这些正在发生或已然发生的社会事实，都是在一个大国中发生的。因此，任何有价值的理论提炼或理论解释，都是从这样那样的经验事实和实地调研中总结、提炼而成的，从而避免理论的“无根”性。理论自觉的根本途径在于立足现实，这个现实既包括中国本土现实，也包括其他国家发展的现实。他提出，要用正确的立场观点方法去调查研究，作出自己的概括总结，面对影响国际社会和中国社会生活的世界性“人类困境”和本土性“六大挑战”，努力形成有新意、

① 洪大用，黄家亮．理论自觉与社会运行学派的发展［J］．社会学研究，2015，30（5）：2-12，242.

有原创意义的社会学理论和社会理论。只有这样，才能避免种种“无根”的理论，才能真正做到“理论自觉”。[①]社会学深层理念论、社会自治论、社区建设论、社会治理论等中层理论，便是从理实关系的视角，基于转型中国的社会事实所提炼出的理论命题。

对待理实关系，郑杭生倡导要追求“顶天立地”的前沿意识。“‘立地’就是要深入基层，特别是要有‘与前沿意识相结合的草根精神’。”[②]因为仅仅靠“立足现实”是不够的，还需要有“顶天”的基础功力把经验上升为理论，即“提炼现实”。这样才不致出现“无源之水”和“无本之木”，否则“理论自觉”就会源流错位、本末倒置，难以立于世界社会学大舞台。郑杭生认为，在基层社区调查中，应当坚持有前沿眼光的草根精神、有建设性反思批判的基本方法、有与应对智慧联结的清醒头脑、有不“左”不“右”行路的学术准则[③]。只有这样，我们才能以高度的理论自觉意识，以扎实的实地调查，明确当前社会转型发展中的理论与现实问题，秉持“增促社会进步，减缩社会代价”的深层理念，深入探究中国社会转型和现代化进程中的实践成果，在不同层次上总结提炼各个“地方经验”和“基层经验”，对“中国经验”作出符合实际的理论概括，提升自己的理论品质，通过“立足现实，提炼现实”，完成“理论自觉”的使命。当前，如何应对新时代的社会现实和变化，对中国社会实践给予积极引导，就成为摆在中国社会学理论自觉中的重要学术使命和任务。

---

① 郑杭生．促进中国社会学的“理论自觉”：我们需要什么样的中国社会学？[J]．江苏社会科学，2009（5）：1-7.

② 郑杭生．郑杭生社会学学术历程之四：中国特色社会学理论的深化[M]．北京：中国人民大学出版社，2010：6.

③ 郑杭生．基层社区调查中应当坚持的准则[J]．甘肃社会科学，2009（1）：8-10.

第三节　学术传承：理论自觉的基本方向

在郑杭生看来，中国社会学要走出主体性危机，确立理论自觉意识是先决条件，在吃透所用理论的原生脉络、演变历程和解释能力等知识的具体范畴的基础上，扎根中国本土实践，以此回应中国在百年未有之大变局境遇下的时代问题，持续完善具有中国特色的理论体系。

一、“文化自觉”与学术思想传承

从根本上说，中国社会学话语体系的建设是一个学科史问题。[①]早期社会学家都十分重视理论的独创性，这是中国社会学“理论自觉”的最初表征。费孝通在1997年正式提出“文化自觉”的概念，并将之前的15年称为自发的“文化自觉”阶段，其后的10年称为自觉的“文化自觉”阶段。在自发的“文化自觉”阶段中，费孝通通过对中国社会进行调查、研究和思考后，分别提出“小城镇”思想和“中华多元一体”论[②]；在自觉的“文化自觉”阶段，费孝通集中探讨了“文化自觉”的内涵、使命、目标以及途径等。2009年，郑杭生在费孝通“文化自觉”的基础上，正式提出社会学“理论自觉”的概念，开启了构建中国特色社会学话语体系的探索之路，不断创造自己的概念、

---

① 景天魁. 中国社会学话语体系建设的历史路径［J］. 北京工业大学学报（社会科学版），2019，19（5）：1-5.

② 陈连开.《中华民族多元一体格局》修订本跋［J］. 中南民族学院学报（人文社会科学版），2000（1）：90-92.

术语和理论。要打破西方的“学术话语”垄断权，中国社会学需要从传统思想资源中汲取更多学术养分，涌现越来越多像“差序格局”“社会运行”这样由中国的社会学家提出的具有中国特色和本土意涵的学术概念。

中国社会学“理论自觉”的概念和命题与“文化自觉”的“自觉”之间存在“不完全相同的特殊性”。①社会学的“理论自觉”，是“文化自觉”在社会学学科中的特殊表现。从学科发展来看，中国社会学的“理论自觉”是当今时代的要求，是情势所逼，只有遵循“实证的态度，实事求是的精神”才能达到，既不能妄自菲薄、抬高他人，也不能夜郎自大、贬低别人，特别是不能只承认外国人的理论是理论，不认可中国人的理论也是理论。②“理论自觉”可简要地规定为对社会学理论或社会理论进行“建设性的反思”。从讲好中国故事的视角出发，郑杭生根据中国社会发展和社会转型的实际，将中国社会学理论创新立基于中国悠久的、丰富的传统学术资源，进行原创性或有原创意义的理论创新。中国社会学理论自觉的目标，是世界眼光、中国气派兼具的中国社会学，而不是西方社会学某种理论的中国版。③这是中国社会学界对自己理论和别人理论反思的结果，是对自己所教学所研究的社会学理论和社会理论的自知之明。这是“理论自觉”的主要内容和首要自觉。④之所以将其称为“首要自觉”，

---

① 郑杭生．学术话语权与中国社会学发展［J］. 中国社会科学，2011（2）：27-34，4，220.

② 郑杭生．促进中国社会学的“理论自觉”：我们需要什么样的中国社会学？［J］. 江苏社会科学，2009（5）：1-7.

③ 郑杭生．把“理论自觉”全面落实到社会学各个领域：在中国社会学会2012年银川学术年会上的致辞［J］. 宁夏党校学报，2012，14（5）：5-6.

④ 郑杭生．“理论自觉”与中国风格社会科学：以中国社会学为例［J］. 江苏社会科学，2012（6）：1-5.

是因为这涉及中国社会学的发展目标的定位和发展路径问题，影响到如何办社会学系、如何办社会学研究所、如何办社会学杂志、如何进行社会学的学科建设、如何培养社会学专业的学生、如何总结“中国经验”、如何形成中国社会学派、如何进行社会学的学术争鸣。郑杭生在理论自觉和理论话语创新等方面进行的很多重要研究，为中国社会学的发展开辟了新方向，探索了理论创新的道路。

二、科学与人文：社会学的“真善美”

社会学自诞生之日起，一个重要的使命就是解决社会秩序问题，后来形成了社会学的三大经典解释传统，即以孔德为代表的实证主义、以韦伯为代表的解释主义和以马克思为代表的批判主义。从社会学反思的理论类型上看，社会学又主要分为科学主义型理论和人文主义型理论。实证主义属于科学主义型理论，解释主义则隶属于人文主义型理论，而批判主义理论则在某种程度上结合了两者的优点。20 世纪 60 年代，西方社会学思想经历了严重的割裂，这种全面的反思促使社会学更加丰富多彩，并形成了自然科学类型的社会学和人文科学类型的社会学。费孝通在《试谈扩展社会学的传统界限》一文中提出，“社会学是一种具有‘科学’和‘人文’双重性格的学科”[①]。社会学的“科学性”让社会学从学科属性转化为工具属性，可以用来分析和解决社会的现实问题与矛盾，改善社会运行状况，而社会学的“人文性”则将社会学看作一种包含价值、理念和精神的社会事实，它可以帮助人们理解社会、理解自我与他人，从而更好地培养理

---

① 费孝通．试谈扩展社会学的传统界限［J］. 思想战线，2004（5）：1-9.

性、包容、善良的合格个体，最终促进整个社会向充满人文气息的社会转变。作为社会个体，郑杭生的自身治学历程既照应传统文人、心怀天下的精神，也照应了社会学的基本问题：个人与社会的关系问题。中国社会学以科学精神而实，以人文精神而兴，只有科学精神与人文精神并举，才能立于学科之林的中心，才能为中国社会的进步发展作出思想理论和应用对策上的战略性贡献。① 同时，学科的交融发展是中国特色的学术传统。随着中国社会转型的加速，学科之间的融会贯通成为一种常态。在中国，社会学、人类学、民俗学这三门学科，都经历着同样的发展命运，共同关注文化及其价值观，对于维系共同生活、促进社会良性运行具有重要意义，对中国经验及社会与文化转型作出了各具特色的理论诠释。但社会学、人类学、民俗学这三门学科都面临着理论自觉的艰巨任务，急需增强理论自觉意识，勇于创造出适应自己本土的解释概念和理论工具，才能真正提升学科的话语地位。②③④ 郑杭生认为，在社会转型与社会发展的进程中，基层社区建设涉及国家、社会与市场的关系，“政府—企业—社会”的合作三维是“国家—社会”新型关系的基本形态，“政府—市场”关系的调整、“政府—社会”关系的理顺和“市场—社会”关系的协调成为一个重要议题。将治标管理与治本管理相结合、刚性管理与柔性管理相结合、社会服

---

① 王力平．中国气派社会学理论的建构：社会运行学派“五论”研究［M］．北京：中国社会科学出版社，2015：158.

② 郑杭生、陆益龙．增强理论自觉 促进学科发展：谈中国社会学与人类学、民俗学的关系［EB/OL］（2012-12-14）［2024-09-25］. http://nisd.cssn.cn/zcyj/zcyj_xslw/201212/t20121214_1822050.shtml.

③ 杨敏．社会学视野中的文化自觉与自信［N］．中国社会科学报，2011-12-23（12）.

④ 赵旭东．个体自觉、问题意识与本土人类学构建［J］．青海民族研究，2014，25（4）：7-15.

务与社会治理相结合、社区治理与社会治理相结合、政府主导与多方参与相结合、科学精神与人文精神相结合，是针对性地提高基层社区建设质量的有效路径[①]。郑杭生对社会学的辩证理解,从学科使命和学科立场角度出发，将社会学的理论自觉升华为科学性和人文性的统一体。

郑杭生提出，社会学的理论自觉应该追求“真善美”，其实就是对费孝通关于社会学科学与人文属性的肯定和升华。郑杭生一直致力于在现实层面寻找和促进社会良性运行和协调发展的措施和方法，并将其提炼和抽象为具有一般性和普遍性的社会理论，最终超越现实。在郑杭生的眼中，社会的良性运行是基本目标，更高的目标在于通过社会学的理论自觉，推动社会转变为一个真善美的社会。一般来看，真善美是一种道德层面的要求。涂尔干关于道德的社会学思想，恰恰证明道德是维持社会秩序的重要原则。“真”指的是社会学要追求社会运行的事实、矛盾、问题、机制等，“善美”指的是社会学要在维护社会秩序上体现人的主体性和价值性，而不是赤裸裸的工具理性及其导致的社会灾难。郑杭生认为，慈善有“向善之心、从善之意、行善之举、至善之境”等四种境界，这种慈善社会学思想和对“良善社会”的思考和实践，是沉浸在其关于社会“新型现代性”的理论思考中的，就是他旗帜鲜明地对真善美价值认可和追求的有力证明,他“将自己的一生都投入‘良善社会’的本土化建设之中”[②]。郑杭生强调社会学应该秉持“增促社会进步，减缩社会代价”的深层理念，无疑是其追求“善和美”的另一种学术表达。

---

① 郑杭生．郑杭生社会学学术历程之四：中国特色社会学理论的提升（下卷）[M]. 北京：中国人民大学出版社，2015：26-27.

② 江立华，王斌．何以为善：郑杭生慈善社会学思想理论评析 [J]. 社会学评论，2016，4（2）：50-58.

小结 “三再两气一追求”：理论自觉的基本功力

随着中国综合国力的增强、国际地位的提高，以及社会建设和社会治理实践和研究的全面展开，中国社会学的学科地位有了极大提高，社会学界的学术自信心也大为增强。郑杭生主张在吸收外来理论的基础上，结合中国实际进行创新和发展，形成具有中国特色的社会学理论体系。社会学学者需要全面提高理论自觉的基本功力，主动承担创新责任，而非被动地亦步亦趋。通过对中国本土话语体系的构建，破除边陲思维，掌握学术话语权并达到学术话语权的制高点，推动中国社会学从世界学术格局边陲走向中心。因而，社会学学者要努力在中国特色的社会结构中发力发热，不能在西方笼子里跳舞。社会学学术话语权的确立，必须在理论自觉的基础之上进行建设性的反思与批判[①]。中国特色社会学根植于转型中的中国社会[②]，自觉走国际化与本土化相结合的道路，尊重和吸收自身丰富多彩的社会现实、源远流长的学术传统，也尊重和借鉴国外社会学的优点，不排外，不闭关自守，按照“顶天立地”的治学境界，正确总结“中国理念”，科学概括“中国经验”，培育、增强自己的学术实力，构建中国本土话语体系，破除边陲思维，推动中国社会学从世界学术格局边陲走向中心。

中国社会学的理论自觉应该遵循“三再、两气、一追求”的理念。

---

① 郑杭生．学术话语权与中国社会学发展［J］．中国社会科学，2011（2）：27-34，4，220.

② 郑杭生．中国社会学年鉴 1979—1989［M］．北京：中国大百科全书出版社，1989：20.

“三再”是指在社会学的中西关系、今古关系和理实关系上要再批判、再认识和再提炼[①]；“两气”是指社会学研究要“接地气、有底气”；“一追求”则是指追求“真善美”，坚持科学性和人文性的统一，社会学既要追求“真”，又要追求“善和美”。用中国学术传统的说法，就是追求真善美，提升精气神。社会学既有科学性，又有人文性。这里的科学性指的是“真”、人文性指的是“善和美”。社会学研究中的许多问题，仅凭单纯的科学性并不能发现其真实原因和解决的办法，往往要靠人文性才能找到原因和解决之道。社会学研究非常需要科学性与人文性的统一。“一追求”功力是对当前中国社会学现状的一种批判，也是一种对话反思，更是一种建设性反思，强调社会学科学性与人文性的并举，就必须在立场上坚持科学性与价值性的统一。

① 郑杭生．再评判、再认识、再提炼：中国社会学在“理论自觉”阶段的基本功［EB/OL］．（2014－05－09）［2024－09－10］. https://www.aisixiang.com/data/74627.html.

第四章

知识生产与身体力行：理论自觉的先行者

“万事源头必正名。”郑杭生理论自觉思想具有深厚的历史基础和思想来源。作为社会运行学派的奠基人，郑杭生及其学术团队身体力行，率先垂范，立足中国社会转型和社会治理实践，先后提出和发展了社会运行论、社会转型论、学科本土论、社会互构论和实践结构论等宏观社会学理论，形成了相对系统的中国特色社会学理论体系[①]，开创了一种具有中国风格、中国特色和中国气派的社会学理论，成为中国社会学重建以来由中国社会学家自觉提出来的最早的一个系统化的社会学理论体系[②]，为中国社会学自主知识体系构建作出了积极的探索。

---

① 杨敏．中国社会学的理论自觉与社会学的本土化和中国化：访中国人民大学一级教授郑杭生［J］. 马克思主义研究，2014（12）：13-23，136.

② 谢立中．当前中国社会学理论建构的努力与不足［J］. 河北学刊，2006（5）：84-85.

第一节　社会运行论：理论自觉的思想资源与本体创新

社会运行论所阐述的“社会学是关于社会良性运行和协调发展的条件和机制的综合性具体社会科学”的思想，是对中华人民共和国成立以来不同时期社会运行情况的概括和总结，是对我国历史上治乱兴衰学术传统的继承和开发，也是对外国社会学两大传统即从马克思开始的马克思主义社会学传统和从孔德开始的西方社会学的借鉴和吸取①，这是郑杭生及其学术团队提出的第一个具有明显中国特色的社会学理论。社会运行论的提出，具有开创性意义。它在现实根据和学理根据的基础上，开启了中国特色社会学理论建构的枢纽，也为其进一步展开与拓展提供了一个良好的平台，为理解中国之治提供了理论阐释的原点。作为理论自觉探索的先导思想，社会运行论已成为其学派后续发展的学术源头。

一、理论滥觞：社会运行论的提出

社会运行论主导观念的形成，要追溯到郑杭生 20 世纪 80 年代初在英国留学期间。在英国两年零一个月的时间中，他将个人兴趣与现实关怀相结合，并将中国自己的社会场景与社会学理论知识相结合，开始思考马克思主义社会学、西方社会学与中国现实社会的关系。作为社会学两大分

① 郑杭生．郑杭生社会学学术历程之一：中国特色社会学理论的探索［M］. 北京　中国人民大学出版社，2005：15，121-124，361，589-596.

支，以孔德为代表的改良维护型社会学与以马克思开始的革命批判型社会学均对社会秩序何以可能这一社会学基本问题进行了相应的回答。郑杭生深入分析了西方社会学与马克思主义社会学在基本立场、理论构架和方法原则上的不同。他认为，马克思主义社会学的基本立场是把人与自然、人与社会统一起来认识的实践观点，其理论构架包含了生产方式矛盾运动、社会形态历史变迁以及阶级斗争和社会革命等多方面内容，其方法原则是辩证的、批判的，力图揭示社会生活虚幻假象，引导人类追求真实、实现人类彻底解放。相比之下，西方社会学则更多地侧重于实证研究和经验分析，其理论构架和方法原则与马克思主义社会学存在显著差异。当然，这两种社会学传统并非完全对立，在一定程度上可以相互借鉴和融合[①]。那么，针对“何为马克思主义社会学”这一问题，中西方学者作出了不同的解释。1985 年 7 月 29 日，郑杭生在《光明日报》上发表了《论马克思主义社会学的两种形态》一文。他指出，马克思主义社会学在其发展过程中，表现出既相异而又统一的两种形态，即革命批判性的形态与维护建设性的形态。“革命批判性形态只是马克思主义社会学的一种过渡性、预备性的形态，而维护建设性应该是其主要形态，甚至可以是本来意义的马克思主义社会学。”[②]革命批判性的形态，是以揭露资本主义社会的弊端为主要任务，以推翻资本主义社会为主要目标的社会学，是马克思主义社会学的一个阶段；而维护建设性形态的关键，不在对社会运行制度的推翻，而在于对制度差异性的保持，以维护和改善社会主义社会为目标，专注研究社会主义、共产主义良性运行和协调发展的条件与机制。两者之间的关系

---

① 郑杭生．深入研究马克思主义社会学史［J］. 马克思主义与现实，2006（3）：11-15.

② 郑杭生．论马克思主义社会学的两种形态［N］. 光明日报，1985-07-29（3）.

是先“破”后“立”，差异在于革命批判性形态为社会主义扫清道路，间接为社会主义服务，以破为主；而维护建设性形态是直接为社会主义社会服务，以立为主。两种社会学形态的最终目标，都是为社会主义、共产主义社会服务，因为马克思主义社会学的实质，是一门关于社会主义、共产主义良性运行和协调发展的条件与机制的综合性具体学科①。马克思主义社会学的两种基本形态的提出，凸显了马克思主义社会学的当代性，为理解西方社会学与马克思主义社会学的关系提供了新的视角②，为构建良好的社会秩序提供了新视野和新理路。当然，中国社会学在恢复重建过程中，需要借鉴西方社会学的优秀成果和经验教训，同时也要坚持马克思主义的指导地位。

知识本身就是社会情境的产物，特别是进入现代社会，社会环境要求人们自身需要具备更高的知识水平，但是事实常常是人们尚未获得相匹配的认识能力。因此，在知识社会学领域中，知识任务即洞察并解决社会发展的反常状态。③在国内外社会学已有研究的基础上，郑杭生受严复思想的启发，结合对当时中国社会运行实际的认识和判断，立足现实、借鉴传统，把中国历史上前辈思想家们有关“治乱兴衰”“去乱求治”等社会变迁与运行的管理思想，结合对新中国成立以后的社会运行状况，特别是对“文化大革命”期间恶性运行状况的反思，以动静结合的视角将社会运行

① 杨敏，郑杭生．社会实践结构性巨变时代的马克思主义社会学［J］．社会科学研究，2007（2）：1-7.

② 黄家亮，奂平清．郑杭生与中国自主的社会学知识体系建构［EB/OL］．（2023-12-21）［2024-09-11］．https://www.cssn.cn/skgz/bwyc/202312/t20231211_5705243.shtml.

③ 曼海姆．意识形态与乌托邦：知识社会学导论［M］．李布楼，等译．北京：商务印书馆，2014：25.

与社会发展两者交叉，在“理想类型”的意义上生成三种结果，即良性运行与协调发展、中性运行与模糊发展、恶性运行与畸形发展[①]，认为社会需要在一定条件和机制下才能实现良性运行的。1987 年，社会学对象研究的专著《社会学对象问题新探》由中国人民大学出版社出版发行。该书分为社会学的独特对象和社会运行的运行、社会学对象的理论方面、社会学对象的实践方面、社会学对象的历史等四个部分，从理论、实践和历史等三个方面立论，全面设计了社会学对象的理论和研究方法，第一次提出了“要研究转型中的中国社会和成长中的中国社会学”的社会学观点，明确将社会学的研究对象界定为“社会运行和发展，特别是社会良性运行和协调发展的条件和机制”[②]。正是在这种对现实和学理层面进行思考和研究的基础上，郑杭生认为，社会学是关于社会良性运行和协调发展的条件和机制的综合性具体社会科学，这一定义超越传统社会学对社会现象的描述性分析，进而关注社会运行和发展的内在机制和条件，为社会运行提供明确的研究对象和框架[③]。

社会运行论的建构，经历了一个提出与形成、展开与论证、争论与发展的历程。郑杭生受严复社会学定义的启发，从社会学的研究对象这个最基本的问题入手，建构中国特色社会学的理论框架。《社会学对象问题新探》（1987）一书从理论、历史和实践等三个方面对他的社会学定义进行了较系统的论证和阐述，对解决社会学面临的理论的、历史的、实践的困难

---

① 郑杭生，李强．试论区分社会运行类型的主要原则：对社会学基本理论的一点探讨［J］．中国社会科学，1987（1）：181-192.

② 郑杭生．社会学对象问题新探［J］．社会学研究，1986（1）：68-75.

③ 杨发祥，胡高强．理论自觉与中国特色社会学“三大体系”构建：以郑杭生学术历程为例［J］．福建论坛（人文社会科学版），2021（1）：160-172.

是一种推动；在《社会学概论新编》（1987）和《社会学概论新修》（1994、1998、2003）中，他把上述主导观念放到教学的实践中去考验，通过发行达数十万册的教材，传播和推广他的学术观点，产生了广泛的影响；《社会指标理论研究》（1989）为把社会运行状况，特别是它的良性运行、中性运行和恶性运行三种状况指标化，作了初步的工作，为其提供了理论基础；而《社会运行导论——有中国特色的社会学基本理论的一种探索》（1993）一书，对社会运行条件（人口、环境资源、经济、文化、社会心理等条件）和社会运行机制（动力、整合、激励、控制和保障机制）进行了较为深入、系统的探讨和理论说明。围绕社会运行论，学界先后在1987年和1996年前后掀起至少两次争论高潮。正是在这些理论争鸣与教学工作中，中国特色社会学理论经受了学理层面与实践层面的检视和考验，影响不断扩大。经过这些争论，社会运行论得以不断展开，并不断获得新的发展。以社会学的对象问题为理论支点，关于社会学的学科层次结构、社会学基本问题、社会学学术规范以及“价值中立”与社会学等问题日益明晰。①

二、群学精神：社会学研究对象新探

自社会学进入中国以来，作为知识的社会学一直处在学科本土化的讨论中，这是社会学争取知识合法性的过程。对研究对象的厘清与划定，是建立学科合法性的基础。我国社会学自1979年恢复重建以来，社会学的研究对象便成为一个关系到社会学发展的重要问题。20世纪80年代初期，我国学界对于社会学的研究对象尚未明确，存在两种主要观点：一种

① 杨发祥．中国特色社会学理论的建构历程及其内在关联［J］．河北学刊，2006（1）：81-85.

是从社会整体出发，从经验事实、社会关系、社会结构等子维度入手；另一种是反映科学研究的“剩余物”论述。综合而言，研究对象与对社会学的定义息息相关[①]，社会学研究对象的确定，实则是社会学作为独立科学的核心问题选择。[②]

何为社会学的研究对象？经典社会学家作出了不同的回答，这是科学研究的第一层关注点。孔德认为，社会的各个部分并不是独立存在的，只有在统一的联系中才能实现对社会的认识，因而社会学是关于整体社会的学问[③]。斯宾塞将整个社会作为社会学的基本分析单位，认为社会各个部分虽具有一定的独立性，但各个部分之间具有特定的关系[④]。迪尔凯姆认为，社会学是对社会事实的总体研究，“社会事实”是社会学的研究对象[⑤]。韦伯指出，社会学是力图理解和解释社会性行动的一门科学，目的是对社会性行动的过程和后果进行说明[⑥]。美国社会学家英克尔斯则试图通过历史的途径、经验的途径和分析的途径等三条途径来揭示社会学的研究对象。[⑦]概言之，西方社会学大体上有三种完全不同的研究取向。以孔德、斯宾塞、涂尔干为代表的古典社会学家以自然科学为轴心发展出“社

---

① 雷洪，范洪．我国社会学若干理论问题讨论综述［J］. 中国社会科学，1986（3）：152-158.

② 黄晓星．社会学本土化的引入、构建与想象［J］. 济南大学学报（社会科学版），2019，29（1）：17-23，157.

③ 孔德．论实证精神［M］. 黄建华，译．上海：商务印书馆，2001：1-2.

④ 斯宾塞．社会静力学［M］. 张雄武，译．北京：商务印书馆，1996：52-55.

⑤ 涂尔干．社会学方法的准则［M］. 狄玉明，译．北京：商务印书馆，1995：23-25.

⑥ MAX WEBER. Economy and society：an outline of interpretive sociology［M］. Berkeley：University of California Press，1978：4.

⑦ 英克尔斯．社会学是什么［M］. 陈观胜，等译．北京：中国社会科学出版社，1981：1-2.

会学只有在认识到将社会事实当作实在的物来研究时才可以诞生”[①]的实证主义研究传统；以韦伯等社会学家为代表的因果解释趋向的社会学研究取向，对社会学的科学任务定义为对社会行动进行理解与阐释；以马克思为代表的批判主义传统，不断强调科学的革命意涵。可见，任何一门社会科学都有其确定的、客观的逻辑起点。社会学研究对象的基本单位，只能是关系行为。社会学研究只有以此为逻辑起点，才能逐步演绎出整个学科的理论体系。西方社会学研究是以从自然科学领域剥离为原点的发展过程，一开始就实质忽略了社会内部具体的“群”，进而陷入对研究对象、研究问题、研究方法均趋于抽象的两极争论。现代社会学，就是从社会系统整体的角度研究社会关系及其发展规律的科学[②]。郑杭生以中国群学思想和治乱兴衰史观，结合个人经验和社会发展的实际情况，将社会运行论合理地放在社会学知识图谱中展开，对社会学的产生、历史、潮流、存在的理论困难进行更为具体的探索，为中国社会学的学科体系构建提供了重要的理论支撑。[③]

中国传统思想资源是中国社会学知识生产的根基。中国历史上“治世”和“乱世”的历史情境，推动了自先秦诸子百家以来众多具有家国情怀的思想家苦寻良方。儒学“仁义”、法家“规制”、道家追求出世入世两全之境，就是早期的典型代表。古代思想家们对社会秩序有一种普遍追求，希冀避免朝代更迭可能引发的社会动荡，期待社会朝着良性循环的

---

① 涂尔干．社会学研究方法论［M］．胡伟，译．北京：华夏出版社，1988：11．

② 张传武．论社会学的研究对象与逻辑起点［J］．理论学刊，1991（5）：50-54．

③ 陈玉生．理论自觉的思想资源、本体创新与价值关怀：以社会运行理论为例［J］．学习与实践，2020（3）：101-110．

趋势运行。在他们身上，凝结着一种情绪，即秩序情结。[①] 正如郑杭生所言，前辈思想家们或论述社会变迁的轨迹——治乱兴衰，或探讨治世的社会条件及运行机制、达到治世的途径和手段，或表达自己对治世的理想模式的看法，或研究乱世的社会根源、乱世的治理和控制，或说明乱世给人们带来的苦难和危害，均是对社会稳定发展、太平盛世之渴求。[②] 当然，治乱兴衰之“治”不等于西方的“治理”（governance）所表达的控制、引导和操纵的单向建立在权力基础上的约束，中国之“治”意在充分发挥“以史为鉴”的思想传统，借历史变迁之启示，揭示有机社会在思想、观念、主张背后蕴含的普世真理，更好地指向当下社会的良性发展。对治乱兴衰的探究，目的不只是找到社会历史发展的周期性规律，而是将社会整体看作持续运行的有机体，从动态视角看待运行轨迹。郑杭生认为，中国学术研究自始就有“经世致用”的文化传统，知识生产需要与社会生活、国家政治紧密结合，以彰显中国思想家的学术情怀。儒家推崇仁政，《论语·颜渊》讲道：“政者，正也。子帅以正，孰敢不正？”执政者的个人认知与国家走向息息相关。主张非战的道家推崇和平之治，“以道佐人主者，不以兵强天下。其事好还。师之所处，荆棘生焉。大军之后，必有凶年。善有果而已，不敢以取强”，国家社会发展节律以和为贵，乱世必求良治。尚贤的墨家同样认为，国家政治与人为贤良相关联。墨子讲道：“是在王公大人为政于国家者，不能以尚贤事为政也。是故国有贤良之士众，则国家之治厚；贤良之士寡，则国家之治薄。”可见，国家社会的走

---

① 张德胜.儒家伦理与秩序情结：中国思想的社会学诠释［M］.台北：台北巨流图书公司，1989：2.

② 郑杭生.中国社会学百年轨迹［J］.东南学术，1999（5）：87-96.

向与知识团体的认知能力息息相关。“以史为鉴”即站在前人的肩膀上，探索、指导当下的社会运行。

中国社会学应当将社会学知识与具体发展情景相结合。“史论结合”是社会运行论理论思想的文化禀赋。[①]社会运行论即是对中国传统社会发展史和历代思想家去乱求治思想的总结，是和社会学学科宗旨一脉相承的，是本土知识与本土实践有机结合的典型。社会运行论，是从民族情怀的社会整体视角出发，跳出自然科学与人文科学的两极框架，结合中国社会现实，博采众长，逐步形成的以民为本的社会学判断。社会运行论从社会秩序的角度理解社会学的研究对象，意在探究社会良性运行的条件和机制。这种理论灵感是受严复关于群学思想的启蒙，“社会”即来自“群学”之“群”。对“群”的关注，不是仅仅停留在对中国传统理论思想的召唤与找寻，而是需要更为具体地细化可使用的方式，以搭建完备的知识体系。严复在《群学肄言》序言中指出：“群学何？用科学之律令，察民群之变端，以明既往、测方来也。肄言何？发专科之旨趣，究功用之所施，而示之所以治之方也。故肄言科而有之。今夫史之为学，岂徒以弋利禄、钓声誉而已，固将于正德、利用、厚生三者之业有一合焉。群学者，将以明治乱盛衰之由，而于三者之事操其本耳。”[②]可见，“群学”是一门运用科学的方法来研究群理变化，明既往测方来的学问[③]。在引进西方社会进化论之时，严复并没有全盘摒弃中国传统文化，他试图将中国传统文化与西方社会学思想相结合，以此寻找适合中国问题的

① 江立华，胡翼鹏.社会运行论的历史关怀与文化禀赋［J］.福建论坛（人文社会科学版），2015（11）：92-96.

② 严复.天演进化论［M］// 王栻.严复集：第2册.北京：中华书局，1986：122.

③ 马学军.民本、有机与演化：严复“群学”思想探究［J］.社会学评论，2021，9（2）：51-69.

解决方案。严复在《天演进化论》中指出，斯宾塞的社会有机论意在说明社会作为一个整体，不同部分分工严密、相互协作，发挥着各自的功能。在严复看来，具体社会中的任何个人都离不开群，“社会”是有法之群。同时，作为对斯宾塞社会进化论思想的补充，严复有选择地翻译了赫胥黎的《伦理学与进化论》，强调“以人持天”，即人类社会的进程可以通过自身努力来改变，并不是完全地听天由命，因而在运用“天演”一词时，背后包含自然演变和人为之治两个部分。可见，严复的思想不是完全按照生物界的进化法则推演的，人类社会的良治善治可以弥补自然演变的残酷冷漠，社会的进化不是“恶演”，而是一种“善演”①。治“群学”需要建立在“科学”的基础之上，讲求科学因果，道法自然。严复的群学思想强调个体与群体的互动关系，探讨如何在现代政治社会秩序中重新嵌入个体。因此，严复的群学思想意在强调用科学的方法格物致知，是对当时纷繁复杂的社会动乱、政治更迭的理性判断，也是中国学术研究面对西学东渐之风的立身之本。他所强调的民本论认为，国家的治理应以民为本，这和中国传统儒家思想相契合，也为郑杭生社会学元问题的锚定奠定了文化思想基础。作为判断社会现实的一种理论探索，郑杭生的社会运行思想可以被视作一个合理的诊断工具，是衡量社会动态发展片段的一把标尺。

三、基本范畴：社会运行的条件与机制

郑杭生认为，社会学学科的层次结构大体由三个部分组成：第一，社

---

① 黄克武．何谓天演？严复“天演之学”的内涵与意义［J］．中研院近史所集刊，2014（85）：129-187.

会学基本问题层次，即“个人与社会的关系”问题，这是学科的“元问题”层次——作为社会学与哲学连接点的社会哲学层次；第二，社会学对象问题层次，即学科的“本问题”中的总问题层次——作为综合性具体科学的社会学层次；第三，社会学范畴问题层次，即学科的“本问题”中的分问题层次——作为社会学历史地形成的概念内容的层次。这三个层次的关系，事实上是一般、特殊和个别的关系，或者说是一般性、特殊性和个别性的关系。如何给社会学下定义，是由社会学对象问题（总问题）的特点决定的。第二层次作为特殊层次，是联系第一层次和第三层次的纽带。一方面，它把“个人与社会的关系”问题，具体化为社会运行状况和类型与社会成员利益和前途的关系，这两者通过各种机制和条件联系起来；另一方面，它在综合性具体科学的层次上提供了将社会学各个范畴贯穿起来的主线，这些范畴也都发挥着社会良性运行与协调发展的条件和机制的功能，并且都是为促进社会的良性运行和协调发展服务的。①郑杭生认为，第一和第三层次并不是定义社会学的合适层次，只有第二层次才是恰当的层次。第二层是联系第一层次和第三层次的纽带，学术逻辑是将个人和社会之间的关系具体化为社会运行的状况和类型，并将机制和条件关联起来，同时在综合性具体科学的层次上提供将社会学各个范畴贯穿起来的主线。②所以说，只有在第二层次上才能够较为合适地去规定社会学的本质属性。郑杭生认为，以社会运行定义的社会学，能够衔接与整合既有社会学基本概念、基本理论和分支社会学，是能够将社会学区别于其他社会科

---

① 郑杭生．郑杭生社会学学术历程之一：中国特色社会学理论的探索［M］．北京：中国人民大学出版社，2005：15，121-124，361，589-596.

② 郑杭生．从社会学学科层次结构看社会学对象问题［J］．（人大报刊复印资料）社会学 C4，2000（3）：20-22.

学的根本属性。因此，把对社会学研究对象的探讨，放在社会学本土化实践的“学术运动”当中，牵涉到的不仅是社会学发展的认识论和方法论本身的内在逻辑问题，还具备民族的“学术话语权”或是民族的尊严抑或学术地位。①

所谓社会学范畴，主要是指社会学历史地形成的概念内容，包括人的社会化、社会角色、社会互动、社会群体、社会分层、社会流动、社会规范、社会设置、社区等。作为社会学学科层次的第三层次及分问题，社会学范畴在学科的层次结构中，处于第一层次的元问题和第二层次的总问题的下层，即在一般和特殊的下面。这里的每一个范畴，都内在地贯穿第一层次和第二层次的内容：既是第一层次之个人和社会的关系在第三层次的体现，又是第二层次之社会良性运行和协调发展这一总问题在各个分问题上的贯彻，其本身即发挥社会良性运行和协调发展的种种具体条件和机制的功能。“社会设置”“社会机制”“社会指标”等社会学核心范畴，是社会运行的基础性条件和机制。

第一，社会设置：社会运行的结构与规范。郑杭生将“社会设置”定义为在特定社会活动领域中所创设和形成的一套持续而稳定的规范体系，也是规约社会行动的结构框架。作为一种社会结构形式，社会设置是有机联结各社会运行体的一种主要方式，是社会运行机制的重要构件。除了普遍意义上的政治设置、经济设置、文化设置等之外，一些特殊领域也有相应的社会设置，共同从社会层面和个体层面维护社会秩序、促进社会整合，应对各种不确定性，以有效配置社会资源。人的发展是社会发展的核

---

① 王宁．社会学本土化议题：争辩、症结与出路［J］．社会学研究，2017，32（5）：15-38，242-243.

心和最高目标，是社会良性运行和协调发展的关键。郑杭生认为，社会协调发展，是经济发展和社会变迁的协调，是经济效率和社会公平的协调，是经济、科技和社会的协调等。社会发展不协调会对科学知识的生产、人才培养和社会民生产生巨大的结构性影响。基于对经济、政治、生活等普遍性社会设置的辩证判断，郑杭生主张以发展生产力为基础，以人的发展为核心，经济、政治、思想文化、科技等社会各个子系统相互协调发展的社会发展思路，具有一定的前瞻性和政策指导意义。

第二，社会机制：社会运行的规则与方法。1985 年，郑杭生将“机制”一词带入社会学研究领域，指出“机制”有三层含义：一是指事物各要素的相互联系，即结构；二是指事物在有规律性的运动中发挥的作用、效应，即功能；三是指发挥功能的作用过程和作用原理。概言之，所谓社会机制就是带规律性的模式[①]。现代社会要实现良性运行和协调发展，必须具备人口条件、环境资源条件、经济条件、文化条件和社会心理条件等五大条件[②]，必须具备动力机制、整合机制、激励机制、控制机制和保障机制[③]。这些条件和机制的明确，为社会运行理论提供了具体的分析框架和操作路径，使社会运行论具有更强的实践指导意义。各要素之间的整合效应，直接反映社会运行的基本样态，体现为静态的社会状态与动态的社会运行和社会发展。同时，社会运行机制与社会设置是紧密关联的，两者

---

① 郑杭生，李强．社会运行导论：有中国特色的社会学基本理论的一种探索［M］. 北京：中国人民大学出版社，1993：348.

② 李娜，胡翼鹏．论郑杭生关于社会学研究的理论自觉与文化禀赋［J］. 学术论坛，2013，36（8）：186-193.

③ 郑杭生，李强．试论“社会效益”：对一个在我国具有重要意义的社会学范畴的探讨［J］. 社会科学战线，1988（2）：123-132.

之间的联动共同指向社会运行是否协调有序。郑杭生曾指出，如何走向有序和活力兼具的社会，避免“一管就死”“一放就乱”的历史怪圈，是现阶段我国社会治理面临的重大挑战。从理论上来说，社会运行论包括的所有机制都涉及有序和活力兼具的问题。①

第三，社会指标：社会运行的监测与评估。所谓社会指标，是指反映社会现象、衡量社会状况、检测社会过程、预测社会发展的综合性的质量和数量标准。郑杭生及其学术团队将“社会指标”与中国社会发展现实情况相结合，在国际上既有的社会指标的概念和实例基础上，对社会指标进行类型学划分，包括以描述性社会指标与评价性社会指标、观察性社会指标与计划性社会指标、投入指标、生产量指标与产出指标、肯定性指标、否定性指标与中性指标、客观社会指标与主观社会指标、经济指标与非经济指标等指标工具，应用到中国实际的社会分析中②。郑杭生以社会运行的协调性为例，展示了社会指标的应用过程，把结构性指标和功能性指标作为研究工具，将社会运行的协调性操作化为社会运行的投入-产出分析，充分考虑社会效益，得出了具体、严格、可计量的结论，从而使研究对策更具可操作性。社会效益，指的是从社会总体利益出发衡量某种社会活动的效果和收益，即强调整体利益高于个别利益，是社会现代化水平的重要标尺。对社会指标的学理分类和实际应用，最终是为了服务于人的全面发展。

---

① 郑杭生．走向有序与活力兼具的社会：现阶段社会管理面临的挑战及应对［J］．西北师大学报（社会科学版），2013，50（1）：1-11.

② 郑杭生，李强，李路路．我国社会指标研究的几点探索［J］．中国人民大学学报，1987（2）：12-20.

第二节　社会转型论：理论自觉的现实基础与内涵延展

社会转型论是一种正确处理传统因素与现代因素关系的新型现代化理论，是对“社会运行论”思想的进一步承续和延展。中国社会正处在由传统型社会向现代型社会转型的过程之中，这是郑杭生 20 世纪 30 年代末提出的社会转型论的一个基本判断，也是对中国巨大社会变化的社会学概括。[①] 中国社会转型是一个十分复杂的过程。社会转型论聚焦当代中国社会转型的经验现实，着力展现我们所处时代社会生活的现代化变革。随着中国社会转型进入了快速发展期，社会各个方面均发生了不同于传统社会的重大变化，如何准确而生动地解释转型是社会转型论的生命力所在。社会转型论的提出，是对中国社会实际转型的认识的深化。

一、理论抽象：社会转型论的提出

“社会转型”是理解与研究社会现代性转向的基本概念。在早期西方社会学研究中，许多学者以“传统-现代”的二分法来划分社会变迁的过程。在探讨人类生活和组织模式的深刻变化时，吉登斯提出“断裂”的概念,用以强调“现代世界与先前历史的人们之间的显著差异”[②],并认为这种

① 郑杭生．中国社会学年鉴 1979—1989［M］. 北京：中国大百科全书出版社，1989：20.

② 安东尼·吉登斯．民族 国家与暴力．胡宗泽，赵力涛，译．北京：生活·读书·新知三联书店，1998：37.

差异的深远意义超越了任何历史时期。1989年，郑杭生教授在《中国社会学年鉴1979—1989》上发表了《转型中的中国社会和成长中的中国社会学》一文，首节标题即为“中国社会：从传统社会向现代社会的转型”。郑杭生指出：“研究这个转型过程，回答转型过程面临的种种课题，不仅是中国社会学义不容辞的任务，而且也是它安身立命的根基。可以说，对中国社会的‘转型’认识得越深入、越全面，中国社会学的成长也就越扎实、越迅速，而成长了的社会学又转过来推动转型过程比较顺利、比较健康地进行。”① “中国社会学必须植根于转型中的中国社会，才有可能具有中国特色。能否从自己特有的角度如实地反映和理论地再现这个转型过程的主要方面，是中国社会学是否成熟的标志。”② 可以说，中国社会正处在由传统型社会向现代型社会的转型过程之中，这是社会转型论的一个基本判断。

所谓“社会转型”（social transformation），是一个有特定含义的社会学术语，意指社会从传统型向现代型的转变。它描述的是一个从以农业为主的、乡村的、相对封闭或半封闭的传统型社会，转向以工业为主的、城镇的、开放的现代型社会的过程。在社会学的讨论中，“社会转型”特别关注的是社会结构的深刻转型。但如果从现代性的角度来审视，社会转型在很大程度上和现代性同义③。中国的社会转型，指的是中国的社会生活和组织模式由传统迈向现代，并向更高层次的现代化的演进过程。换言之，这一转型过程是中国社会转型是中国社会实践结构不断从传统到现代再到更

---

① 郑杭生．中国社会学年鉴1979—1989［M］．北京：中国大百科全书出版社，1989：20.

② 郑杭生．中国社会学年鉴1979—1989［M］．北京：中国大百科全书出版社，1989：25.

③ 郑杭生．郑杭生社会学学术历程之一：中国特色社会学理论的探索［M］．北京：中国人民大学出版社，2005：121-122.

高阶段的现代化的变迁过程。[①]中国社会转型同时呈现“传统”与“现代”因素并存的特性。在转型的总过程中，我们可以看到多个层面的转变。首先，从传统向现代的转变，从自然经济到现代市场经济，从人治到法治，从高度同质性的社会向异质性加强的社会的演变。其次，现代向传统的转变，如现代民主在某些文盲充斥的农村的变形，以及一些地方婚丧嫁娶习俗的回潮。再次，传统向传统的转变，即传统模式自身的延续，如性别偏见的复苏、家长制的变相存在。最后，现代向现代的转变，如从效率较低的计划经济体制向效率更高的市场经济的转变[②]。这些错综复杂的进程交织在一起，共同带来中国社会正经历的快速而明显的转型，也成为当代中国社会变革的显著特点之一。郑杭生指出，“社会从传统向现代的转变并非简单的割裂，而是一种既有矛盾、对立，同时又相互依存、吸收的复杂过程”[③]。社会转型论实际摆脱并超越了传统现代化理论中的二分法思维，认为现代性具有既断裂又连续的特征，为我们研究中国社会提供了一种新的分析视角和方法，并形成了一系列独具中国特色的现代化发展理论。社会转型论的形成，是建立在对中国自近代以来社会整体普遍变化的深入观察与理解的基础上的，即中国社会正经历着从传统形态向现代形态的深刻转变这一基本事实判断，从而构成了新型现代化理论的坚实基础。[④]

---

① 郑杭生．郑杭生社会学学术历程之一：中国特色社会学理论的探索［M］. 北京：中国人民大学出版社，2005：124.

② 郑杭生．社会转型论及其在中国的表现：中国特色社会学理论探索的梳理和回顾之二［J］. 广西民族学院学报（哲学社会科学版），2003（5）：62-73.

③ 郑杭生，李迎生．中国社会学史新编［M］. 北京：高等教育出版社，2000：8-11.

④ 郑杭生，郭星华．中国社会的转型与转型中的中国社会：关于当代中国社会变迁和社会主义现代化进程的几点思考［J］. 浙江学刊，1992（4）：51-57，49.

二、两种视角：社会转型的度与势

为了进一步说明中国社会在1978年后进入“社会转型加速期”的具体特点，郑杭生提出了“社会转型度”与“社会转型势”，作为社会转型论的基本概念[①]，用以解释和衡量中国社会转型的社会事实，旨在通过社会指标来表示社会转型过程中可以度量的部分，这两个概念相辅相成、互为一体，共同构成了社会转型实证研究的两个最重要的分析视角，是衡量中国社会现代化程度和能力的重要范畴。作为对转型现实的理论抽象，这两个概念实质上涵盖了任何社会转型实证研究都必须包含的两个根本方面。郑杭生指出，对一个国家、地区或一个社会、社区的从传统到现代过渡的社会转型研究，总是围绕两个基本方面即社会转型的度和势展开的。离开这两个方面，任何社会转型的实证研究都无以立足。[②]

社会转型度是衡量一个社会转型过程的整体情况和变化程度的指标。它作为一级概念，可具体区分为速度、广度、深度、难度和向度五个次级概念，集中反映出中国社会的特点及其问题。（1）社会转型速度是衡量中国社会转型整体的快慢的概念，具体表现为许多相应的特征，如工业化速度、城市化速度、社会结构的变迁速度等。在中国社会转型的历程中，其转型速度也经历了三个不同阶段的变化。第一阶段（1840年—1949年）是中国社会转型的起始阶段，也是低速或慢速发展阶段。第二阶段（1949年—1978年）是中速发展阶段，社会结构和经济模式在新中国成立后经

---

① 郑杭生.中国社会大转型［J］.中国软科学，1994（1）：48-54.

② 郑杭生.中国社会大转型［J］.中国软科学，1994（1）：48-54.

历了重要的调整，发展速度较第一阶段有所提升。第三阶段（1978 年至今）是高速发展或加速发展阶段，改革开放政策极大地促进了经济和社会的快速发展，中国社会转型的速度大大加快。（2）社会转型广度主要衡量社会转型所涉及的社会领域的范围，它包括不同的社会部门（思想、经济、政治、日常生活等）、不同地区（东中西、南北）、不同群体，它们都是社会转型的阵地。社会转型在全面展开的同时，又具有展开的时序性。从社会各部门来看，这种时序性表现为，以思想解放为先导，从经济体制改革着手，把经济建设作为中心，政治体制改革跟在后头，从而达到相互促进。[①] 从不同地区来看，中国的社会转型是递次推进的，即由东至西、由南到北。转型广度也反映社会转型的初始化程度，一个国家或地区、社会或社区社会转型在哪几个领域出现了，其广度也就延伸到了哪里。（3）社会转型深度主要衡量两个方面，一是衡量社会转型在经济、政治、文化、价值系统、社会生活领域纵深发展的程度，二是衡量社会转型在社会结构各层次间梯次推进的程度。深度既是社会整体转型的深入，也是有广度的深入。对于社会转型深度的衡量，一是看社会整体转型的层次推进，二是看社会各领域、各部门纵深发展程度。社会转型深度与社会转型广度之间存在一些形式上的联系。社会转型广度覆盖社会各个方面，而在深度上则表现在社会部门内部的纵深发展，两者可以说是横纵关系。（4）社会转型难度是对转型的促进因素与阻碍因素的衡量，社会承受能力强弱的衡量。任何社会转型的深入程度，都是这两类因素相互作用的结果，社会承受能力强弱转化的产物。不同的传统、文化背景、转型的条件和力量，都会影响转型主体的促进或阻碍因素的消长，因而也影响到转

① 郑杭生．中国社会大转型［J］．中国软科学，1994（1）：48-54.

型难度的大小。中国现代化事业的难度，“不仅仅表现在人口多、底子薄、经济落后，也不仅仅表现在中国处在迟发展效应的作用之下，以及不平等的国际经济格局之中，最主要表现在中国社会转型的每一步都涉及利益关系的调整”①。军事上的难、建设上的难、利益大调整的难和建设上的难，分别是中国社会转型不同时期的表现。（5）社会转型的向度指的是对现代化模型或道路的选择。正确的向度即符合转型主体的实际情况的道路的选择，反映出社会转型的成功率的大小，因而也是对社会转型制度衡量的一个重要指标。中国社会转型在向度上同样有三个不同阶段的努力：第一阶段（1840—1949 年），中国尝试学习欧美模式但屡遭失败，社会状况日益恶化。这表明，简单复制和吸收外来模式，忽视中国自身主体性，并非有效策略。第二阶段（1949—1978 年），在中华人民共和国成立后，中国尝试全面照搬苏联模式，实行高度集中的计划经济体制，导致了中国经济发展缓慢。第三阶段（1978 年至今），自 1978 年改革开放政策实施以来，中国开始探索并确立具有中国特色的社会主义道路和发展模式。这一时期的转型向度非常明确，中国社会转型进入了加速阶段。

社会转型度及其五个关键维度，揭示了社会转型在经济、政治、思想、文化价值及日常生活等各个层面的全面展开，社会转型过程中也有整体性和时序性。整体性体现在特定的时期，社会转型往往围绕一个核心领域或重心。这个核心领域不仅起到重要的引导和推动作用，而且需要与其他领域的转型力量相互协调，确保转型的力量能够渗透到社会的方方面面。社会转型的重心或焦点，在不同的国家和地区之间存在推动力、作用领域以及发展方向上的不同，这种差异带来不同国家和地区存在转型的有

① 郑杭生．中国社会大转型［J］．中国软科学，1994（1）：48-54.

序性问题。因此，不同国家和地区在进行社会转型时，都需根据具体情况来确定转型的重心和顺序，才能实现有序的社会变革和发展。

基于对社会转型度的进一步研究，郑杭生提出了“社会转型势”的概念。社会转型度反映社会转型的整体状况、社会各方面的转型程度，而社会转型势反映社会转型的能力，可以进一步探测不同社会状况的形成原因。转型势是社会转型度变化的内在动力和根源，转型势本身的增减变化，会直接影响到转型度的变化。社会转型势成为分析一个国家或地区、一个社会或社区的转型能力、转型趋势的不平衡性的概念工具。[①]与社会转型势相关的概念还有转型域、转型势的势位和势级。

首先，转型域是一个多维度的概念。它既可以指代地理空间上的不同区域，比如不同的国家，或者是同一国家内的不同地区，也可以指代人类生产活动的不同领域，比如具有不同水平的经济转型域、政治转型域、文化转型域、价值观念转型域等。各转型域之间的差异性、不平衡性，是动态变化而非静止不变的。郑杭生指出，这种不平衡性是由各转型域内部的转型能力所决定的，并且随着转型能力的运作会随时改变。[②]其次，根据社会转型势的不同，一般可以将中国社会划分为不同的转型区域，即优势级、中势级、弱势级等。东部地区是转型强势地区，中部地区是转型中势地区，西部地区则是转型弱势地区。需要指出的是，转型强势地区，指的是强势因素占优势的地区，同样存在着程度不同的弱势因素和中势因素；而转型弱势地区，也并非一切都弱，也存在着程度不同的强势因素和中势因素。可以说，中国社会转型或实现现代化的过程，就是各个地区不断地

---

① 郑杭生．当代中国农村社会转型的实证研究［M］．北京：中国人民大学出版社 1996：34－35

② 郑杭生．当代中国农村社会转型的实证研究［M］．北京：中国人民大学出版社，1996：34－35.

改善、增强和提升自己的强势因素，不断缩小、减弱和清除弱势因素和中势因素的过程。① 最后，社会转型的势位和势级在理解社会转型过程中扮演着不同的角色。势位代表了在某一特定时间点上，不同转型域之间存在的不平衡性的实际差距。而势级则反映了在特定的势位状态下，该社会转型域内所有转型能力的综合表现。势位和势级与社会转型度中的难度存在负相关性，势位越高或势级越强，转型的难度可能相对越低。尽管势位和势级都与转型能力有关，但它们并不总是同步发生变化，转型速度反映势级大小，势位则不然。②

三、转型效应：社会转型的实践意蕴

转型社会是一种特殊的社会运行状态，其特殊性就在于转型社会的过渡性、不稳定性，不断地从一种动态平衡过渡到另一种动态平衡，每一动态平衡的稳定性都不高。我们可以将传统社会视为一极，是一种比较稳定的社会结构形式，将现代社会视为另一极，也是一种比较稳定的社会结构形式。这两极都处在比较稳定的动态平衡之中，而转型社会则处在这两极之间，被雷格斯（F. W. Riggs）称为“巨大的发展的连续体”，被冷纳（D. Lerner）称为“一个动态的范畴”。③

作为一种转型社会，当代中国正处在从传统社会向社会主义现代化社会转型的过渡时期。研究当代中国社会运行和发展必须基于这一社会现实

---

① 郑杭生．郑杭生社会学学术历程之一：中国特色社会学理论的探索［M］. 北京：中国人民大学出版社，2005：123.

② 郑杭生．当代中国农村社会转型的实证研究［M］. 北京：中国人民大学出版社，1996：34-35.

③ 金耀基．从传统到现代［M］. 广州：广州文化出版社，1989：66-67.

之上。从外部条件来看，中国社会运行和发展受到“迟发展效应”（late-development effect）的影响和制约；从内部条件来看，又受到“转型效应”（transformational effect）的影响和制约。所谓“迟发展效应”，是指在某些西方国家发达国家已实现现代化的国际背景下，发展中国家在发展过程中受其影响与制约所产生的一种特殊效应。所谓“转型效应”，是指在社会转型过程中，由于社会结构转换的不同步性，以及“迟发展效应”的影响，对转型社会产生的一种特殊效应。在当代中国社会，“转型效应”主要表现为三个方面，即晕轮效应、瀑布效应和葡萄串效应。

所谓晕轮效应（moon halo effect），是社会心理学的一个术语，指对别人知觉的一种偏差倾向。当一个人对另一个人的某些主要品质有良好印象时，如认为这个人勤奋、诚实、聪明、热情等，就会认为这个人的一切都很好。这就好像刮风天气到来之前晚间月亮周围的大圆环（月晕或晕轮）是月亮光的扩大化一样，所以称为晕轮效应。转型社会里的晕轮效应，是指由于西方现代化国家高度发达的物质生活与传统社会低水平生产力条件下的物质生活形成十分强烈的反差，很容易产生把西方现代化国家的一切东西都看成先进和美好的而盲目仿效的倾向，以为西方社会的今天就是转型社会的明天，高水平的物质生活掩盖了其他一切弊端，这就是晕轮效应。传统社会在向现代社会转型的过程中，可以借鉴，也应该借鉴现代化社会的经验，根据本社会、本民族的条件选择现代化道路。不顾中国基本国情、盲目仿效西方现代化社会，将会迷失社会主义现代化方向，陷入现代化道路的歧途。转型社会里的晕轮效应要求我们不为西方社会高度发达的物质文明所迷惑，认清本国国情，把握好中国转型社会的社会主义现代化方向。

所谓瀑布效应（waterfalls effect），瀑布的源头——打帮河是一条小河，河水不深，流势也缓，但一遇跌宕，巨大落差就造就了气势磅礴的瀑布，飞流直下，如野马脱缰直泻深潭，尔后又成涓涓小河，平缓宁静。转型社会中亦有这种现象，平缓里蕴含危机，一旦遇到挫折，社会运行就如脱缰野马呈失控之势，即为瀑布效应或落差效应。造成转型社会里瀑布效应的主要原因有二：一是社会结构的脆性，二是高期望值与社会现实的巨大落差。转型社会运行一旦遇到挫折，出现跌宕，就很容易呈失控的野马脱缰之势，产生所谓瀑布效应。高期望值与落后的社会现实之间形成巨大的落差，一旦遇到跌宕，就会产生瀑布效应。瀑布效应要求我们把握好转型社会的转型进程和转型速率，一味追求高速度，遇到挫折将会造成社会运行失控，既挫伤了改革积极性，又达不到预期的目的，正所谓“欲速则不达”。

所谓葡萄串效应（grape-cluster-effect），依据贝塔朗菲的系统论原理，社会系统各组成要素具有关联性和整体性，任一要素的变化将引起其他要素以及整个系统的变化。转型社会就是一个社会结构不断调整的过渡性社会，每一结构的变动将引起其他结构乃至整个社会系统的变动，产生一系列连锁反应，所引发的矛盾和问题也是一个接一个，犹如葡萄串一样，往往旧的矛盾和问题尚未解决，新的矛盾和问题又不断涌现出来，这就是葡萄串效应。总体来说，转型社会的整合度不高，社会调控能力也不高，转型社会运行处于一种亚稳定状态，当社会转型所引发的矛盾和问题超出社会调控容纳的范围之时，转型社会很容易陷入失稳状态。葡萄串效应主要涉及中国转型社会中社会控制的问题，避免或缓解葡萄串效应的主要方法是改善社会控制。①

① 郑杭生，郭星华．中国社会的转型与转型中的中国社会：关于当代中国社会变迁和社会主义现代化进程的几点思考［J］．浙江学刊，1992（4）：51-57，49.

随着转型过程的深入进行，中国社会生活呈现出更加复杂多变的现实图景。现代性的扩张必然带来许多非预期性的意外后果，中国社会转型同样具有两重性和极端复杂性，表现在社会进步和社会代价共同存在的客观现实之中，这就是中国社会转型的两重性。“迄今我们看到的每一个社会进步，都是伴随着社会代价的。世界上找不到没有社会代价的社会进步。纯粹的进步、理想状态的进步，在现实社会中是不存在的。现代化的历史，就是一部不断取得社会进步，同时又不断付出社会代价的历史。”[①] 现代性不仅带来了科技进步、经济繁荣和社会发展，同样也带来了诸多问题，如体制转轨、经济市场化、文化变迁、文化价值观和社会观念的演变、利益结构的重组、阶级阶层的变化、收入分配差距、社会不平等、社会弱势群体、社会福利与救助的困境、“三农”问题、生态环境恶化、社会风险化、社会价值和社会认同的构建等一系列挑战，这些现实经验反映了社会进步同样伴随着社会的代价和牺牲。[②]

在利益格局的调整下，社会分化加剧，社会进入了一个不稳定和不确定的发展时期[③]。然而，部分文本将社会转型简单地理解为经济转型和体制转轨，这种理解、表述和书写方式实际上是以偏概全的。从更广阔的意义来看，虽然经济转型和体制转轨实际上都隶属于经济范畴，但是两者针对的具体内容不同。从“九五”计划开始，我国就提出了“经济转型”的概念，然而对于经济转型升级的内涵和外延，目前尚缺乏一个

① 郑杭生．社会转型论及其在中国的表现：中国特色社会学理论探索的梳理和回顾之二［J］．广西民族学院学报（哲学社会科学版），2003（5）：62-73.

② 杨敏：社会学的时代感、实践感与全球视野：郑杭生与“中国特色社会学理论”的兴起［J］．甘肃社会科学，2006（3）：8-13.

③ 郑杭生，杨敏．社会实践结构性巨变下的社会矛盾［J］．探索与争鸣，2006（10）：19-22.

被广泛接受的明确的定义。从狭义上理解，经济转型升级侧重于经济结构的优化；从广义上理解，经济转型还包括经济体制的转轨。由于我国现代化进程是在从传统的计划经济体制向现代市场经济体制转变的大背景下展开的，因此从广义上理解经济转型升级更符合当前经济社会发展的实际需要。[①]根据郑杭生的观点，社会转型论的一个显著特点在于它将社会学的理论研究与经验实证研究紧密结合，产生大量具体研究，比如社会结构转型、经济体制转轨、社会分层、社会转型的复杂性和两重性等等[②]。经济转型和体制转轨确实构成了中国社会转型的重要方面，至少是转型的主要推动力。中国当下的各种现象无不带有转型的特点，社会成员也无不这样那样、自觉不自觉地受到转型的影响和制约，这也是“转型效应”的表现。“社会转型”同人口等因素一样，是中国的基本国情之一。如果说人口等因素是硬基本国情，那么社会转型则是软基本国情。[③]

四、时空延展：社会转型论的新进展

作为一种分析社会转型现象的方法和全新视角，社会转型论不仅丰富了社会学的本土研究视野，也为理解和指导社会转型实践提供了重要的理论支撑。围绕社会转型议题，学界曾引发广泛争论，并得到持续的关注。

---

① 李伟．全面落实三中全会精神，加快经济转型升级［N］．中国经济时报，2013-12-23（001）．

② 郑杭生．郑杭生社会学学术历程之一：中国特色社会学理论的探索［M］．中国人民大学出版社，2005：121.

③ 郑杭生．中国社会大转型［J］．中国软科学，1994（1）：48-54.

“社会转型”的概念，经过多年的质疑，现在已经被广泛接受，成为大众语言。社会转型论在中国社会学领域内有着广泛的影响力，引发关于转型社会学或发展社会学等分支社会学的讨论。

陆学艺等认为，中国社会转型是在世界现代化浪潮的冲击和社会内部结构变化的共同作用下产生的。中国社会转型的动力主要是沿着自发的、下层的“府外”动力与自觉的、上层的“府内”动力方向展开。[①] 李培林推动了社会转型论的发展。他对中国社会结构转型的特点与规律进行了深入探讨，提出了社会结构转型理论，认为社会结构转型是既不同于市场调节也不同于国家干预的“另一只看不见的手”。李培林认为，中国社会转型的特点主要表现为结构转型与体制转轨同步进行、政府和市场的双重启动、城市化过程的双向运动、转型过程中的非平衡。[②] 社会转型是一种整体性的发展过程，同时也是一种特殊的结构性变动[③]。李培林将经济增长和社会发展过程中出现的种种矛盾和问题，放在社会结构转型的大背景中予以考察。他认为，社会结构转型所形成的变革和创新力量，能够显著影响资源配置和社会发展方向，“社会结构转型不仅表现为经济增长的结果，更是社会变革的推动力量，使改革开放中出现的结构性发展呈现不可逆转的趋势”[④]。同时，他将量化方法引入社会结构性变动的研究中，对于指导改革开放与现代化建设的实践具有重要意义。孙立平等认为，改革开放前的中国社会形态是总体性社会，市场化改革后的中国社会形态则成为一个

---

① 陆学艺，景天魁．转型中的中国社会［M］．哈尔滨：黑龙江人民出版社，1994：71-72.

② 李培林．社会结构转型理论研究［J］．哲学动态，1995（2）：41-45.

③ 李培林．另一只看不见的手：社会结构转型［J］．中国社会科学，1992（5）：3-17.

④ 李培林．另一只看不见的手：社会结构转型［M］．北京：社会科学文献出版社，2005：3-4.

经济分化程度较高的分化社会。[①] 刘祖云认为，社会转型往往表现为现代因素由外到内、由表及里、由名到实的生成和发展过程。[②]

李友梅认为，当今世界正经历百年未有之大变局和数字智能化转型带来的新挑战，高速发展的科技、瞬息万变的市场以及动荡不安的全球环境，深刻改变了经济社会的基本面貌。人类文明也由此进入前所未有的超级大转型时代。与此同时，中国式现代化实践日益呈现出超大规模扩展、多形态叠加、流变丛生的“转型社会”样态。如何在复杂变局中实现有效社会整合，不仅对转型社会学理论范式创新提出了新要求，也为推动中国社会学自主知识体系创新提供了新契机。[③] 中国正在经历的社会转型是史无前例的，这个社会转型是一个总体性现象，同时又与全球现代性危机及价值多元化紧密关联。我们不仅需要能够反映中国社会转型的地方性知识，而且当中国与世界的诸多要素不断被卷入相互适应、相互影响、相互改变的过程之中时，中国转型社会学亟待构建出一套能够迎接“变动中的当代”的新知识体系，并构建一个与此相对应的学术共同体。[④]

文军认为，中国自改革开放迄今，社会经济发展的各个领域都步入了急剧的社会转型之中。社会转型的实践特质一般使其更偏向于发展过程中的断裂而非连续性、冲突而非稳定性、差异而非同一性等独特面向，但中

---

① 孙立平，王汉生，王思斌，等．改革以来中国社会结构的变迁［J］．中国社会科学，1994（2）：47-62.

② 刘祖云．社会转型：一种特定的社会发展过程［J］．华中师范大学学报（哲学社会科学版），1997（6）：35-40.

③ 李友梅．新公共性与中国转型社会学理论范式创新［J］．学术月刊，2024，56（2）：5-20.

④ 汪丹，李友梅．新知识体系：“变动中的当代”：中国转型社会学话语体系的当代构建［J］．探索与争鸣，2018（2）：31-38，141.

国的社会转型却显得更为特别（比如呈现出了某种连续性、稳定性和同一性特征）。随着对与社会经济发展密切关联的社会转型问题研究的逐渐深入，回答中国社会转型过程中所面临的种种问题，日益成为目前中国社会学特别是发展社会学面临的主要任务，甚至催生了一门新的学科——转型社会学。[①] 同时，文军从发展社会学角度出发，认为“社会转型议题的研究不仅丰富了传统发展社会学的研究范畴，也在某种程度上推动了发展社会学的新发展”[②]。社会转型的研究应充分考察转型期及转型社会所呈现的多样的发展现象，并力求能够在理论层面对不同类型的社会发展形态作出更加科学和合理的阐释，认为社会转型在理论层面和实践层面上对于发展社会学都具有重要意义。

社会转型直接影响个体与群体的社会心态。王俊秀侧重于对社会心态的理论和实证研究，特别关注到社会治理和宏观社会心理趋势。他构建了社会心态的指标体系，提出了社会心态的结构和测量方法，并以此反映中国宏观社会心理的现状与趋势。王俊秀强调“社会心态既是社会转型的反映，也是影响社会转型的力量”，“社会转型本身也是社会心态研究的核心对象，社会心态研究是一种社会发展研究的学科方向”。[③] 他从宏观层面开展的社会心理研究，弥补了传统社会心理学过于强调个体而出现的不足，为理解社会转型中的群体现象提供了崭新视角。周晓虹强调个体生命历程与社会结构之间的交织关系。他强调在社会大转型的背景下，中国社

---

① 文军，王谦．从发展社会学到转型社会学：发展研究学科范式的新探索［J］．江海学刊，2017（1）：96–104，238.

② 文军．社会转型与转型社会：发展社会学的中国观照及其反思［J］．中国社会科学评价，2017（4）：25–31.

③ 王俊秀．社会心态：转型社会的社会心理研究［J］．社会学研究，2014，29（1）：104–124，244.

会心理学应该在发现宏观经济与社会发展“中国经验”的同时，关注中国人民在价值观和社会心态方面所发生的微观嬗变，即“中国体验”[①②]。周晓虹认为，“中国体验”与“中国经验”构成了改革开放以来社会转型的双重维度，共同塑造了这个时代深厚的历史意义，并赋予了独特的文化价值。[③]他倡导通过深入研究“中国体验”，以此来展开转型期间中国人的社会心态研究，并在精神层面上为中国社会转型注入价值与意义。王俊秀和周晓虹的研究，从不同的视角对社会转型过程中个体和群体发生的心理变化进行了深入分析，都在一定程度上丰富了社会转型的理论体系和实证研究。

---

① 周晓虹．中国人社会心态六十年变迁及发展趋势［J］．河北学刊，2009，29（5）：1-6.

② 周晓虹．中国经验与中国体验：理解社会变迁的双重视角［J］．天津社会科学，2011（6）：12-19.

③ 周晓虹．社会转型与中国社会科学的历史使命［J］．南京社会科学，2014（1）：1-10.

第三节　学科本土论：理论自觉与中国特色社会学理论

社会学本土化理论（简称“学科本土论”），是从理论研究和比较研究的新视角，通过社会学本土化从地区性向世界性发展的历史进程以及社会学在世界各国经历的本土化过程的更为开阔的眼界，对社会学中国化所作的新的深入研究，是对中国与世界关系认识的深化。①郑杭生的学科本土论的提出和推广，是继社会运行论、社会转型论之后的又一理论贡献。

一、理论在地：学科本土论的提出与演进

从语义学上看，“化”字缀于名词或形容词之后，表示转变成某种性质或状态。本土化（indigenization），就是使某事物发生转变，适应本国、本地、本民族的情况，在本国、本地、本民族生长，具有本国、本地、本民族的特色或特征。这种特色或特征的形成，体现在本国个别学者或者学术共同体的学术活动中。②本土化是一个普适性概念，其内涵就是外来事物与本土环境和条件相互适应的程度。作为一种学术活动和学术取向，这一理论对社会学本土化的内涵和目的，社会学本土化的主要类型和特征，社会学本土化与社会学西方化、国际化、全球化的关系等进行了阐述，指

---

① 郑杭生.中国社会研究与中国社会学学派：以社会运行学派为例［J].社会学评论，2013，1（1)：5-13.

② 郑杭生，王万俊.论社会学本土化的内涵及其目的［J].吉林大学社会科学学报，2000（1)：40-46，95-96.

出了中国社会学的发展前景，提出了“建构本土特色”与“超越本土特色”的道路。① 社会学本土化的基本目的，概括地说有四个：增进社会学对本土社会的认识；增进社会学在本土社会的应用；形成具有本土特色的社会学方法；形成具有本土特色的社会学理论②。

早期的中国社会学研究主要源于欧美国家。在社会学变迁史上，本土化率先出现于20世纪20年代的拉丁美洲（尤其墨西哥）社会学界和中国社会学界。中国社会学在百年历史中走过了曲折的道路，大体上遵循“西学东渐”的发展逻辑，自诞生之日起就面临本土化的问题。在社会学传入中国之初，严复、章太炎等人在译介西方社会学时，就致力于社会学本土化这一学术取向。严复在翻译和介绍西方哲学和社会学思想时，对社会结构、家庭伦理以及政治制度等议题展开探讨，推动西方社会学理论的本土化阐释。章太炎则通过对中国传统文化的批判性反思，试图将西方社会学的理论与中国社会现实相结合，探索符合中国特色的社会学研究方法和理论框架。中国早期社会学家，试图将西方社会学理论应用于中国社会的分析。1925年，许仕廉在《社会学杂志》上发表的《对于社会学教程的研究》一文，分析了当时中国社会学教学和研究中存在的问题，倡导建设“本国社会学”。随后，孙本文明确地论述了社会学在中国的本土化问题，并联合许仕廉、陶孟和、陈达等学者，在上海成立了全国性的社会学学术团体——中国社会学社。在中国社会学社的首届年会中，孙本文作了《中国社会学之过去、现在及将来》的主旨演说，明确提出了社会学“中

---

① 郑杭生，王万俊．二十世纪中国的社会学本土化［M］．北京：党建读物出版社，2000：16.

② 郑杭生．社会学本土化及其在中国的表现：中国特色社会学理论探索的梳理和回顾之三［J］．广西民族学院学报（哲学社会科学版），2004（1）：144-154.

国化”的理论，积极提倡“构建一种中国特色的社会学”。同时期的潘光旦、吴景超、杨开道、李景汉、赵承信、吴文藻、费孝通等人纷纷响应，他们关注社会结构、社会变迁以及经济、政治、文化等方面的问题，逐渐形成了独特的研究视角和方法，最终形成了一场规模宏大的社会学本土化运动。早期社会学家的努力，奠定了中国社会学本土化的基础，涌现了以孙本文为集大成者的综合学派，以吴文藻、费孝通为代表的社区学派，以晏阳初和梁漱溟为代表的乡村建设学派，以及马克思主义学派等，为中国社会学本土化和学派建设作出了重要贡献。

在中国早期社会学发展期间，综合学派是学院派社会学的主流。作为综合学派的集大成者，孙本文对中国社会学理论体系的探讨逐步深入，代表中国早期社会学理论研究的最高成就。[①] 孙本文在中国化社会学应用方面，提出了三项关键的任务：首先，建议全国社会学领域的学者根据各自的专长，对各类较微观的社会问题进行深入研究，以便全面理解我国社会问题的特性和可能的解决方案；其次，建议加强对中国社会事业和社会行政的研究，应有一部分学者致力于此领域的研究，以便了解我国社会事业和社会行政的实际情况及其潜在的发展路径；最后，建议社会学领域的学者从社会组织、社会福利、社会服务和社会运动等多个角度，深入研究当前和未来中国的现实需求，并制定各类社会改革方案。[②] 孙本文期望本国的社会学领域的学者能够依据社会学理论和社会实际，构建一种更符合中国社会需求的应用社会学。

---

① 郑杭生．孙本文先生对早期中国社会学贡献的再认识［J］. 华中师范大学学报（人文社会科学版），2013，52（1）：1-5.

② 郑杭生，李迎生．中国早期社会学综合学派的集大成者：孙本文的社会学探索［J］. 江苏社会科学，1999（6）：155-164.

20世纪三四十年代，社区学派开始活跃于中国社会学界，其代表人物有吴文藻、费孝通、林耀华等。西方的社区研究，萌芽于19世纪中后期。第一次世界大战后，社区研究在西方学术界蔚然成风。作为Community的中文译名，“社区”一词是和“社会”相对而言的。社会是描述集合生活的抽象概念，是一切复杂社会关系的全部体系的总称。中国社区学派以认识中国现实社会为宗旨，运用社会学、人类学的理论与方法，进行了大量的社区实地研究，并以此为基础对中国社会结构及其变迁进行了理论探索，产生了一批享誉国内外学术界的社区研究成果。作为社区学派的代表人物，吴文藻尤为推崇以马林诺夫斯基（Bronislaw Malinowski）和布朗（Alfred Radcliffe-Brown）为代表的功能学派人类学的理论与方法，并主张以此指导实地社区研究。1935年，他在《功能派社会人类学的由来和现状》一文中指出：“近两年来，自己常常感到国内社会科学材料内容的空虚，颇想利用此派的观点和方法，来尝试现代社区的实地研究。我深信如果我们有计划地来分区调查国内各种文化水准发展不同的社会实况，则对于我国固有的社会结构，以及与西洋文化接触以来，所引起的社会变迁（不论其为常态的或变态的），必能得到更亲切的认识，更深入的了解。”[①] 费孝通是中国乡土社会研究的先驱之一。他通过对中国农村社会结构、家庭制度、乡村经济等方面的深入调查和研究，揭示了中国传统社会的独特特征和发展模式。他在《乡土中国》一书中，详细阐述了中国乡村社会的“差序格局”理论，即不同社会群体之间的差异和秩序结构。这一理论深刻影响了后来的中国社会学研究。可以说，社区学派大大地改变了中国社会学界以译述西方社会学为主的局面，在中国社会学自

---

① 吴文藻．功能派人类学的由来与现状［N］．北平晨报，1935，（111，112）：副刊“社会研究”．

主知识体系构建的道路上迈出了重要一步。

20世纪二三十年代，在中国不少地区兴起的一场声势浩大的乡村建设事业，学术界一般称之为“乡村建设运动”。面对西方帝国主义列强的入侵与国内封建地主阶级的压迫剥削，加上连年灾荒与军阀混战，中国农村经济迅速走向破产。这种状况引起了不少知识分子的思考，他们力求通过自己的探索，找到中国农村衰落的原因，提出拯救农村乃至拯救整个中国的办法，并通过实验而加以推广。作为乡村建设学派的代表性人物，梁漱溟的“中国文化失调与重建”理论及其主持的邹平乡村建设实验、晏阳初等人的“愚穷弱私论”及其主持的定县[①]乡村建设实验，对当时中国社会所存在的问题及其出路各自都进行了理论探索，形成了自己的比较系统的看法，推动了全国性的乡村建设实验事业，如中华职业教育社黄炎培、江恒源、赵叔遇等人在江苏昆山徐公桥乡开展的实验，冷遇秋等人在江苏江宁黄墟主办的实验，燕京大学社会学系许仕廉、杨开道等人在北平昌平开办的清河实验区[②]，以及卢作孚在重庆北碚的乡村建设实验等，为寻找中国乡村出路作出了可贵的尝试。

在中国共产党成立前后及早期革命时期，中国早期社会学的马克思主义学派兴起，代表人物有李大钊、瞿秋白、李达、毛泽东、许德珩等。这些学者以马克思主义为理论基础，致力于分析中国社会的历史进程和社会矛盾，为中国的革命事业提供理论指导和思想支持。社会结构问题一直是中国早期马克思主义研究者关注的焦点之一，认为对社会静态的研究是研

---

① 1986年，定县撤县改为定州市（县级）。

② 郑杭生，李迎生．中国早期社会学中的乡村建设学派［J］．社会科学战线，2000（3）：232-243.

究社会动态的前提和基础。李达认为，“即假定社会为一静止之状态而研究各种的社会关系之因果，以发现其构成原理”，“吾人研究社会动态时，必先求得关于社会静态之智识以为根据”。[①] 马克思主义社会学的任务，是推翻或彻底改变旧社会，构建社会主义和共产主义新社会。因此，马克思主义社会学学者们必须研究社会变迁和发展的规律性问题。以毛泽东为典范的马克思主义者，从宏观与微观等不同角度对旧中国社会结构的现实进行了深入剖析，找到了适合当时中国革命需要的良方。宏观分析便于把握旧中国社会结构的基本特点与主要矛盾，以为中国革命的依据；微观分析，主要是阶级分析，便于找到革命的领导者、同盟军与革命对象。这些对当时中国社会结构现状的分析，为马克思主义社会学社会结构理论的形成与发展提供了丰富的实证材料。

如果将20世纪上半叶中国社会学本土化与同时期墨西哥等地区的社会学本土化相比较，就可以发现，中国和墨西哥地区大体上是在同一时间出现了“运动型”本土化。作为一种学术运动，社会学本土化在当时还局限于某些地区，是一场地区性的学术运动。第二次世界大战后，社会学本土化开始逐步成为一场世界性的学术运动。在拉丁美洲、亚洲、非洲以及加拿大等地世界性的社会学本土化运动中，社会学本土化概念的内容日趋丰富，本土化的目标日益明确，本土化运动的地缘范围也得到了不断的扩展。可见，社会学本土化与欧美社会学的局限渐显、发展中国家社会学研究力量壮大息息相关。在推动社会学的本土化过程中，社会学家们坚决反对忽略本国或本地的社会实际和文化传统，盲目复制和应用国外社会学，特别是欧美的社会学理论体系的行为。同时，学者们始终致力于解决本国

---

① 李达．现代社会学［M］．上海：上海昆仑书店，1929：19.

或本地的社会问题，积极构建具备本土特性的社会学理论和方法，这些都与社会学本土化目标和内容紧密相连。自1979年社会学在中国恢复重建以来，随着社会经济的快速变化和学术交流的深入，社会学本土化得以进一步发展。

二、理论旨趣与中国自主知识体系构建

郑杭生把社会学百年道路总结为“立足现实，弘扬传统，借鉴国外，创造特色”[①]。学科本土论的理论旨趣，应当基于理论自觉意识，牢牢根植于中国本土实际，充分观照现实、传统、国外、特色等四个维度，“立足现实，提炼现实；开发传统，超越传统；借鉴国外，跳出国外；创新话语，创造特色”[②]，从而科学概括中国特色经验，推动中国特色社会学自主知识体系的构建。

首先，“立足现实，提炼现实”。郑杭生认为，“立足现实”是要把现实的中国社会作为中国社会学的立足点、出发点和归宿点，强调社会学研究应该紧密联系和反映当代中国社会的实际情况和变化。在实践中，研究者需要深入社会的各个层面和角落，理解并把握中国社会的独特特征、发展趋势和现实问题，以进一步提炼现实。社会学本土化，不是简单地采用西方理论来解释中国的现象，而是通过深入调研和数据收集，准确地捕捉中国社会的脉动和变迁。这种方法不仅包括对宏观社会结构的研究，还要

---

① 郑杭生．中国社会学百年轨迹［J］．东南学术，1999（5）：87-96.

② 郑杭生．社会建设和社会管理研究与中国社会学使命［J］．社会学研究，2011，26（4）：12-21，242.

关注微观层面的个体生活经验和社会互动模式。通过细致的田野调查和定性研究，社会学家能够深入挖掘并提炼出中国社会的多样性和复杂性，为后续理论建设和政策制定提供坚实的实证基础。这种“立足现实，提炼现实”的方法，不仅有助于社会学理论的本土化，也为中国社会学发展开辟了新的研究路径。通过系统和深入的研究，中国社会学能够从传统的西方理论框架中解脱出来，构建更符合中国国情和社会发展需求的自主知识体系。

其次，“开发传统，超越传统”。郑杭生曾对社会学中的传统和现代元素之间的复杂关系进行了清晰的阐述：“传统和现代既有相互矛盾、相互对立的一面，又有相互依存、相互吸收的一面，在社会转型中，传统绝非包袱，应该‘开发传统、服务现代’。”① 传统提供了一种深层的社会和文化理解，这对于分析和解释当代中国社会变迁尤为重要。开发传统，就是借鉴吸收传统思想资源，挖掘其科学合理部分，为观察现实所用。在中国社会学的本土化过程中，利用传统的社会结构和文化理念，如家族制度、地缘关系和儒家思想等，可以帮助研究者更深入地理解社会行为和社会组织的本土特征；通过重新解读和适应传统的元素，可以为现代社会问题提供解决方案，推动传统元素在现代社会环境中的创新和转化。郑杭生指出，传统和现代的相互作用不是简单的二元对立，而是一个动态的互动过程。在这个过程中，社会学领域的学者应当寻找合适的方式使传统与现代相结合，使其成为推动社会科学创新的力量。这要求学者对传统文化有深厚的理解和尊重，还需要具备批判性思维，以识别和重塑那些能够适应现

① 郑杭生，黄家亮．“中国故事”期待学术话语支撑：以中国社会学为例［J］. 人民论坛，2012（12）：59-61.

代社会需求的传统元素。

再次，“借鉴国外，跳出国外”。“在世界社会学变迁史上，社会学本土化发生在与社会学学科的跨国、跨地区、跨文化的传播和交流过程之中。”① 郑杭生时刻勉励所有社会学人，要铭记前辈社会学家的功绩，并真正向他们学习，因为他们为我们提供了一项宝贵的基本经验：“没有主体意识，就没有社会学中国化；那种对欧美社会学照抄照搬、亦步亦趋还自以为站在学术前沿，而对本国社会学及其历史则采取看不起甚至虚无主义态度的‘边陲思想’，是会阻碍社会学中国化健康发展的。”② 本土化并不是排外化、全盘拒斥；更不是外国化、全盘照搬。可以说，本土化本身就包括借鉴、扬弃国外社会学，特别是西方社会学的问题。郑杭生强调，社会学的学术研究需要有一种“主体意识”，在对西方先进理论进行学习和借鉴的同时，时刻保持“反省-批判”思维，不为国外理论所束缚，努力探索中国社会学的研究议题，这些议题可能在国外尚未得到充分关注，同时不断探索适合研究中国社会的方法论和分析工具。可见，“借鉴国外”与“跳出国外”，在社会学本土化的过程中是相辅相成、互为依靠的。只有通过批判性思维和创新性应用，中国社会学才能够在借鉴国外经验的基础上，发展出具有本土特色和国际影响力的自主知识体系。

最后，“创新话语，创造特色”。中国社会学本土化需要在“创新话语，创造特色”的指导下进行，这意味着不仅要在理论上与国际接轨，还要在理论的深度和广度上发挥自己的独特性。严复和费孝通等早期社会学

---

① 郑杭生，王万俊．二十世纪中国的社会学本土化［M］．北京：党建读物出版社，2000：6.

② 郑杭生．中国社会的巨大变化与中国社会学的坚实进展：以社会运行论、社会转型论、学科本土论和社会互构论为例［J］．江苏社会科学，2004（5）：46-52.

家通过对中国社会的深入观察和思考，提出“经世致用”的治乱兴衰思想和乡土社会的“差序格局”理论，这种话语创新不仅反映了中国社会特有的现象和结构，还为后来的研究奠定了坚实的理论基础。费孝通认为，“在研究不同的地区发展的差异时，这种被人们‘视而不见’或‘熟视无睹’的东西，往往正是我们揭开当地社会经济发展秘密的钥匙”①。“创新话语”意味着在国内形成开放包容的学术环境，鼓励学者们围绕中国本土实际，创造更多具有中国特色的话语体系，更好地回应国家经济社会发展的需求，为制定社会政策提供更多的科学依据和理论支持。社会学本土化，就是要在做到“构建本土特色”的同时，又要“超越本土特色”。所谓创造特色，就是在立足现实、弘扬传统和借鉴外国的基础上，中国社会学进行自己的创造。“创造特色”不只是提出理论概念，更要围绕这些概念展开深入研究和实证分析，以验证其在中国社会中的适用性，从而成为社会学本土化的关键一步。只有通过丰富自然内涵、“创造特色”、提升品位等一系列积极的建构，中国社会学才可以赢得未来。当今中国社会学本土化的标志是有中国特色的社会学理论和方法的形成。所谓中国特色，就是中国社会学必须首先立足于中国的社会实际，去调查、去研究、去概括、去总结，同时深入研究中国社会史和中国社会思想史，从中国丰富的社会思想资料和悠久的优秀传统中汲取智慧和养料。

三、学科本土论的概念本质与学科意义

21 世纪以降，社会学本土化越发成为学者们热烈讨论和争辩的问题。

---

① 费孝通．试谈扩展社会学的传统界限［J］．思想战线，2004（5）：1-9.

中国社会学界对西方社会科学有一种不加分析和批评的“移植性”[①],具体表现为或生硬套用西方理论[②]，或用切割和裁剪中国经验的方式来与西方社会科学进行“对话”[③]。郑杭生反复指出,社会学本土化并非发展中国家独有的一种现象，它也存在于发达国家的社会学发展过程中，“是一种世界性现象”[④]。社会学本土化是“学科和现实”密切联系的积极建构过程，是从“地区性到世界性”的、以世界各国为“化域”的拓展过程，“地区性”和“世界性”分别标示了社会学本土化的两个重要发展阶段。郑杭生认为，作为一种学术取向，社会学本土化经历了一场从地区性学术运动到世界性学术运动的嬗变过程。在郑杭生看来，社会学本土化有四个目的：其一，增强社会学对本土社会的认知；其二，增进社会学在本土社会的应用；其三，形成具有本土特色的社会学方法；其四，形成具有本土特色的社会学理论。[⑤]可见，郑杭生所理解的本土化，不只是停留于早期的学科生根和稳固上，更赋予了学科发展的潜力和未来化视野。中国社会学是实用的社会学，而不是“为学术而学术”，关注的是中国社会的问题、回应中国现实需要并提供指导和服务。同时，郑杭生提出并论述了“社会学世界格局”的思想，表明社会学是一种全球传播和积累、具有普遍共享性的社会知识体系，揭示了各国社会学之间融通互构、碰撞冲突的关系与过

---

① 邓正来．中国社会科学的当下使命［J］. 社会科学，2008（7）：4-11，189.

② 郑杭生．社会学中国化的几个问题［J］. 学海，2000（6）：75-81.

③ 王宁．社会学本土化议题：争辩、症结与出路［J］. 社会学研究，2017，32（5）：15-38，242-243.

④ 郑杭生，王万俊．二十世纪中国的社会学本土化［M］. 北京：党建读物出版社，2000：33-34.

⑤ 郑杭生，王万俊．论社会学本土化的内涵及其目的［J］. 吉林大学社会科学学报，2000（1）：40-46，95-96.

程，使我们能够以世界的和全球的视野，来认识欧美社会学与非欧美社会学互动过程的学术内涵，从而推进对于构建和发展“真正的社会学中国学派”的探索。社会学世界格局的观点，拓宽了社会学本土化的意义空间，凸显了社会学本土化的世界性互动、全球传播与积累的本质特征，以及各国社会学发展所具有的总体性意义，展示了广阔的时代背景与学术背景下的中国社会学的成长过程，从而更深入地揭示了社会学本土化的内涵和实质。[①] 当然，社会学本土化并不是学术上的排外主义和相对主义，并不奉行学术上的局内人主义，社会学本土化与社会学国际化之间并不存在实质性的冲突，两者的关系事实上是相容的和彼此互补的。“我们的社会学只有真正本土化了，才有可能真正国际化。”[②] 郑杭生认为，社会学的本土化所牵涉的不仅是社会学发展的认识论和方法论本身的内在逻辑问题，更包含了对民族的“学术话语权”或民族的尊严及地位的考量。[③]

社会学本土化是中国社会学百年的优良传统之一，中国社会学界的前辈们进行了卓有成效的工作，后人需铭记于心。如果未能坚持社会学本土化，而是只对西方社会学亦步亦趋，当今的中国社会学历史中就不可能出现采中外古今之长的众多真正中国学派。作为一种社会学的学术活动或学术取向，社会学本土化主要具有四大基本特征，即起点上的反思性、功能上的整合性、空间上的世界性和内容上的多方面性。[④] 学科本土论的提

---

① 杨敏．中国特色社会学的理论建构：郑杭生思想评介［J］．贵州大学学报（社会科学版），2002（5）：16–21.

② 郑杭生．关于 21 世纪中国社会学发展的几点展望［J］．社会学研究，1997（2）：3–10.

③ 郑杭生．学术话语权与中国社会学发展［J］．中国社会科学，2011（2）：27–34，4，220.

④ 郑杭生，王万俊．论社会学本土化的类型和特征［J］．湘潭师范学院学报（社会科学版），2000（4）：3–10.

出，具有以下重要意义：其一，有利于传承和发扬中华传统文化。学科本土论强调，在全球化背景下如何保持和弘扬中国社会学的传统思想资源及其价值取向。学科本土化主张保护和传承中华文化的精髓，通过深入研究中国传统文化、价值观念及其在现代社会中的演变，这种平衡使中国社会学能够在吸收国际先进理论的同时，不失去对中国社会独特性的关注和探索。其二，促进中国特色社会学理论体系的构建。通过学科本土化，郑杭生鼓励社会学界从中国社会的实际情况出发，探索新的理论框架和研究方法。这不仅丰富了本土社会学的理论体系，而且使中国社会学能够更好地回应国家发展面临的新挑战和新问题，为解决国家面临的社会问题提供了坚实的学术支持。其三，提升中国社会学学科的影响力。学科本土化使中国社会学更贴近民生，对社会实践更具指导意义。郑杭生强调，中国社会学家应当关注国家发展中的关键问题，并提供具体可行的解决方案，从而提高社会学的学科价值和影响力，为中国社会学发展注入新的活力。其四，厘清本土化与西方化、国际化、全球化等概念之间的边界，明确学科本土论不是学术上的相对主义。中国特色社会学的建构是中国社会学本土化过程的主题，本土化—国际化—全球化是中国社会学发展的大趋势。通过概念辨析，我们可以提醒中国社会学界在借鉴外来理论的同时，更多地关注中国社会自身的特殊历史、文化和社会发展轨迹，以便在社会学世界格局中找到自己的合理定位。

第四节　社会互构论：理论自觉的新探索与方法论追求

社会互构论是以当代中国社会转型加速期的个人与社会的关系问题为研究主题，通过对当代中国个人与社会的关系问题的具体研究，着力理解和解释了随着我国社会转型的不断加速推进，人们的生活方式、关系结构和社会组织模式所发生的转换和变迁，并揭示和阐述了这种转换和变迁的总体过程和重大现象的本质。社会互构论，聚焦当代中国个人与社会的关系研究，既是对以往社会学研究的融汇和聚纳，更是在这种基础上的提升，是一种世界眼光下的中国特色社会学理论的新探索。[①] 郑杭生敏锐地意识到，现代性的困境根源于现代社会所引发的个人与社会之间的紧张关系，从而创造性地提出了社会互构论，回应这一社会学的元问题，并由此出发构建社会学的研究范式和理论体系，从根本上突破了长期以来困扰社会学界的“二元对立”，拓展了中国本土社会学的方法论基础。

一、社会学“二元对立”的方法论预设

任何一门学科的理论建构都离不开其方法论预设，方法论是理论之所以成立且构成体系的基础，方法论上的差异也必然带来理论的分裂。既然社会学的元问题是“个人与社会的关系问题”，那么其方法论预设也必然

① 郑杭生．郑杭生社会学学术历程之一：中国特色社会学理论的探索［M］．北京：中国人民大学出版社，2005：361.

围绕这一关系展开。然而，社会学自产生以来，众多社会学家始终就个人与社会哪个占据优先和主导地位的问题争论不休，在方法论上一直保持着整体主义与个体主义的“二元对立”，这又构成唯实论与唯名论、客观主义与主观主义等诸多对立局面。无论是唯实论与唯名论的对立，还是客观主义与主观主义的对立，其本质都源于社会学界在关于个人与社会的关系问题上所存在的分歧。从个人与社会关系出发，社会学的方法论预设都可以归结为整体主义与个体主义之间的对立，前者强调社会整体对个人的优先性和构成性，而后者则强调个人作为社会存在前提的先在性。

整体主义方法论或整体论预设了社会作为唯一的客观实体，对个人具有优先性和主导性，从而将社会凌驾于个人之上，使个人只作为社会结构中的“受命者”从属于社会整体结构。自社会学产生以来，这种整体论预设便一直存在，一度成为建构社会学学科体系的基础。社会学的开创者孔德将社会作为受自身规律支配的有机整体，强调社会的整体性、宏观性，以及社会现象之间的相互联系性与不可分割性。乔治·瑞泽尔（George Ritzer）指出，孔德将社会现象与自然现象等同起来，认为其都要受不以个人意志为转移的客观规律的支配，社会学的任务就在于追寻这一社会发展的客观规律，他在主张研究方法上的外部性观察、计量和实验之外，还直接设定了人类社会发展的三个阶段，从而彻底否定了个人主观意志的能动性作用；而涂尔干则直接将社会学的研究对象定义为“社会事实”，社会虽然由个人所组成，但社会一旦形成便自成一格，脱离于单个个体特征，社会的超个体性使社会学研究只能在社会层面进行，不能向个体层面还原。[①] 与孔德相比，涂尔干的整体论更体现出社会作为

---

① 瑞泽尔．古典社会学理论［M］. 王建民，译．北京：世界图书出版公司，2014：105-106，185-181.

超个体性存在对个体本身的主导和控制地位，个人不仅难以以一己之力反抗社会客观规律，而且还要受到社会力量的外部约束，社会所建立的价值、规范、法律通过强制和内化的双重机制向个人施压，使个人不仅要遵循社会结构的既定规则，还要始终受到社会力量的形塑。无论是孔德、涂尔干，还是结构功能主义者帕森斯、默顿，无不将社会放在逻辑先在性的位置上，认为社会结构和表象作为既定的客观存在，对个人意识和行动拥有绝对的统治地位。这种把社会视作超个人性和自我维持性设定的思维方式，使非宏观层面的社会事实研究难以从社会整体上加以把握，也就不在整体论者所划定的社会学学科的研究范围之内。

对比整体主义，个体主义或个体论预设强调个人相对于社会的优先性。因为社会本就是由个人所组成的，脱离了部分，整体将不复存在，所以社会学研究必须着眼于个人层面，从个人的社会行动和社会交往出发探究社会结构的形成和发展。个体主义建立在对个体秉性和意志自主的理解之上，强调任何对社会现象的研究都必须立足于对社会行动者的理解，即对人性作怎样的预设，直接决定了对社会现象的解释方式和建构方式。社会学有“理性人”假设和“社会人”假设两种传统，虽然两者的区分在社会学领域内并不明显，特别是从经济学引进的“理性人”假设已浸透着行动者的价值判断与意义赋予，但两者在研究方法上构成了人文主义与理性主义的两大传统。[①]前者以科尔曼（Coleman）为代表，把工具理性为导向的社会行动者作为出发点，通过考察行动者面对情境的合理化行动模式，将个人水平的行动理论逐步上升为具有宏观性的社会系统理论，从

① 李培林．理性选择理论面临的挑战及其出路［J］．社会学研究，2001（6）：43-55.

而构成对社会现象的全面把握。[①]而后者则以马克斯·韦伯（Max Weber）的理解社会学为代表，他在继承狄尔泰（Dilthey）"移情"传统的基础上，要求从具体的历史背景和文化背景出发，对行动者的主观态度和情感进行把握，从而肯定了人的理性和非理性因素，以及目的理性和价值理性对社会行动的共同作用。[②]无论哪种人性假定，本质上都是对个体性社会行动的把握，个人优先于社会对社会结构具有构成性作用，对社会现象的研究就是对个人行为和社会交往的研究。这种预设不再将社会看作超越个人之外、独具一格的实体，而把社会化化约为众多个人行动的集合。换言之，个人之外再无他物。在个体论的预设下，社会学研究也基本着眼于社会化、社会行动和社会交往等微观领域，形成理解社会学、现象社会学、符号互动论、社会交换论和理性选择理论等经典社会学理论。

整体主义–个体主义的"二元对立"势同水火，任何一方都无法彻底说服和压制另一方，但无论是哪种方法论预设，都存在严重缺陷和困境。第一，作为方法论的逻辑先在性预设，两者在解释和梳理个人和社会关系上都存在困境；第二，方法论并不仅仅是一种研究视角、分析路径和方法原则，也是对特定社会生活和时代问题的一种回应与解答，本身具有其特殊的理论性目标和现实性意义，而两种预设均未能充分把握现代性的本质，因而难以有效解释和应对现代社会的发展。

（1）个人与社会关系的逻辑困境。整体主义和个体主义都预设了个人与社会的本质关系，也都具有难以消解的悖论和困境。整体主义预设了社会对个人的优先性，就必须回答以下问题：社会究竟如何产生出来？社会

---

① 科尔曼．社会理论的基础［M］. 邓方，译．北京：社会科学文献出版集团，2008：14–20.

② 韦伯．经济与社会第一卷［M］. 阎克文，译．上海：上海人民出版社，2010：114.

究竟怎样超越了个人的存在？社会一旦产生，个人对社会究竟有怎样的意义？第一个问题涉及发生学，即整体主义必须详细论述社会的产生过程和机制，无论是孔德、滕尼斯还是涂尔干，抑或后来的结构功能主义者，都直接设定了一个已经成型的社会架构——社会要么按照机械团结 / 有机团结、社区 / 社会划分，要么按照神学–形而上学–实证主义阶段划分。然而，不管属于哪个类型或处在哪个阶段，社会都已经存在。如果要从发生学角度考察社会的由来，似乎就要回归个体主义的研究路径，从个人的社会行动和社会交往入手，这必然导致社会相对于个人的逻辑先在性不再成立。所以，整体主义最终无法解答"社会由何而来"这一问题，其对社会的设定不免染上神秘主义色彩。整体主义对后两个问题的回答则更为尖锐，既然社会超越于个体且独具一格，那么社会究竟怎样超越了个人？整体主义者认为，社会总是有自己的运行逻辑，不以个人意志为转移，同时个人也总是被限制在社会之中，受到社会的外在和内在制约，所以社会对个人也有构成性作用。而悖论在于，既然社会是由个人组成的，那么社会又如何能反过来构成个人？究竟是个人先构成了社会然后才被改变，还是社会先于个人存在然后才由受社会制约的个人所组成？即使不考虑本体论意义上的矛盾之处而只着眼于方法论本身，这一悖论仍然无法消除，这便导致对第三个问题无法回答，即当已经社会化了的个人被束缚在社会之下且无力从根本性意义上反抗社会的时候，社会的运行似乎已经脱离了个人而变成完全外在的、自给自足的实体，而社会的无形无状，又使得已经失去了个人行动意义的社会不得不变成抽象性的精神联结，这正是涂尔干的"社会"概念具有模糊性和矛盾性的根本原因。

个体主义看似可以解决整体主义的困境，实则仍然陷在逻辑悖论的泥潭里。个体主义设定个人相对于社会的优先性，同样要回答上述三个问题。首先，从发生学上说，众多个人究竟如何构成了社会？个体主义强调，个人之间的交往和行动构成了社会的存在。这里的个人还是社会学意义上的个人吗？如果脱离了社会性去述说个人，个人就只能在哲学上讨论而失去社会学意义。于是，个人就只能是自足自满的先验主体而失去向社会超越的可能，社会的生成问题不仅没有解决，反而还被彻底否决了，这也使后两个问题随之失去了讨论的意义。如果仅从方法论上考虑，将个体首先看作具备社会性的个人，从已经社会化的个人出发去研究社会的形成，本身就是一个悖论。可见，个体主义对个人优先性的设定，反而使社会消亡在个人之间，社会这个牵强附会建立起来的概念，往往会落入化约主义和原子主义的陷阱。

总之，在个人和社会的关系问题上，整体主义和个体主义都无法摆脱逻辑的困境。从个体角度来说，整体主义设定的是过度社会化的个人，最后必然是个体在社会决定论中被无端消解，而个体主义设定的是非社会化的个体，虽然避免了社会决定论，但难以摆脱对个体的物质化困境。从整体角度来说，整体主义坚持反化约主义，却使得社会具有物质化错误，而个体主义则坚持化约主义观点，导致社会的整体消亡。可见，无论是在整体上还是在个体上，这两种预设都具有双重的逻辑悖论。①

（2）解释和回应现代性的双重困境。19 世纪末，社会学家对法国启蒙运动及法国大革命的保守性与批判性回应，是整体主义的起源。启蒙运动将天赋人权和自然法观念印刻到人们的脑海中，个人是自满自足的无差别个体，被赋予天然的自由平等权利，引导法国社会为回归人的本来状态而积极革命。法国大革命带来了身份平等化的社会，却使失去与传统纽带关

① 王宁．个体主义与整体主义对立的新思考：社会研究方法论的基本问题之一［J］．中山大学学报（社会科学版），2002（2）：125-132.

系的个体，不得不以先验性和理想性的形象，被同质化到抽象的共同意志中，无法找到现实的社会联结点。这样，道德失范、社会混乱、政局动荡，都在冲刷着大革命后仅有的社会激情。[①] 面对这一困境，孔德和涂尔干都在追寻重建社会秩序与社会团结的答案，他们对社会优先性和超个体性的主张，无不透露着对构建有序社会的深沉关怀。但正是这种对社会秩序的过分关注，使整体主义难以有效回应现代社会的个人化趋势。现代性之所以是对传统社会秩序与结构的整体性变革，就在于它使个人能够从压制性结构中解放出来，突破传统社会关系和社会等级的专制化控制，全球化、风险社会以及资本化都要求个人的自决和独立。因此，在现代社会中，人类面对的问题，主要不是如何生存下去，而是如何获得自由。从整体主义预设出发，社会学思想家回应了社会秩序和社会团结的重建问题，为个人向集体的整合提供了出路，但极易陷入专制主义的泥潭，使其提供的现实解决方案带有明显的压迫倾向。孔德期望将实证精神作为解决精神和道德混乱的可行途径，直接消除了任何人的主观意识和能动力量；涂尔干主张用中间性职业团体重建社会道德，用集体意识代替个人观念的失落[②]，不免忽略了个人的反思性和对集体的反抗可能，其社群理念陷入部分传统思维的窠臼；而帕森斯虽希望将社会行动结构向社会系统进行单向整合以保持个人行动者的能动性，但因其忽略行动对结构的反向建构，致使个人仅仅为了系统平衡和模式维持而存在。[③] 整体主义的思维方式致使理论的建构既无

---

① 李英飞．涂尔干早期社会理论中的“社会”概念［J］．社会，2013，33（6）：1-29.

② 涂尔干．社会分工论［M］．2 版．渠敬东，译．北京：生活·读书·新知三联书店，2013：40.

③ 郑杭生，杨敏：社会互构论：世界眼光下的中国特色社会学理论的新探索［M］．北京：中国人民大学出版社，2010：10.

法突破传统观念，也难以回应现代性对个人自由的召唤和需求，必然导致其无法真正解决现代性的困境，更无法适应现代社会的发展。

相对而言，个体主义的预设确实看到了现代性本身包含的个体化趋势，个体化不仅是个人从压制性结构中的解放和对专制化社会控制的突破，更是个人秉性和交往形式的根本性变革，它带来了独特的理性化逻辑和现代文化心态。一方面，随现代性而生的个人萌发出真正意义上的自我意识；另一方面，现代社会的发展削弱了传统社会的自然性特征，人的自由自主及其对社会运行和设置的人为性安排，令个人的主观态度和社会行动具有重要的研究意义。同样，现代性不仅是个人凸显的时代，还是在更高水平上将个人整合进社会大系统之中的时代。现代民族国家的建立、资源转换系统的完善和现代生活世界观的展现，都使社会整体进入了人为性领域，社会对个人的监控和制约非但没有衰退，反而以前所未有的方式朝一体化方向迈进，“将个人、人群、组织、国家、社会系统与日常生活编织进一个高度互依的转换网络”①；这也引发了马尔库塞、斯科特·拉什、福柯等人对社会一体化的猛烈批判和对人的全面解放的高呼，“现代性不断再生出个人的原子化和碎化与社会的一体化和整合的巨大矛盾”②。个体主义在以个人为出发点的同时，无法解决现代社会中个人自主与社会结构化的冲撞问题。韦伯的个人主义无力运用于社会系统层面，只能迷失在宏观的文化性解释中，其理解社会学所设定的多维性解释框架，最终也只体现出工具理性一维对现代社会发展的解释性力量。他对官僚制“理性化铁

---

① 郑杭生，杨敏：社会互构论：世界眼光下的中国特色社会学理论的新探索［M］. 北京：中国人民大学出版社，2010：236.

② 郑杭生，杨敏：社会互构论：世界眼光下的中国特色社会学理论的新探索［M］. 北京：中国人民大学出版社，2010：377.

笼”的深深担忧无从消解，留下了生活世界殖民化的未解难题。科尔曼和哈耶克虽然都立志从方法论个人主义出发向社会系统进行推论，但都不免陷入对自生性社会秩序的幻想中，低估了个人自主与社会团结的内在张力，使社会本身不再构成问题。其他社会理论多半集中于微观现象研究，较少直接涉及社会秩序的重建问题。可见，个体主义虽然弥补了整体主义的缺陷，但难以被运用于社会现象的宏观解释中，也难以为现代社会的运行发展提供实质性的解决方案。

二、社会互构论的方法论预设及其超越

面对社会学方法论的“二元对立”局面，郑杭生教授及其学术团队从中国社会转型的实践出发，提出并建构了社会互构论，揭示个人与社会的互构性关系，是从根本上超越“二元对立”方法论预设的一种理论探索。

（1）超越个人与社会关系的悬置预设。传统的方法论预设之所以会导致逻辑上的困境，正在于其对个人与社会关系进行了悬置预设。无论是哪种预设方式，都是对元事实的抽象化和理想化处理，导致概念的界定最终脱离现实生活而一味遵循因果链条的理性推理。这种思维方式，不仅使个人与社会关系的预设存在被悬置，也背离了社会学立足于现实世界和生活实践的要求。整体主义将社会作为外在于个人的客观实体，个人具有方法论上的先在性和优先性，将社会整体作为研究的起点和出发点。这种预设实际上是将社会进行理想化抽象，使社会能够成为一个独立自主的范畴直接被运用于理论的构建，这必然导致最初仅仅为了方便研究的“社会”这一概念，转而变成凌驾于个人之上的实体性存在。相反，个体主义只承认个人的客观存在，将其放在方法论中的先在性和优先性位置上，使社会在整体层面上被化约为众多个人的集合体。个体主义将个人进行抽象化、先

验化，从个人中抽离出社会结构和过程，令社会的概念只能从已经“理想类型化”了的个人概念入手进行推演，必然失去其作为客观存在的真实性和客观性。可见，传统方法论预设遵循的都是“理想类型式”的思维模式，本质上都是对自然人或社会起源进行无经验依据的思考，使主题变成先验性的彼岸问题。无论是从社会到个人，还是从个人到社会，都变成了哲学式的理性推演，社会现象之间的复杂多重关系也被简化为单向的因果性关系。[①]虽然哲学与社会学之间存在亲缘关系，但社会学毕竟是立足于经验事实的科学。社会学的方法论预设一旦落入哲学思维的漩涡，必然使其研究本身脱离自身的学科基础。这样，无论是自命为具有绝对客观性和科学性的实证主义，还是以深刻理解行动者主观态度、动机为己任的人文主义，甚至是以研究行动者个人理性选择自居的理性主义，都将既不科学又脱离现实，从而失去自身社会学理论的立论根据。

正是看到了传统方法论对“个人”与“社会”的哲学式抽象化思考所导致的悬置预设，郑杭生教授及其学术团队提出“社会互构论”，重新预设个人与社会的关系。社会互构论将“个人”与“社会”看作社会学研究的元事实，同时承认两者都是客观存在的实体，打破了传统方法论预设对任何一方所具有的客观存在性的否认。它反对将元事实进行抽象化思考，反对在社会学领域内讨论人与社会关系的起源这一永远无法进行经验论证的哲学式问题，更反对将个人与社会的关系进行因果必然性解释。社会互构论将个人与社会的关系看作互构谐变的永恒过程，其意义就在于“在谐变与冲突的双向过程中，个人和社会都希望按照自己的理念规定来改变对方，然而结果是

---

① 徐晓军．社会互构论：超越经典二元对立社会学方法论的新探索［J］．西北师大学报（社会科学版），2012，49（3）：37-41.

由对方形塑和构建了自己”①。个人是社会的不可再划分的终极单位，社会又是个人的存在方式，个人和社会都不可能自生自足，也不可能凌驾于对方之上，两者都必须在双重性乃至多重性的复杂互构关系中才能形成，同时也必然在这一互构中不断重塑和流变自身。个人与社会之间不再是从社会到个人或从个人到社会的单向性关系，更不是能够直接用因果链条来解释的必然性关系。个人作为社会生活主体或交往互构主体，永远都有自己的情境和场域。情境和场域既是外在环境对主体的客观性限制，又是主体在交互过程中对外在限制的主观性意义赋予，对个人的理解就是对情境和场域的理解，个人分化与个人丛化无不形成于个人和社会之间的互构过程中；社会作为社会自然系统和社会人文系统的互构关系和过程，本质上也是“主体与客体、主观与客观、人与自然交互建塑和相互作用的产物”②，深深印刻着个体和整体层面多重建构的痕迹。因此，个人与社会的概念，不再能够被“理想类型化”处理，必须从互构关系出发在经验世界中加以考察和界定。社会互构论通过对个人与社会关系的重新界定，从根本上突破了“二元对立”方法论预设上的逻辑困境，使社会学研究能够真正回到社会学本身的立论根基，成为一门在真正意义上研究经验性社会事实的科学。

（2）新型现代性：超越旧式现代性的思维方式。从“二元对立”的方法论预设出发，社会学思想家始终无法突破现代性的困境，找到指向现代社会发展的正确路径，社会学理论也最终脱离了对现代性本质的深入思考，不能为社会的良性运行提供现实出路。事实上，即便看似纯粹的方法论，也必然

---

① 郑杭生，杨敏．社会互构论：世界眼光下的中国特色社会学理论的新探索［M］．北京：中国人民大学出版社，2010：18.

② 郑杭生，杨敏．社会互构论：世界眼光下的中国特色社会学理论的新探索［M］．北京：中国人民大学出版社，2010：397.

是在具体社会环境中特定思维模式的产物。“二元对立”的方法论预设，局限在主从关系和线性思维中无法自拔。这种预设，要么将社会凌驾于个人之上成为统治性力量，要么将个人凌驾于社会之上作为主导性存在，使个人与社会之间呈现统治与被统治、主导与被主导、弱者与强者的关系特征，无法摆脱目的论逻辑和因果必然性的链条。这种思维方式，无不渗透着西方旧式现代性的思维特征：个人自由的至上性与以征服为特征的资本化精神并存；现代性使人的欲望失去了传统约束而无限扩张，人与他人的关系、人与社会的关系，乃至人与自然的关系，都演变成永无休止的对象化占有过程，造就了现代性中个人与社会、个人与自然之间无法消解的紧张和矛盾，也使这种关系只能以主从模式和单向线性形式展现。社会学思想家只能按照社会统治个人或个人主导社会的思维方式演绎现代社会的发展方向，或是寄望于通过重建传统性社群来整合个人，或是幻想理性组织对个人的全面统治而悲观忧虑，又或是指望个人间的完全自由竞争而使社会秩序本身不再成为一个现实性问题，未来不仅变成铁板一块，还失去了全面解放的希望。

现代化的深入发展，最终会突破甚至转而消解简单现代性所构建起来的社会基础。全球化和风险社会都伴随着个人反思性的全面扩展缓缓到来，社会的未来变得既不可预料又难以控制。在简单现代化转向自反性现代化后，古典社会学理论提供的确定性社会方案也将失去现实基础。这样，西方社会学家开始从社会学的根基处着手，突破“二元对立”的局面，重新思考个人与社会的关系。吉登斯（Anthony Giddens）以“结构化”理论来突破行动与结构的传统对立，以解放政治向生活政治的转变来超越对自由或秩序的单极强调[①]；布迪厄（Pierre Bourdieu）将“惯习”与

① 吉登斯．超越左与右：激进政治的未来［M］．李慧斌，等译．北京：社会科学文献出版社，2009：94-96.

“场域”引入行动和结构的双重建构中，将个体与社会的关系看作相互关联的建构过程，从而突破传统客观主义–主观主义、结构–功能的两大对立，为现代社会提供了新的解释模式[①]；哈贝马斯（Jürgen Habermas）从主体性转向主体间性，主张在客观世界、主观世界和社会世界的三界分中，分别采用不同的对话原则展开理性交往，从而使社会能在商谈中达成共识并实现生活世界的合理化。[②]这些社会学家都力图超越“二元对立”的预设方式，以消解个人与社会的对立与矛盾，为尝试解决“二元对立”问题而作出了重要贡献。

社会互构论既是对上述社会学理论的继承，又在一定程度上与它们相区别。郑杭生教授指出，吉登斯、布迪厄、哈贝马斯等始终立志于消解个人与社会之间的对立关系，这种理论策略本身又与其所立足的以二元对立为前提的理论建构相矛盾，最终仍然无法解决个人与社会、整体与社会、结构与能动之间的关系问题。[③④]谢立中认为，西方社会学家的努力并非仅仅造就了一个假象，而是确实在承认个人与社会对立事实的基础上，力图实现理论上的综合。[⑤]作为中国社会学的理论成果，社会互构论始终坚持

---

① 斯沃茨．文化与权力：布尔迪厄的社会学［M］．陶东风，译．上海：上海译文出版社，2006：74.

② 哈贝马斯．交往行动理论：行动的合理性与社会合理化［M］．洪佩郁，等译．重庆：重庆出版社，1994：110.

③ 郑杭生，费菲．当代西方社会学理论整合困境的透析：兼谈社会互构论的理论意义［J］．中国人民大学学报，2009，23（6）：70–79.

④ 杨敏，郑杭生．社会互构论：全貌概要和精义探微［J］．社会科学研究，2010（4）：102–107.

⑤ 谢立中．超越个人与社会之间的二元对立：“社会互构论”理论意义浅析［J］．社会学研究，2015，30（5）：13–23，242.

前沿的理论立场，这种前沿性正在于其对“个人与社会关系”的互构性把握。社会互构论虽然立足于对个人与社会互构过程的研究，但并不强调在现实中消解个人与社会的对立关系。相反，它的立论基础，正在于承认和肯定这种对立关系，现代性本身就是个人与社会之间的结构化过程，这构成了现代社会发展的根本动力。正是清楚地意识到这种对立关系的必然性和重要性，社会互构论首先确认个人与社会之间的对立是现代社会的基本事实，并以这一事实作为社会互构的前提和动力。但是，承认对立是基本事实并不代表承认个人与社会之间存在主从关系，个人与社会之间本就是互构谐变的，不存在主导与被主导的不平等关系。可见，社会互构论突破了传统预设方式下对个人与社会关系的单向性认识，不再把一方凌驾于另一方之上，而是“从整体关联中去理解局部，在分析局部的基础上去理解整体”①，两者是互相建构的。从社会互构论出发，“社会”与“个人”之间的关系得到了重新梳理，双方互为前提和存在条件，不再纠结于谁产生谁这一“本体论困境”②。既然社会与个人之间不再是一方统领和主导另一方的发展，那么现代性的未来自然就无法通过理性推理来确定，“社会互构论对个人与社会关系的描述和解释的基本方面不仅是因果性的、必然性的，而且也包括对个人与社会的关系的不确定性、非预期性、非意图性现象的研究”③。个人与社会关系的内在不安定性，要求社会学研究必须从实践关系出发，考察个人与社会关系的共变过程和方向。当线性思维的理性推理不

---

① 郑杭生，杨敏：社会互构论：世界眼光下的中国特色社会学理论的新探索［M］. 北京：中国人民大学出版社，2010：100，151.

② 王道勇 . 社会学研究中的认识论传统［J］. 社会科学，2015（4）：86–95.

③ 郑杭生 . 新型现代性及其在中国的前景［J］. 学术月刊，2006（2）：21–24.

再适用于对现代社会的理解和阐释时，社会学研究范式就必须转向实践性思考方式，将主观行动意义赋予向外在行动意义转化的实践化过程作为考察个人与社会关系的出发点和落脚点。立足于现代性的社会互构论，必然以摆脱个人与社会对立关系所引发的现代性困境为己任，“对于现代个人的重大问题——背弃自然、背弃历史、社会共同性的迷失，社会互构论的基本回答是：开辟现代性的新走向，以彻底变革人与自然的现有关系；拓宽社会转型和社会变迁的视野，以理解传统和现代关系的真实意义；阐析现代社会的共同性意涵，以建立个人与社会的关系”①。社会互构论对旧式现代性思考方式的超越，能够摆脱单向性的思维模式，使个人与社会、个人与自然、社会与自然之间冲突得以解决，勾勒一个以人为本、人与社会双赢、人与自然双赢的具有无限生命力的新型现代性的蓝图。②

三、融合创新：社会互构论的方法论意义

整体主义-个体主义的二元性方法论预设，导致社会学学科内部无法在理论方法上达成共识，从而无法为现代社会的发展提供令人满意的研究范式，也使中国社会学的发展无法摆脱西方的思维定式。这样，社会互构论在方法论上的创新和突破，对社会学学科发展具有重要的方法论意义。

第一，社会互构论为社会学的学科本质和立论基础提供了一种解释途径。社会学长期被整体主义-个体主义的“二元对立”思维模式所束缚，

---

① 郑杭生，魏智慧，杨敏. 社会学的“个人”：意涵、问题及前景［J］. 河北学刊，2010，30（3）：147-153.

② 郑杭生. 新型现代性及其在中国的前景［J］. 学术月刊，2006（2）：21-24.

陷入非此即彼的学科困境。无论哪种方法论预设，本质上都是遵循哲学式的思维方式，对社会情境作极端化的抽象并以此作为研究的逻辑起点，这种预设方式导致对社会学本身的背离。社会互构论在批判“二元对立”传统预设具有虚假性的同时，以经验性社会事实为立论根本，重新界定了个人与社会的概念以及两者之间的互构关系。通过对经验性社会事实的回归，社会互构论理清了社会学的学科本质和立论基础，使社会学研究摆脱哲学的思辨领域而走向社会学学科范围。

第二，社会互构论为社会学理论与方法的重新融合提供了一种现实可能性。郑杭生教授指出，社会学方法论为社会学理论的建构提供了视角、分析路径和方法原则，同时社会学理论为经验性社会事实的研究提供了假设和解释方式，决定社会学研究对经验事实的对象化方式和研究策略。社会学理论本身就是研究的方法，两者不能独立存在。[①] 由于一开始就存在整体主义-个体主义两大对立的方法论预设，社会学无论是在研究方法上，还是在理论建构上，都存在长期分裂：在研究方法上，实证主义和人文主义两大传统使社会学研究是否具有科学性、客观性成为争论的焦点；双方建构的理论，则分别停留在宏观层次和微观层次，却又不能相互融合形成统一的理论体系。面对理论方法的分裂态势，社会互构论指出个人与社会的互构关系，从方法论上打破了非此即彼的预设方式，使原先的“二元对立”不再成立。对“二元对立”的根本性突破，使社会互构论的研究形式不再局限于非此即彼的理论-经验、实证-人文的对立中，而是一种理论性与经验性、实证性与人文性相结合的一体化研究。这种开创性的研

---

① 郑杭生，杨敏：社会互构论：世界眼光下的中国特色社会学理论的新探索［M］. 北京：中国人民大学出版社，2010：51.

究形式，将为社会学理论方法的重新统一提供思路和可能性。①

第三，社会互构论为中国社会学的本土化与理论自觉开辟了新的道路。社会学发端于西方世界，既根植于西方文化，也置身于西方的现代化过程，旨在解决西方社会的发展问题。自严复以来，中国社会学逐步走过了从译介西方著述到本土话语体系建构的过程。中国社会学在实现理论自觉的过程中，不断借鉴和运用西方社会学理论与方法来解释中国社会的运行逻辑和发展过程，常常会缺乏解释力。很多学者注意到这种“拿来主义”的弊端，希望结合我国的现实国情对已有理论进行改造，但只能做到理论上的“小修小补”，无法从整体上突破西方话语体系的束缚，造成中国社会学乃至中国社会的“不自信”。基于此，社会互构论从社会学的根基处着手，超越社会学的传统研究范式，突破西方旧式现代性的思维方式，通过对中国社会转型过程进行深入思考，将学科与现实进行有机联系，总结提炼出带有中国特色的理论体系和研究范式，为中国社会学本土化的实现提供了可能出路。本土化不只是从“世界”到“地区”的演化过程，也包含从“地区”到“世界”的反向过程。只有对经验性社会事实具有普适性的解释能力，社会理论才能真正实现本土化。社会互构论既包含了对个人与社会关系的根本性思考，又植根于对现代性本质与困境的深入思考和深刻理解中，对于改变中国社会学的格局，不在西方笼子里跳舞，具有重要的方法论意义。

① 郑杭生，杨敏．社会互构论的提出：对社会学学术传统的审视和快速转型期经验现实的反思［J］．中国人民大学学报，2003（4）：21-32.

第五节　实践结构论：理论自觉的新进展与秩序化追求

实践结构论，是对中国社会实践结构变化认识的深化。在当代世界、当今中国，有八种新趋势或新特点值得我们高度关注。它们既是“社会实践的结构性巨变”的结果，又是这一巨变的表现。社会实践的结构性变化蕴含了两股力量或两个维度，即现代性全球化的长波进程和本土社会转型的特殊脉动。那些左右着社会生活的重要动态变化，那些影响我们个人生活的复杂症候，都离不开这两股力量，是这两股力量相互扭合所产生的一系列现实效果。这种结构性巨变及其二维效应的理论，被称为“实践结构的社会学理论及其二维视野和双侧分析”，简称实践结构论。①

一、二维视野或双侧分析：实践结构论的理论意涵

当今世界正处在现代化与全球化的双重发展进程中，中国社会进入深度调整与急剧变革期，社会与个体都面临新形势与新挑战，这种动态变化的过程实质上是社会实践的结构性变化。

（1）理论意涵：二维视野或双侧分析。作为一种把握当今世界现代性转型的理论视野，实践结构论来源于现代性长波进程和本土社会转型的特

---

① 郑杭生．中国社会研究与中国社会学学派：以社会运行学派为例［J］．社会学评论，2013，1（1）：5-13.

殊脉动这两股力量的相互扭合[①]，当今世界每一项重大的动态变化也都包含着这两股力量的共同作用。在“中国经验”研究中，从“全球”与“本土”话语之争的再度激活，到“广义转型论”与“狭义转型论”的实质性分野，都需要一种更为开阔的社会学理论视野，以更深入把握全球化进程和本土社会转型的一体两面。[②]实践结构论的提出，正是基于中国社会现实最真实的脉动和社会实践的结构性巨变，即社会生产的信息化、符码化、数字化和网络化的影响，“去集体化”和“去组织化”的继续，劳动与资本传统关系的变化，有形劳动社会地位的改变，以及经济活动与社会安全、财富分配与风险分配、生活世界与系统世界的不平衡、多种因素的复合效应。这两股力量相互扭合、动态发展，它们所产生的效应称为“二维效应”，作为一种视角则被称为“二维视野”。

所谓“二维视野”或“双侧分析”，具体表现为两个方面：“其一，以现代性的长趋势和大尺度的历史视野，探查和追踪这一历史进程的持续经久、连绵不断的稳定性变化。其二，通过本土社会变迁的具体视域，把握转型过程中以快波频率交替进行的社会变动，这类变动往往隐现不定却能引发较大的社会震荡。”[③]从理论维度看，二维视野或双侧分析的关注点、侧重点有所不同。在认识和理解转型期的中国社会时，二维视野关注宏大视野下的整体性趋势，侧重于从全球和历史视角把握时代变迁的社会图

---

① 郑杭生，杨敏．社会实践结构性巨变的若干新趋势：一种社会学分析的新视角［J］. 社会科学，2006（10）：109－115.

② 郑杭生，杨敏．社会实践结构性巨变对理论创新的积极作用：一种社会学分析的新视角［J］. 中国人民大学学报，2006（6）：55－64.

③ 郑杭生，杨敏．社会实践结构性巨变的若干新趋势：一种社会学分析的新视角［J］. 社会科学，2006（10）：109－115.

景；双侧分析强调从微观社会现象透视社会变迁过程中的问题，侧重从不同角度分析并解释本土社会的经验事实，在思想和理论层面将社会实践具象化。社会变迁过程始终贯穿着这两股力量的相互作用，社会转型是在这两股力量的驱动下不断深化。简言之，二维视野就是这两股力量的相互扭合产生的效应，双侧分析则是对两种客观力量的社会学分析。二维视野或双侧分析既立足本土又超越本土，坚持本土化与国际化相结合的道路，将转型中国的社会事实置于现代性的发展进程中，同时兼顾发展主体的历史视野，在时间和空间的脉络中整体把握历史性与现代性交织的社会事实。

（2）结构分析：全球视野与本土进程。就来源而言，社会结构性分析有深厚的学术传统。在吉登斯看来，“现代性的内在特性，本身就具有社会学的性质”。[①] 所谓“结构性”，是指这一过程并不是自发地、无序地产生或形成的，而是遵循某种内在逻辑和客观规律的演变，现代性是其中的一条主线。现代转型与社会变迁是结构分析的双重理路。在全球化进程中关注本土实践，以本土实践回应全球化进程，是中国特色社会学理论构建的前提。作为一种社会学的分析视角，实践结构论认为，现代社会的困境和问题既是一个国家所表现出的阶段性特征，又受到具有普遍意义的现代性与长时段全球化的影响。将社会发展动态趋势放在全球性与本土性的双重进程中看待，是我们思考和理解社会问题的重要方式。近现代的中国社会转型过程一直是与现代性的宏大过程相联系的，而这种结构性力量与当时国内的社会环境与国际发展形势紧密相关。实践结构论从国际视野与中国经验出发，基于当代社会实践的结构性变化，着眼于探寻当下社会问题的结构性根源，为我们认识社会结构转型的动力源提

---

① 吉登斯．现代性的后果［M］．田禾，译．北京：译林出版社，2000：38.

供了一种可能的理论范式。

全球进程和本土实践是研究中国社会现象、事实和过程的“一体两面”，两者不可分割，共同作用于中国的经验现实。在实际研究中，二维视野或双侧分析常常体现为相互交织并同时发挥作用。第一，从二维视野看，本土实践是基于中国社会事实所进行的提炼与概括，聚焦在“中国”与“短时段”，因而具有本土化与即时性的实践特征，观照当代中国正在发生的社会事实，根植于中国本土社会实践；全球进程则关注“国外”和“长时段”，具有全球视野和国际关怀，将中国的实践放在全球范围内，从不同视角对中国社会的差异化进行研究。第二，从双侧分析看，本土实践和全球进程是在各自的发展脉络中平行前进的，两者在时间维度上不同步，在空间维度上不重叠，是一体两面的“双侧”。总之，实践结构论对于中国社会转型具有深刻而内在的解释力，为我们考察和谐社会和其他社会现象提供了一种运用现代性长波进程与中国社会转型短频脉动的二维视野或双侧分析的理论视角。

二、利益格局的结构巨变：实践结构论的现实基础

中国社会学的发展始终立足于中国的社会发展。来自实践领域的社会现象为社会学的理论创新提供了现实性的资源，促使现有的社会学理论迈出新的步伐。作为全球现代化进程的重要构成，中国独特的发展模式呈现出鲜明的时代特征，形成世界上独一无二的“中国经验”。社会实践的结构性巨变，突出表现为社会结构的深刻变动和利益格局的深度调整。

（1）社会转型的阵痛：利益调整与关系重组。立足现实是认识当代中国社会转型的出发点和最终归宿。从社会转型的本土特殊脉动来看，中国社会正处在经济体制转轨和社会结构转型相互交织的转型过程中，随着利

益格局不断调整，社会分化加剧，社会进入了一个不稳定和不确定的发展时期。[①] 当然，中国的社会转型存在社会结构和体制转轨的差异性，社会结构是从传统型向现代型转变，而体制转轨则是从一种缺乏效率的现代体制向另一种更有效率的现代体制转变[②]。改革开放以来，经济高速发展加剧了社会分化，"效率优先、兼顾公平"成为经济社会发展的主导方向，资源配置的非均衡状态导致利益群体之间的相互关系十分复杂。作为一种有着悠久历史沿革的社会体制，"单位制"的解体对于利益群体的分化产生了重要的影响。这一变化使得个体对单位组织的依赖关系减弱，个体的身份从组织与体制中解放出来，身份摆脱了制度的约束并成为"一种可以自由选择的游戏"[③]，固有的、稳定的、清晰的社会身份和社会关系受到冲击，与之相关的利益关系与利益分配方式也随之改变，社会笼罩在一种变动不居的流动性之中。在这种变化之下，产业结构调整、社会组织形式变革，社会贫富差距增大，群体之间矛盾激化，社会信任危机爆发，出现了"私人企业主群体、农民工群体、城市业主群体以及垄断行业利益群体等"[④] 新的利益群体和社会阶层。

社会实践结构的一系列动态变化，既是中国社会结构深刻变动的阶段性表征，也是利益格局深度调整的时代印记。社会分化的本质是利益分化。在社会结构的变动时期，社会矛盾的突出表现是利益关系的紧张，继而呈现利益群体之间产生矛盾、冲突和博弈。社会利益群体因不同利益诉

---

① 郑杭生，杨敏．社会实践结构性巨变下的社会矛盾［J］．探索与争鸣，2006（10）：19–22.

② 郑杭生．改革开放三十年：社会发展理论和社会转型理论［J］．中国社会科学，2009（2）：10–19，204.

③ 鲍曼．生活在碎片之中：论后现代道德［M］．郁建兴，译．上海：学林出版社，2002：88.

④ 郑杭生，杨敏．社会实践结构性巨变下的社会矛盾［J］．探索与争鸣，2006（10）：19–22.

求而产生摩擦、排斥与分歧，群体之间的利益冲突频发。在社会转型加速期，利益分配方式和分配规则多元化，不同利益群体对各自利益的维护和争取，造成了利益分化和利益关系的失衡，表现为利益群体的多元、利益关系的失衡和利益冲突的频发，城乡之间、体制内外、央地关系等利益结构都发生了不同程度的重组，对社会团结和社会稳定造成了不良影响。根据利益诉求的主体关系，利益博弈主要有三种类型：一是发生在强势利益群体之间的“强强”冲突博弈；二是强势与弱势群体之间的“强弱”冲突博弈；三是弱势利益群体之间的“弱弱”冲突博弈①。不同利益群体的博弈过程，不仅体现在双方力量的对比上，还体现在事件性质、发生缘由和行动方式等方面。第一类利益群体之间的博弈是一种强对抗型的博弈，双方力量相差较小，且对于资源的获取有势在必得的期望，博弈主体体现为较强的策略化和维权意识，在利益的拉锯过程中往往形成非良性竞争。第二类利益群体和第三类利益群体的博弈过程明显受到了来自经济和社会两种结构性力量的约束，利益群体的力量悬殊取决于各自获得社会资源的能力的强弱。②从现代性与社会转型的二维视角来看，我国进入了社会不协调因素的活跃期和社会矛盾的多发期，这一时期也是社会结构发生深刻变动、社会矛盾容易激化的风险期。

（2）利益表达的分野：理性主义或功利导向。利益表达是利益群体反映诉求的方式，通过某种话语来表达具体的情境，以期获得合法性的社会支持。随着中国社会转型的加速，社会分工越来越细。在涂尔干看来，

---

① 郑杭生，杨敏．社会实践结构性巨变下的社会矛盾［J］．探索与争鸣，2006（10）：19-22．

② 杨敏，郑杭生．社会实践结构性巨变与锻铸社会和谐的坚实支柱［J］．探索与争鸣，2007（4）：26-30．

"分工不仅是社会团结的主要源泉，同时也变成了道德秩序的基础"[①]。社会分工提高了社会效率，使个体得以从集体中分离出来，却也不可避免地催生了个体的理性主义，市场化的体制机制、观念价值侵入个体与群体的生活，社会团结意义上的生活与秩序面临着价值崩塌。按照韦伯的说法，理性化从社会波及个体，一切行动都经过精确计算，以效率为目标，现代社会中理性行为占据了支配地位。这种个体的理性主义体现在对于利益的追求和计算上，追逐利益成为生存和生活的一个目标，从而直接影响个体与群体的社会心态。在现代性和市场化的裹挟下，社会成员的原子化、个体化、理性化特征逐渐突出，社会心态经历了从公到私、从集体到个体的转化，个体意识逐渐增强，以经济效益为导向的个人追求兴起，不同利益主体的诉求也在形塑着社会发展的利益格局。理性主义或功利导向为个体的自我实现提供了施展的空间。个体自我决定、自我负责，自主选择社会关系、社会角色，并承担相应的社会责任。正如乌尔里希·贝克所说："个人自我实现和成就的道德规范是现代社会中最有力的潮流。我们这个时代的主角是渴望成为他自己生活和个人认同的创造者的人，是进行选择、作出决定、塑造自己的人。"[②]个体的理性主义在某种程度上构成了现代性。当然，转型期中国的社会形态既不是纯粹传统的，也不是纯粹现代的，而是一种混合形态的社会。[③]这种混合形态营造了一种假性现代社会的风尚，即在显性的社会文化领域内具有现代化雏形，而在社会经济领域

---

① 涂尔干.社会分工论［M］.2版.渠敬东，译.北京：生活·读书·新知三联书店，2013：40，91.

② 赫顿，吉登斯.在边缘：全球资本主义生活［M］.达巍，等译.北京：生活·读书·新知三联书店，2003：226.

③ 郑杭生，洪大用.中国转型期的社会安全隐患与对策［J］.中国人民大学学报，2004（2）：2-9.

内的现代性却未及时实现，这种朦胧的特征使经济发展和社会生活存在滞后性。

现代性本身包含的个体化趋势，为个体追求利益提供了合法性基础。生活处境和人生模式的个体化，使得个体的自主性和行动能力有所增强，而社会关系网络却出现了不同程度的弱化。无法忽视的是，个体在此过程中承受着前现代社会未曾有过的生存压力，与个体紧密相关的利益诉求在不断放大。个体得以从传统的思想、结构和生产生活方式中抽离出来，传统的伦理、价值和规范对于个体的约束不断减弱，个体有了基于自身需求和欲望来实现目标的自由。然而，自由也意味着一定的风险。为了寻求一种生存与发展的稳定性和安全性，个体不得不转向对具有确定性的事物的追求，通过外化的利益来获得物质和心理上的双重保障。从这个意义上来说，个体化社会是一个强调个体欲望的利己主义社会，个体化与理性化在现代性的过程中持续交织。基于利益得失的功利主义目标，主导了大部分现代人的生活。纯粹的利益关系和市场规则对传统社会的伦理、价值和规范造成了冲击，社会成员之间的交往方式从合作互惠变为牟利竞争。当群体的一切行动都变成理性的计算和利益权衡之后，社会分化的加剧便使原本的社会矛盾更加复杂化。当生活被囚禁在利益的金字塔中时，利己主义之风盛行，就背离了人类对于社会团结与社会和谐的最初向往。

（3）利益博弈的多元策略：组织化与文本化。利益表达并非始终是以个体为单位，而是一个多元主体博弈的过程。个体的利益诉求的外化是利益强化的实践机制，也是利益表达从个体化走向组织化的过程。在利益关系出现分化的初期，利益的表达往往是以分散的形式呈现的，产生的预期效应和社会影响较小。然而，利益群体的博弈是一个动态的变化过程，以个体为单位的利益主体要经历辨认、识别、分类和确认等环节，从个体的分散走向集体的联合，在利益层面实现有组织的联结。从某种程度上来看，这一过程走向蕴含着一定的自发性和必然性，有共同目标的利益主体会不自觉地迈入组织化的发展进程。利益群体对利益最大化的理性考量，决定了其通过组织化的形式来扩大利益诉求的边界，在能力范围内调动尽可能丰富的资源。利益群体的组织化实际上有内部的整合机制，存在理性化程度较高的前提，组织化利益博弈往往产生的是相对集中、清晰、有序的矛盾和冲突[①]。利益群体的组织化是一种将个体诉求放大的机制，通过同质化的利益诉求实现个体的联结，这种联结基于利益形成的共同体形式，在组织上和行动上更容易得到控制。然而，值得注意的是，利益群体的组织化如果得不到合理的规范，就可能造成利益群体的恶性博弈，对社会良性运行和协调发展造成负面影响。

文本是理解利益群体表达诉求的重要指标。利益群体诉求的实现过程是一场艰难的博弈。在利益群体的博弈中，不仅要关注利益群体之间如何被组织起来，还要了解利益关系如何被激活。作为一种表达介质，文本被利益群体用来维护自身的利益，形成一种明确的话语来建构自我的利益诉求。利益主体在追求自我期望时存在的行动特性表明，文本在利益诉求表达过程中具有某种功能性地位。[②]作为一种表达依据，文本既是利益群体使诉求合法性的理论工具，也是与他人进行互动、对话以及辩论的载体，在此过程中利益主体的诉求得以重申、进一步解释和修正。“利益主体在诉求过程中都有可能采取组织化方式，将原先博弈过程中的

① 李路路．社会分层结构的变革：从“决定性”到“交易性”［J］．社会，2008（3）：24-30.

② 郑杭生．多元利益诉求统筹兼顾与社会管理创新［M］．武汉：华中科技大学出版社，2012：9，11.

文本策略转变成为有组织化的文本行动策略。”[①]因此，文本策略本质上是一种话语博弈，通过将利益取向以文本的形式实现具体化、明确化和可视化，提高群体的社会影响力，以达到对利益群体的动员，实现利益诉求的最大化满足。当然，利益群体在表达利益诉求时，难以掩盖诉求背后的利益主观性，即明确提出来的利益诉求实际上都是利益群体基于自身立场的表达，不可避免地带有浓厚的个人意愿和情感色彩。随着中国经济社会的纵深发展，不同职业和社会地位的群体的利益诉求表现出复杂化、多元化、扩大化的特点，群体之间的利益分化成为一个长期存在的社会事实。无论是利益群体的组织化联结，还是文本化的诉求表达，都是个体基于当下处境的一种保护自身利益、减少利益受损或争取更多利益的一种方式。可见，利益博弈是一个复杂的社会互动过程，当个体提出自身的诉求时，利益诉求也非瞬时能得到满足，差异化与多元化利益诉求的聚集，可能导致社会冲突与社会矛盾的显现，从而给社会稳定带来不确定风险。

三、社会秩序与社会进步：实践结构论的价值关怀

当代中国社会，经济体制、社会结构、利益格局和思想观念等都经历了深刻的改变，利益分化使利益矛盾难以避免，利益关系的紧张和冲突是贯穿在我国社会矛盾中的一条主线。面对一个进步与代价反差鲜明的社会，不同利益主体的互动过程和策略持续影响利益格局的变化。郑杭生提出，“在经济改革效果持续释放的过程中，应该更加注重社会利益诉求的

---

① 郑杭生．多元利益诉求统筹兼顾与社会管理创新［M］．武汉：华中科技大学出版社，2012：11.

秩序化建设”[①]。从价值论的角度看，社会秩序与社会进步，是实践结构论的理论关怀。如何通过社会建设和社会治理，建立良好的社会秩序，促进社会进步，是实践结构论的使命追求。

（1）社会秩序：资源配置与社会公平。社会秩序与社会进步，是社会学研究的经典范畴。在当代中国，社会进步和社会代价并存。在一个社会中，资源和机会的总量常常是稳定且有限的，资源和机会能否获得、获得多少、以何种方式获得，除了受到社会资源存量的制约外，还受到许多外部因素的影响，存在着许多或然性和不确定性。社会资源的分配过程，可能会对某一群体造成强烈的不公平感甚至被剥夺感，引发群体间资源争夺和关系恶化，造成了利益格局的失衡与利益关系的分化，对社会信任造成很大的挑战。在这个意义上，资源和机会的分配就涉及社会公平和社会规范，即如何使社会资源和社会机会得到合理且公平的配置，成为社会建设的核心要义。因此，健全的社会结构和社会机制是合理配置资源的基础性条件和保障，也是在制度建设上对抗或然性事件的一种秩序性安排。社会建设的目的，就是通过合理的资源配置，促进社会公平，消除部分群体的被剥夺感，缓和利益群体之间的关系，降低社会运行风险，对社会运行和发展进行底线式维护。

当然，社会建设是一个持续丰富和完善的过程，而非某种一锤定音的制度安排。从根源上讲，我国民众所面对的财富分配和风险分配的双重社会压力，需要建立起关于社会分配的内涵和性质的动态观念，为现有的政

---

① 郑杭生．社会建设的前沿理论研究：社会建设问题的社会学思考［J］．武汉科技大学学报（社会科学版），2009，11（4）：1-5.

策提供更为积极、现实和有预见性的启迪。[①]社会建设本身就是一个包含多方面内容的极其复杂的系统工程。从社会建设与社会公平正义的关系来看，社会建设是推进社会公平正义落实的有效途径和重要力量，而社会公平正义落实与否又是检验社会建设成效的衡量器和试金石[②]。社会建设，就是把握住“社会资源和社会机会的合理配置”这一核心要义，在做大蛋糕的同时注重分配正义，让更多的社会成员分享蛋糕，促进社会公平正义，共享社会成果。可见，社会建设具有浓厚的民生关怀。

（2）社会团结：基层治理与社会稳定。在社会学的研究视域中，社会团结一直占据着重要的位置。在涂尔干看来，“团结”是使社会成为可能的根本性力量。人类社会是一个从“前契约”的机械团结走向基于“劳动分工”有机团结的过程，两者的区别在于，前者是基于个人相似性而建立的，而后者是以个人的相互差别为基础的。[③]社会团结是凝聚个体关系的纽带，为具有普遍性和相似性的个体提供归属，也是分散的社会关系得以整合的机制。在当代社会学研究中，社会团结转向了一种在地化探索与机制分析，致力于回答社会团结何以可能的问题，而社会治理搭建了一座理解社会团结形态的桥梁。在现代社会的语境中，个体与个体之间、个体与群体之间的关系发生了实质性变化，在社会分工愈加精细化、个体差异性愈加显性的背景下，增强个体与集体的联结是实现社会整合的前提，也是社会治理成效的衡量指标，因而重提社会团结在当下具有现实意义。中国

---

① 郑杭生，杨敏．社会实践结构性巨变的若干新趋势：一种社会学分析的新视角［J］．社会科学，2006（10）：109-115.

② 郑杭生，杨敏．关于社会建设的内涵和外延：兼论当前中国社会建设的时代内容［J］．学海，2008（4）：5-10.

③ 涂尔干．社会分工论［M］．2版．渠敬东，译．北京：生活·读书·新知三联书店，2013：91.

社会转型的加速，催生了一个大流动、大分化的社会，社会成员日益由“单位人”向“社会人”“社区人”转变。① 基层社会是矛盾最为密集、关系最为复杂，也是问题最为多元的区域。基层强则国家强，基层安则天下安。基层治理是国家治理的基石。随着社会治理重心的下沉，社区成为个体生活的实体单位和基层社会的单元，基层治理的稳定性和秩序性，关乎基层社会团结与社会和谐的实现。从“生于斯、长于斯”的熟人社会到商品房住宅的“陌生人社会”，社区承载中国社会的家庭观念、传统价值与现代性和市场化的观念产生了碰撞，基于亲缘、地缘、业缘建立起来的关系网络与基于利益分配建立起来的关系网络存在着本质的区别，对于利益关系的认知、判断与选择，成为个体和群体相互识别的机制。如何在一个陌生人世界里重建社会关系，实现社会整合，推动社会的良性运行和协调发展，成为新时期社会建设与社会治理创新的重要出发点。可见，社区建设是中国经验体系中最基础的地方表达，也是实践结构论的底层逻辑。

社会矛盾是社会运行过程中出现的不可避免的问题，任何社会都存在着或大或小、或多或少的社会矛盾，社会性质的差异也决定了社会矛盾产生的诱因、表现形式及可能的解决方式均不同。在新的历史时期，社会矛盾呈现出两个发展倾向：一是不同领域的矛盾相互扭结，形成链式反应；二是利益群体之间博弈的扩大导致冲突激化。而后者往往会发展为群体性恶性事件，破坏正常社会秩序。② 实践结构论认为，利益主体和利益诉求日益多元化、个人意识的崛起和社会信任问题显现、风险社会与不确

① 周贤润．新发展理念与中国特色社会学话语体系构建：以郑杭生发展社会学思想为例［J］．福建论坛（人文社会科学版），2021（1）：173-184.

② 郑杭生，杨敏．社会实践结构性巨变下的社会矛盾［J］．探索与争鸣，2006（10）：19-22.

定性的压力剧增以及数字化和信息化给社会生活带来的巨变[①]，无不对社会治理和社会建设提出了新的要求。“中国各地的社区建设，只能从自己的实际出发，进行适合自己情况的探索，而不能从概念出发，从‘应该如何’出发。如果不符合，就说这不对那不对。关键是要拿出适合中国情况的社区建设的积极的建设性的意见来。”[②]在社会加速发展的情况下，社会矛盾的产生和解决不应成为群体之间的拉锯战，而应避免激化社会矛盾，防止群体博弈发展成风险事件、恶性事件，积极探索适应中国社会发展现状的社会治理理念和方法，主动引导推进社会的良性运行和协调发展。郑杭生沿袭了中国国家治理的传统思想中的“道”与“术”，在历史的发展脉络中寻求经验与智慧，重申了社会团结和社会稳定在“去乱求治”中的作用，以正确处理社会矛盾、社会问题和社会风险，以最小的社会代价增促社会进步，推进社会公平正义，对于当代中国社会治理具有重要借鉴意义。

① 郑杭生，黄家亮．当前我国社会管理和社区治理的新趋势［J］．甘肃社会科学，2012（6）：1-8.

② 郑杭生．基层社区调查中应当坚持的准则［J］．甘肃社会科学，2009（1）：8-10.

小结　宏观社会学理论的总体架构：理论自觉的标识性原创

郑杭生认为，“中国特色的社会学，或曰中国气派、中国风格的社会学，并不是一句套话、空话，而是一种符合社会学历史和现实的提法，是有根有据的，有实实在在的内容的”。一个成熟的理论流派，需要在“论”“史”“法”三维度上均有建树。作为宏观社会学理论的“五论”的基础，社会运行论既是对马克思主义社会学和西方社会学这两大传统的借鉴和吸取，又是对传统中国治乱兴衰学术传统的继承。[①] 与把传统和现代截然对立的旧的现代化理论不同，社会转型论就是一种主张传统和现代既对立又统一的新型的现代化理论。作为一种方法论，社会互构论所作的阐释，对于正确认识人类社会经历的深刻变迁，当代中国社会转型的重大现象和问题，现时代全球社会的总体发展趋势，当今的人与自然、个人与社会的关系，提供了一种具有根本性意义的眼界和理路。作为一种价值追求，实践结构论的提出，是立足于当时中国所处时代发生的结构性巨变，是在“四论”基础上的创新探索[②]。

学术研究的知识生产，主要是在总结新的实践经验的基础上，反思已有的学术思想、学术观点、学术命题，赋予已有的学术体系以新的思想内涵、时代内涵和文明内涵，以新的思想平台构建新的学术体系和新的话语

---

① 郑杭生．社会运行论及其在中国的表现：中国特色社会学理论探索的梳理和回顾之一［J］．广西民族学院学报（哲学社会科学版），2003（4）：2-11.

② 郑杭生，杨敏．社会实践结构性巨变对理论创新的积极作用：一种社会学分析的新视角［J］．中国人民大学学报，2006（6）：55-64.

体系。[①] 作为一种标识性原创理论，五大宏观社会学理论是彼此呼应、互为一体的。社会运行论以中国几千年的“治乱兴衰”史为基础，以社会运行定义的社会学，是能够衔接和整合既有社会学基本概念、基本理论和分支社会学的，构建了各种解释中国经验的理论框架，搭建了中国特色社会学理论体系的根基。[②] 社会转型论提出中国社会从传统型社会向现代型社会转型这个基本事实判断，通过“社会转型度”和“社会转型势”的基本概念，准确而生动地解释和衡量中国社会转型的社会事实，并就转型过程中可能出现的重大问题提出了相应的解决之道，构成了新型现代化理论的坚实基础。学科本土论作为推动中国社会学自主知识体系构建的有益尝试，有效缓解长期以来中国社会学食洋不化、知行分离的问题，是社会运行学派所要追求的理论形态，并在此基础上提出并论述了“社会学世界格局”和全球社会学知识场域的思想。[③] 社会互构论将社会与自然、个人与社会之间长存的二元对立转化为同构互生、互构共变的基本关系[④]，在一定高度上探讨了社会学的元问题，即个人与社会关系的问题，从方法论预设上突破了“二元对立”的逻辑困境，使社会学研究能够真正回到学科本身的立学根基。[⑤] 而实践结构论的“二维视野”或“双侧分析”，基于中

---

① 孙正聿．怎样把中国经验提升为中国理论？：知识生产的理论思维［J］．北京大学学报（哲学社会科学版），2023（6）：5-11.

② 陈玉生．理论自觉的思想资源、本体创新与价值关怀：以社会运行理论为例［J］．学习与实践，2020（3）：101-110.

③ 杨发祥．郑杭生中国特色社会学思想的形成与发展：基于理论自觉的视角［J］．西北师大学报（社会科学版），2018，55（6）：34-41.

④ 杨敏，郑杭生．社会互构论：全貌概要和精义探微［J］．社会科学研究，2010（4）：102-107.

⑤ 杨发祥，王镜新．社会互构论的方法论预设及其学术意义［J］．学习与实践，2020（3）：92-100.

国历史方位的变化，当代社会实践的结构性变化，着眼于现代性全球化的长波进程以及本土社会转型的特殊脉动，从国际视野与中国经验出发解释当下社会问题的结构性根源，为理解中国所处的内外环境巨变提供了系统性分析视野[①]，从而为我们认识社会结构转型的动力根源提供了一种可能范式。

---

① 杨敏，郑杭生．社会实践结构性巨变时代的马克思主义社会学［J］．社会科学研究，2007（2）：1-7.

第五章

顶天立地与应用拓展：理论自觉的推动者

郑杭生提出，当代中国社会学要取得实质性的发展，必须有一种“顶天立地”的精神，既要有世界眼光和前沿意识，又要有本土特质和草根情怀。“顶天”，就是要追求前沿，要有世界眼光；“立地”，就是要深入基层，要有草根精神。顶天立地，就是要把追求前沿与深入基层结合起来，把世界眼光与草根精神结合起来。[①] 正是基于这种顶天立地和知行合一的理念，郑杭生带领他的学术团队立足中国实践，一边探索理论前沿走向，一边积极深入调研现场，通过对“中国经验”的提炼总结，不断形成层次丰富的社会学中层理论，并积极将其加以应用拓展，成为理论自觉的推动者。

---

① 郑杭生．基层社区调查中应当坚持的准则［J］. 甘肃社会科学，2009（1）：8-10.

第一节　知行合一：中国特色社会学中层理论构建

社会学中层理论具有清晰的发展脉络和内在的逻辑关联，是当代中国社会学理论宝库中的重要内容。社会学元理论和宏观社会学理论是中层理论的思想基础；转型中国的鲜活经验是中层理论的现实基础；而社会运行学派的理论传承则是中层理论的团队基础。理论应用与学派传承，标志着郑杭生社会学中层理论的自成一体。

一、中层理论与经典理论的对话

在理论建构中，以一种顶天立地的精神，使自己的理论体系既能同中西方经典理论展开对话，又能很好地解释本土经验现实，是一种理论具有持久生命力的标尺。“中层理论”（theories of middle range）是经验功能主义者默顿在20世纪倡导的，是针对帕森斯追求统一的“大理论”而言的。在默顿看来，中层理论指的是“介于日常研究中低层次的而又必需的操作假设与无所不包的系统化的统一理论之间的那类理论，统一性的理论试图解释社会行为、社会组织和社会变迁中的一切观察到的一致性”[①]。默顿认为，社会学理论要有所发展，首先需要建立较为具体的、可以为经验验证的假设，其次才能建立综合性的概念体系。默顿中层理论的提出，成为反对美国社会学那种只强调宏观层次的结构功能主义的一面旗帜，在宏观社会学

① MERTON R. On theoretical sociology [M]. New York: The Free Press, 1967: 39.

和微观社会学两者的分裂中起到了弥合作用，为指导经验研究和提炼抽象理论提供了可行的角度和思路。正如杨念群所言："我们尝试着从中国传统脉络中梳理出若干可以作为'中层理论'依据的古典概念，其目的是尽量回避盲目引入西方社会科学的规范概念所导致的理论偏失，但并不意味着我们会一味地拒绝西方观念的借鉴和利用，否则就会陷入传统主义抱残守缺的僵化困境。"[①] 郑杭生及其学术共同体，根植中国社会学百年发展轨迹和社会转型发展的历史与现实，站在中国的立场上借鉴国外，用西方经典理论的精华来分析中国社会的实际问题和理论问题，同时跳出西方的理论思维，反思性地提炼出具有中国特色的理论观点，建构出中国气派和世界眼光兼具的宏观社会学理论和中层理论，经得起实践与事实、历史与时间的检验，这正是中国特色社会学学派所具备的软实力。

郑杭生宏观社会学理论比较自觉地同中西方经典理论开展有效的学术对话，其中层理论更是发扬了这一优良传统。"具有解释力的基本假定"，就是一套可论证、可检验的"中层命题"。在社会学中层理论的建构历程中，郑杭生及其学术团队，本着一种建设性的反思批判精神，敏锐把握中国社会转型的特点，将其放置在全球化的历史进程中加以比较，从而对中国社会深刻转型作出具有解释力的基本判断，对宏观社会学理论加以深化，形成了丰富的中层理论体系，并逐步得到学界的广泛认可。这些中层理论"在不同程度上加深了对中国社会的认识，推进了对中国社会的研究，也推动了学术和学科的发展"[②]。例如，治理理论的研究要以中层理论

---

① 杨念群."中层理论"应用之再检视：一个基于跨学科演变的分析［J］. 社会学研究，2012，27（6）：1-18，242.

② 郑杭生.中国社会研究与中国社会学学派：以社会运行学派为例［J］. 社会学评论，2013，1（1）：5-13.

为现实抓手，避免宏观层面的价值宣扬与理念假设，避免微观层面的就事论事与隔靴搔痒。同时，治理理论研究要注重叙事的一贯性，从治理理论的适用性、本土化与国际化等三个方面进行系统剖析，这样才能够避免理论建构的碎片化问题。①

二、中层理论与地方经验阐释

从历时性角度和中层理论的内在结构来看，郑杭生社会学中层理论的形成，大体可分为三个阶段：其一，社会运行与中层理论的初创阶段（1984—2003年），主要代表性理论有运行机制论、社会指标论、转型"度一势"论、共同理想论、社会阶层论、农村发展论、犯罪控制论和义利选择论等；其二，"理一实"互构与中层理论的成熟阶段（2004—2008年），主要代表性理论有社会学深层理念论、社会化新论、社会学二维视野论、广义转型论、社会矛盾论、社会协商论、社会自治论、个体安全论、国家关系论等；其三，"理论自觉"与中层理论的扩展阶段（2009—2014年），主要代表性理论有社会资源论、复合主体论、"国家一社会"论、合作共治论、社会建设论、社会治理论、利益协调论、现代民政论、同城化理论和城乡统合论等。②中层理论包括运行机制论、社会指标论、社会建设论、共同理想论、社会阶层论、农村发展论、犯罪控制论、义利选择论、社会学元理论、社会化新论、社会矛盾论、社会学协商论、社会自治论、民族团

① 郑杭生，邵占鹏.治理理论的适用性、本土化与国际化[J].社会学评论，2015，3（2）：34-46.

② 杨敏，江立华，王道勇，等.社会运行学派的中层理论研究：在路上：理论自觉的中国社会学[A].内部资料，2015-03-15.

结论、个体安全论、理论自觉论、学术话语权论、“传统-现代”论、社会治乱论、社会资源论、复合主体论、“国家-社会”论、合作共治论、社会治理论、利益协调论、公益慈善论、社会服务论、同城化理论、城乡统合论等30多种具体理论。这些中层理论体系，跨越并弥合了社会学理论中长期存在的宏观和微观之间的分裂和冲突，夯实了其宏观社会学理论的知识基础，为中国特色社会学理论体系构建作出了巨大贡献。

社会学中层理论是从不同地区基层社会建设和社会治理的案例中抽象出来的，为探讨社会良性运行和协调发展的条件与机制找到了理论与经验的契合点。理论提炼不断阐释经验现实，经验现实又不断验证理论提炼。如何有效解释社会事实，中层理论可以说是一种有效的“工作策略”，这也是理论自觉的实践表达。中国特色社会学的中层理论，是源于我国社会转型的实践经验，因而对地方实践具有很强的解释力。如果说是因为不断与中西方经典理论的对话使中层理论始终保持前沿意识的话，那么不断在地方调研中总结、提炼经验现实是中层理论一直保持草根精神的源泉。进入21世纪以后，郑杭生及其学术团队脚踏实地，深入党政机关和企业单位、城镇和乡村等实地走访调研，通过大量的调查研究和地方经验的系统总结，形成了一批对经验现实非常具有解释力的社会学中层理论，这也是中国特色社会学理论不断深化和得到检验的过程。在城乡社区层面，通过走进“历史现场”，从“中国经验”和“中国模式”的“自下而上”的基层经验中，发掘并提炼出一系列社会学中层理论。[①]社会学中层理论的不断建构和深化扩展，正是中国特色社会学不断走向理论自觉的表征。

---

① 郑杭生. 社会建设和社会管理研究与中国社会学使命［J］. 社会学研究，2011，26（4）：12-21，242.

三、中层理论与分支社会学研究

中层理论与分支社会学的研究的核心是理论自觉思想在分支社会学中的应用，这是对郑杭生社会学中层理论的传承与拓展。一是理论自觉意识与环境社会学研究。把环境与社会当作一个整体来对待，从环境与社会相互作用的立场，借鉴国外这一学科领域的理论与方法，深入探讨社会转型期环境社会学的研究前沿与热点。在生态文明建设的当下，正好契合当前中国社会提倡“环境友好型社会”和“资源节约型社会”建设的现实理念。[①②③] 二是理论自觉与法社会学研究。针对当前中国法治化社会建设的背景，重点聚焦法治建设、民间纠纷、犯罪等问题，充分发挥“社会学想象力”，探索如何建构起一个符合中国本土的法社会学理论体系。只有立足中国社会生活的实践，剖析中外法社会学研究中的历史主义与经验主义的双向视野，并尝试挖掘出社会生活中的经验事实，才能展开有深度的学术研究，得出真正具有中国经验的理论解释与创新，既能指导中国的实践，又能建构起与西方理论对话的“中国理论”。[④⑤⑥] 三是中层理论与其

---

① 洪大用．理论自觉与中国环境社会学的发展［J］．吉林大学社会科学学报，2010，50（3）：109-116，159.

② 林兵．中国环境社会学的理论建设：借鉴与反思［J］．江海学刊，2008（2）：119-124，239.

③ 潘敏，卫俊．环境社会学主要理论综论：兼谈中国环境社会学的发展［J］．学习与实践，2007（9）：134-140.

④ 郭星华．从中国经验走向中国理论：法社会学理论本土化的探索［J］．江苏社会科学，2011（1）：1-11.

⑤ 郭星华，秦红增．从中国经验走向中国理论：法社会学（法人类学）再思考［J］．广西民族大学学报（哲学社会科学版），2012，34（5）：51-55.

⑥ 胡平仁．法社会学的百年历程［J］．山东大学学报（哲学社会科学版），2007（2）：29-35.

他分支社会学的研究。主要表现为社会治乱论与中国社会思想史研究、社会自治论与城市基层社区建设研究、社会建设论与新农村建设研究等。通过河北定州长期跟踪研究，产生以失地农民、农户消费结构、农民医疗行为、农户经济行动、农民家庭结构、农村动员等为主题的一系列研究成果，这也是与中层理论研究同步的。

理论是灰色的，实践之树常青。郑杭生认为，从鲜活的实践经验中进行理论提炼，必须具备学科前沿意识和草根情怀这两个基本素养，两者缺一不可。“缺乏前沿意识的草根情怀，往往是狭隘的；而缺乏草根情怀的前沿意识，则往往是无根的。”① 只有草根意识和前沿意识兼具的理论提炼，才是符合“从现实和实践中来，到现实和实践中去”的中国特色社会学理论，才能避免在西方社会学理论后面亦步亦趋，才是属于我们自己的学术话语创新和学术特色创造。在一定意义上，中层理论的实际运用昭示着中层理论的新发展。一个学术共同体能否自觉地、创造性地运用学派理论观点来指导实践和检验理论，是这个理论体系能否枝繁叶茂的基础。中层理论在各分支社会学中的传承和应用，大大推动了中国特色社会学理论研究的新进展。从郑杭生社会学学术历程来看，理论建构与理论拓展、理论应用是同步的。“从宏观理论研究到分支理论和中层理论研究，关注点从理论构建越来越走向了实际应用。”② 例如，在《社会建设系列丛书》中，围绕社会公平这一社会学的重要命题，一种新的中层理论“社会资源论”逐渐形成。在解读地方经验的过程中，以社会互构论深入探讨“国家

① 郑杭生．再评判、再认识、再提炼：中国社会学在“理论自觉”阶段的基本功［EB/OL］（2013－07－20）［2024－10－11］.http://csa.cssn.cn/xxdt/xhdt/201307/t20130731_1966627.shtml.

② 杨敏．中国社会学的理论自觉与社会学的本土化和中国化：访中国人民大学一级教授郑杭生［J］. 马克思主义研究，2014（12）：13－23，136.

与社会”的关系，通过从“国家-政府-家庭”向“国家-企业-社会”转变过程的考察，建构了一种新型的国家与社会关系。社会形塑国家、国家也形塑社会的交互建塑过程，既更新、构建了社会，也更新、构建了国家[①]，这正是社会学中层理论中“国家-社会论”的核心要义。又如，个体安全是从个人与社会这一基本关系中逐渐延伸出来的，是人类安全中最为基本的、本体性的安全。个体安全论正是以社会互构论为方法论，对个体安全的内涵进行操作化，通过经验层面的验证，以理论自觉过程中“多棱透镜”为方法原则[②③④]，逐步形成的一种社会学中层理论。当然，郑杭生社会学中层理论并不仅限于郑杭生及其学术团队在进入 21 世纪以来基于调查研究所形成的理论探索。

---

① 郑杭生，杨敏．社会与国家关系在当代中国的互构：社会建设的一种新视野［J］. 南京社会科学，2010（1）：62-67，96.

② 杨敏．个体安全研究与中国社会学的理论自觉：社会学传统范式和研究方法的一种兼容汇聚［J］. 思想战线，2012，38（2）：1-5.

③ 杨敏．“个体安全”研究：回顾与展望：现代性的迷局与社会学理论的更新［J］. 创新，2009，3（11）：5-11.

④ 郑杭生，杨敏．个体安全：一个社会学范畴的提出与阐说：社会学研究取向与安全知识体系的扩展［J］. 思想战线，2009，35（6）：34-42.

第二节　应用拓展：城市社会发展与社区建设思想

社会建设和社会治理是历久弥新的概念，在中国社会发展史上具有重要的坐标意义。郑杭生强调，中国的社会建设不能照搬照抄西方的模式，中国的问题有中国的特色，必须注意其适用性、本土化和国际化问题。党的十六大以来，作为推动国家治理转型的重要内容，各地在社会建设和社会治理的实践探索方面积累了宝贵的经验素材。如何把这些分散的经验材料提升为较为系统的理论观点、形态，为社会建设和社会治理的伟大实践提供必要的学理支持，是中国社会学义不容辞的使命。① 郑杭生以社会学家特有的睿智和韬略，遵循"理论自觉""顶天立地""求真务实"三个原则，敏锐地捕捉到中国社会发展进程中的鲜活材料，并将它们放到世界视野的宏阔背景下剖析，通过剖析一个个基层、地方和部门在社会建设和社会治理中成功的案例，探讨其各自的特点，总结提炼，并加以横向比较，系统提炼出了社会治理的中央经验、地方经验和基层经验三个层次，从而探索社会、社区良性运行和协调发展的条件与机制。②

一、社区建设概念本质、二维视野与中国经验

第一，社会共同体：社区建设的概念本质。"社区"一词最初出现在

---

① 郑杭生．社会建设和社会管理研究与中国社会学使命［J］．社会学研究，2011，26（4）：12–21，242.

② 奂平清．"理论自觉"与中国马克思主义社会学的发展：郑杭生的社会学理论立场及意义［J］．甘肃社会科学，2012（3）：9–14.

德国社会学家滕尼斯的《共同体与社会》一书中，滕尼斯着重论述了“社区”和“社会”这两种基本形式。“社区”的中文一词，是由费孝通等在理解滕尼斯社区（Community）原意的基础上提出来的，它是指聚集在一定区域范围内的人们所组成的社会生活共同体。社区和社会都离不开人的活动，有人的活动存在，必然会产生各种各样的社会关系、社会互动，形成一定的社会结构，需要一定的社会规范进行约束。郑杭生认为，所谓社会建设、社区建设，正是为了在市场经济的陌生人世界里，构筑人际关系和谐、互助合作的新的社会共同体。这个社会共同体，在宏观上叫作和谐社会，在微观上叫作和谐社区，在社会细胞的层次上叫作和谐家庭和高素质的个人。[①] 郑杭生从正向和逆向两个方面界定了社会建设的内涵：“从正向说，就是要在社会领域或社会发展领域建立起各种能够合理配置社会资源和社会机会的社会结构和社会力量；从逆向说，就是不断地研究社会矛盾、社会问题和社会风险的新表现、新特点和新趋势。创造正确处理社会矛盾、社会问题和社会风险的新机制、新实体和新主体，通过这样的新机制、新实体和新主体，更好地弥合分歧、化解矛盾、控制冲突、降低风险、增加安全、增进团结、改善民生。”[②] 郑杭生接着又从社会系统的视角区分了广义的和狭义的社会建设，广义的社会建设是针对整个社会的建设，是包括政治建设、经济建设、思想文化建设和社会生活建设等子系统在内的整个社会大系统的建设；狭义的社会建设一般是指与政治、经

① 郑杭生．破解在陌生人世界中建设和谐社区的难题：从社会学视角看社区建设的一些基本问题［J］. 学习与实践，2008（7）：5-12，1.

② 郑杭生．社会公平正义与和谐社区建设：对社区建设的一种社会学分析［J］. 中国特色社会主义研究，2007（6）：36-42.

济、思想文化各子系统并列的社会生活系统的发展、建设和管理。[①] 从社会学的视角来看，中国的社区建设，就是围绕一个根本命题，通过多重创新应对四大时代挑战的实践。所谓“一个根本命题”，就是在市场经济体制下的陌生人世界中构建社会共同体；所谓“多重创新”，是指“理念创新”“制度创新”“实践创新”；所谓“四大时代挑战”，即在发展总体布局上理顺三大部门关系的挑战，在社会重心下移的情况下大力改善民生的挑战，在社会分化加剧的形势下倡导公平正义的原则，在价值观念开放多元的时代促进意义共同性的挑战。[②]

社会建设的实质，就是通过建立相应的社会结构、社会机制、社会组织和社会力量，合理配置社会资源和社会机会。从长远发展和国际国内的实践观察来看，社会建设就是要建设社会现代化。[③] 郑杭生指出，社会建设的根本就是要把公平正义落实到中国宏观制度和微观制度的方方面面。[④] 基于此，郑杭生提出，社会建设的深层理念，即“增促社会进步，减缩社会代价”[⑤]。中国的现实国情决定了社会建设必须以社区为立足点和着力点，以社区建设为主要抓手。从某种意义上说，社区建设就是社会建设在社区内的具体落实，“社区建设”既要把广泛的社会资

---

① 郑杭生，杨敏．关于社会建设的内涵和外延：兼论当前中国社会建设的时代内容［J］. 学海，2008（4）：5-10.

② 郑杭生，杨敏，黄家亮．新型现代社区构建的“上城模式”：一个先行者的实践探索及其前沿意义：一种社会学的分析［M］. 北京：世界图书出版公司，2010：21-24，88.

③ 陆学艺．社会建设就是建设社会现代化［J］. 社会学研究，2011，26（4）：3-11，242.

④ 郑杭生．三个“必须”、六大“任务”加强社会建设有何新意［J］. 人民论坛，2012（33）：52-55.

⑤ 郑杭生．社会公平与社会分层［J］. 江苏社会科学，2001（3）：29-34.

源转化为可以切实利用的社区资源，也应该从合理配置社会资源和社会机会这一根本问题上来把握。① 在郑杭生看来，社会建设和社区建设之间存在着紧密联系，社区建设可以看作社会建设进社区、社会治理重心下沉的突出表现，是社会建设的立足点、切入点和主要抓手。② 从社会建设的两个层面及其根本问题出发，我们可以更好地理解社区建设的两个层面，根本问题是与社会资源的配置有关，实质是把公平正义逐步落实到社区。社区建设或社会共同体的构建，就是要着手培育和发展基层社会的“硬实力”与“软实力”。一方面，合理配置和培育以物质利益为主的有形的“硬”社会资源；另一方面，合理配置和培育以文化力量为主的无形的“软”社会资源。这两大社会资源的合理配置和培育，是作为社会共同体的社区建设的运行基础。③ 郑杭生所着重指出的社区建设，就是在市场经济的陌生人世界中构建社会共同体，强调的是社区建设的概念本质。

第二，新型现代性：社区建设的二维视野。随着中国经济体制改革和社会转型，“单位制”的解体打破了社会成员固定地从属于一定社会组织的管理模式，社会重心日渐下沉，“社区”正在取代“单位”成为人们社会生活和国家治理的基本单元，社区建设成为一个时代性的重大课题。1986 年，民政部首次把“社区”概念引入城市管理，提出要在城

---

① 郑杭生．中国特色社区建设与社会建设：一种社会学的分析［J］．中南民族大学学报（人文社会科学版），2008，28（6）：93-100.

② 郑杭生．论社会建设与“软实力”的培育：一种“大传统”和“小传统”的社会学视野［J］．社会科学战线，2008，（10）：194-201.

③ 杨发祥．城市社会发展与郑杭生社区建设思想研究［J］．西北师大学报（社会科学版），2017，54（2）：45-51.

市中开展社区服务工作，此后中国的社区建设逐渐在全国范围内开展起来。①2000 年 11 月，中共中央办公厅、国务院办公厅转发《民政部关于在全国推进城市社区建设的意见》，明确了城市社区建设的重大意义、指导思想、基本原则和主要目标，从拓展社区服务、发展社区卫生、繁荣社区文化、美化社区环境、加强社区治安、因地制宜地确定城市社区建设发展的内容和因地制宜地确定城市社区建设发展的内容方面作出了具体安排。事实上，中国本土情境中的社区建设，有着自身独特的“中国逻辑”，是在现代性的长波进程和本土社会转型的特殊脉动这两股力量的耦合之下进行的。郑杭生认为，讨论中国的社会建设，必须考虑当前社会结构的双重转型——从前现代性社会向现代性社会转变和从旧式现代性向新型现代性转变——的大背景。他特别强调后一种转变，认为“旧式现代性是以征服自然、控制自然为中心，社会与自然不和谐，个人与社会不和谐，自然和人、社会付出双重代价的现代性”，新型现代性是指“以人为本、人与自然双盛，人和社会双赢，两者关系协调和谐，并把自然代价和社会代价减少到最低限度”的现代性。②因而，如何在中国当下语境中构建中国特色的现代新型社区，是中国理论界和实务界需要共同面临的重大议题。这样，“何为现代新型社区”或“现代新型社区何以可能”，成为中国社区建设需要正确回应的核心命题。作为全球社区发展运动的一个地方景观和中国社会转型的一道独特风景，中国的社区建设既受西方社区发展理念的影响，又不同于西方的社区发展；既是对中国传统单位制的革命性

---

① 向德平，华汛子．中国社区建设的历程、演进与展望［J］．中共中央党校（国家行政学院）学报，2019，23（3）：106-113.

② 郑杭生，李路路．社会结构与社会和谐［J］．中国人民大学学报，2005（2）：2-8.

变革，又时时处于传统单位制的影子之下。当今，中国的社会和社区呈现了一系列复杂的面向：相对于滕尼斯所言的以熟人社会、同质化人群、情感化维系的“共同体”来说，它是陌生人、异质性、利益整合型的现代社区；相对于西方微型化、自治型、阶层分化型的现代社区来说，它又是在单位制和行政制阴影下的巨型社区，社会组织欠发达、居住分化不明显；相对于街居制社区来说，它则是现代的“流态社区”。我们要建设的“社区”，既有别于中西两种传统，又同时被烙上两种传统的印记。“新型”和“现代”的两种基本面向，是我国社区建设的目标指向。①

第三，中国经验论：社区建设的基层表达。从方法论角度看，社区是相较于城市研究更为精细化的社会学分析单元。在“单位制”衰落以及城市化加速的背景下，国家日益强调并主导了“社区建设”。作为人们社会生活的基本单元和日常载体，社区在整个“中国经验”体系中处于基础地位。作为中国经验的第三个层次，社区建设是最基层的地方表达。中国社区建设先后经历了社区服务阶段（20 世纪 80 年代中后期—1990 年）、社区建设试验探索阶段（1991 年—1999 年）、社区建设全面深化阶段（2000 年—2009 年）、社区治理阶段（2010 年至今）。② 在这个过程中，中国在经济领域取得了举世瞩目的成就，同时社会结构发生深刻变动，中国正逐步从世界舞台的边缘走向中心，“中国经验”引起国内外学界的普遍关注。中国经验特指一些因中国特定的人口规模、社会结构、文化积淀等特点而产生的新的发展规则，一些对现代化道路的认识的深化有探索意

---

① 杨发祥 . 城市社会发展与郑杭生社区建设思想研究［J］. 西北师大学报（社会科学版），2017，54（2）：45-51.

② 向德平，华汛子 . 中国社区建设的历程、演进与展望［J］. 中共中央党校（国家行政学院）学报，2019，23（3）：106-113.

义的东西，是具有高度开放性、包容性和探索性的现代化实践。① 从纵向上看，中国经验是由中央、地方和基层各层级行动主体自上而下或自下而上的制度创新所汇集而成的，具体表现为中央经验、地方经验和基层经验三个层次，通过理论创新、制度创新，共同创作、不断完善，融合成具有独特气派、独特风格，又有某种普遍意义的经验。中央经验主要是指国家的整体发展战略，如相对于革命和“休克疗法”的渐进式改革道路，相对于新自由主义和其他理论体系的中国特色社会主义理论体系，等等。地方经验主要表现为地方经验和部门经验，它是在中央宏观布局指导下，各地结合地方实际摸索出的地方发展模式。基层经验主要是指城乡社区建设的经验，在整个“中国经验”体系中处于最基础的地位。中央经验是中国经验的核心、灵魂和指导。在郑杭生看来，中国社会学更有义务对整个中国经验、对不同层次的中国经验，进行调查研究，作出符合实际的理论概括，以提升自己的理论品质，在这一方面完成理论自觉的使命，使自己的理论成为与中国社会发展、中华民族伟大复兴息息相关，因而具有生命力的理论。② 基于此，郑杭生带领他的学术团队先后在广州、深圳、杭州上城、河南郑州、贵州遵义、陕西延安等地，展开了深入细致的城市社区调查，结合他以前在长三角、珠三角、环渤海及中部地区主要城市社区建设的陆续考察，出版了《当代中国城市社会发展实地调查研究系列丛书》之杭州城市卷（2010）、郑州城市卷（2010）、北京部门卷（2011）、南海城乡卷（2012），《中国特色和谐社区建设系列调查研究报告》之郑州

---

① 李培林．现代性与中国经验［J］．社会，2008（3）：2-6.

② 郑杭生．促进中国社会学的“理论自觉”：我们需要什么样的中国社会学？［J］．江苏社会科学，2009（5）：1-7.

社区卷（2008）、广州深圳卷（2009）、杭州社区卷（2010）、杭州追踪卷（2012）[①]，形成了两个系列的数据资源库。此外，他们还系统考察了杭州"社会复合主体"或"复合治理"经验、郑州"三化两型"（现代化、国际化、信息化、生态型、创新型）城市现代化经验，以及北京"大民政"经验。这些社区建设的基本经验，多维呈现了中国社区建设的经验版图。

二、社区建设何以可能：时代挑战与中国命题

郑杭生认为，在我国社会快速转型的当下，社区建设和社区治理存在建立社会共同体和意义共同体、落实公平正义、大力改善民生、生态环境恶化和发展主体布局等六大时代挑战，提出了社区建设的"中国命题"[②]。因而，如何在发展主体总体布局上理顺三大部门关系，在社会分化加剧的形势下落实公平正义，在社会重心下移的情况下大力改善民生，在价值观开放多元的时代构建意义共同体，是新时期我国社区建设的着力点与可能路径。

第一，主体协调论：理顺三大部门关系。郑杭生将社会建设的目标看作从和谐社会走向有序与活力兼具的社会，建设有序与活力兼具的社会的关键在于处理好政府、市场、社会三大主体部门之间的关系。政府、市场、社会是社区建设的三大主体，它们是相对独立又相互关联的整体。三大部门的关系协调，是社区建设的结构性前提，对促进社会有序运行的整

---

① 郑杭生．中国社会管理和社区治理的新特点新趋势：从社会学视角看地方经验的持续贡献［J］．广州公共管理评论，2013（00）：3-14，346.

② 郑杭生．社会建设和社会管理研究与中国社会学使命［J］．社会学研究，2011，26（4）：12-21，242.

合机制、动力机制、激励机制、控制机制和保障机制至关重要。社区建设的首要任务，就是突破社区边界，理顺三大部门关系、构建新型社区组织体系，创新社区治理体制机制，通过把政府的行政力量、市场的力量、居民互助的力量和资源共建共享的力量统统结合起来，形成社区建设的合力。郑杭生认为，政府、市场、社会三大主体部门缺一不可，既不能相互替代，也不能比例失调，三大主体部门要保持良性互动，相互促进，协调共促。作为社会实体性的组织构成，三大主体部门各有其所遵循的交往关系和交往原则，不能混淆和错位。只有在这种结构协调的基础上，三大主体部门才能发挥好各自的功能，极大地减少社会治理成本。① 只有逐步消除结构性障碍和功能性障碍，形成各个领域的协调互动，“三只手”联动的社会结构和整合机制才能形成，才能为社区建设提供结构协调、功能协调的部门结构。② 如果说有效配置社区资源以改善民生是社区建设的核心内容的话，那么重建国家与社会的关系则是社区建设的“纲”，它是社区建设能否高效运行的框架。实践表明，要使有序和活力兼具，必须自觉调整政府、市场和社会的关系，积极探索发挥行政力量、市场力量和志愿互助力量的合力，既要避免它们各自的“政府失灵”“市场失灵”和“社会失灵”，又要避免它们之间关系上的越位、错位、虚位、缺位。③ 在社区建设实践中，要始终处理好政府与社会、政府与市场，以及市场与社会之间的关系，形成各发展主体之间的协同，要从中国的现实国情出发建设社

---

① 郑杭生．社会学视野中的社会建设与社会管理［J］．中国人民大学学报，2006（2）：1-10.

② 郑杭生．社会三大部门协调与和谐社会建设：一种社会学分析［J］．中国特色社会主义研究，2006（1）：27-29.

③ 郑杭生．走向有序与活力兼具的社会：现阶段社会管理面临的挑战及应对［J］．西北师大学报（社会科学版），2013，50（1）：1-11.

会，防止掉入西方“公民社会”的陷阱。[①]

第二，公平正义论：社会资源配置下沉。所谓社会资源配置，是指对一个社会及其社会个体赖以生存和发展所需的人力、财力、物力、机会等生产和生活资料在各种不同的使用方向之间的分配。由于社会资源是价值性、有限性和主体性的统一，因而必须选择合理、高效的资源配置方式，才能使有限资源的开发利用达到最佳效果。在社会分化日渐加剧的情势下，如何通过社会资源和社会机会配置的公平和平等，达成社区的公平正义，则是社区建设必须面对的一个严峻挑战。资源整合能力是事关社区建设成败的另一个决定性因素。改革开放以来，我国社会资源配置模式发生了深刻变化，表现为社会资源配置的社区化、多元化、民生化、均等化等趋势。社会资源配置模式的新形势，要求创新社区服务的理念、体制、机制，构建新型社区服务模式，包括对象普惠化、主体多元化、城乡均等化的社区服务理念，多元主体复合治理的社区服务体制，以及信息化、标准化、品牌化的社区服务机制。[②]社区建设的基础性工作就是要实现有人、有钱、有场地、有制度办事，这是社会资源配置下沉的具体表现。社区建设的可持续推进，需要在人、财、物、制度方面有可持续的保障。如杭州市上城区通过建好社区工作者、专业社会工作者和社区志愿者三支队伍，保障“有人办事”；通过资金渠道多元化，保障“有钱办事”；通过筹备途径多样化，保证“有场地办事”；通过社区工作规范化，保证“有制度办事”。当然，有效化解社区矛盾，也是重新落实公平正义的过程。社区建

---

① 郑杭生．我国社会建设社会管理的参照系及其启示：一种中西比较的视角［J］．国家行政学院学报，2011（6）：8-13，1.

② 黄家亮，郑杭生．社会资源配置模式变迁与社区服务发展新趋势：基于北京市社区服务实践探索的分析［J］．社会主义研究，2012（3）：70-74.

设就是通过社会资源配置的下沉，逐步落实社会公平正义。只有这样，才能使上层永不松懈、中层永不满足、下层永不绝望，健康有序的社会秩序才有可能形成。

第三，民生改善论：社区服务精准到位。社区建设的重点在改善民生，因为民生问题与社区居民的日常生活质量息息相关。郑杭生认为，所谓民生问题，通俗地说，就是老百姓遇到的与衣食住行、生老病死等日常生活相关的问题，也可以说是老百姓过日子所遇到的种种问题。① 作为改善民生的关键环节，生活空间是评价社区居民生活质量的重要指标。社区建设不仅是物理空间和经济空间的打造，更是社会空间和精神空间的构建。社区在就业空间、制度空间、服务空间和治安空间方面，生产出积极的权威性资源和配置性资源，整合了社区共同体意识，维护了社区生活世界的稳定。② 作为一个生活共同体，能否使社区居民产生认同感、归属感和依附感，成为社区建设成败的关键。在现代社会中，要想形成人们之间的持久联系，根本在于利益关联，紧紧抓住居民的需求，激活人们的相互需要。社区对于居民的重要性和凝聚力的大小，以及居民对于社区关注度、参与度的高低，主要取决于它能在多大程度上满足居民的需要。③ 随着社会重心日渐下移，民生问题的诸多方面都要下沉到社区，社区服务才能够成为社区建设的重要内容。社区服务既是能够把陌生人联结起来的看

---

① 郑杭生．民生问题是社区建设的重点［C］// 共识（2009 秋刊 02）．中国人民大学社会学理论与方法研究中心，2009：1.

② 杨发祥，茹婧．村域空间转型与生活世界的流变：基于川东北 X 社区的个案研究［J］. 新视野，2015（6）：32−38.

③ 王思斌．体制改革中的城市社区建设的理论分析［J］. 北京大学学报（哲学社会科学版），2000（5）：5−14.

得见、摸得着的具体纽带，又是落实公平正义的可以实在感知的有形措施，还是培育社区归属感、认同感的切实有效的中介手段。

第四，价值共享论：意义共同体重建。如何在一个开放多元的社会中寻求和构筑社区认同的基础，又在一个高度异质性的社会中凝聚认同感，是社区建设能否沿着正确方向前进的决定因素。生活共同体何以可能，是社区建设的终极命题。市场机制对于日常生活的过度渗透，使得利益成为人们之间联系的主要纽带。在中国的社区建设中，相对于利益共同体的构建来说，意义共同体的培育任务更加艰巨。同时，当今中国社会转型有两个非常突出的特点：一是日常生活的公共化和人际关系的疏松化；二是古今中外各种社会思潮汇集，人们的价值观念高度分化。那么，在价值观开放多元的环境中，构建社会认同度高、归属感强的意义共同性，是社会建设或社区建设的重要内容。这种意义共同性，在宏观上叫作社会归属感，在微观上叫作社区归属感，在社会细胞的层次上叫作家庭归属感，以及高素质个人对社会、社区和家庭的认同感。[①]这种意义共同体构建，是当代中国社会的结构转型和体制转轨为社区建设提出的时代课题。如何构建一套基于普遍共识的价值体系，便成为社区建设的情感实践。作为一种重要的非经济因素，社区认同感和归属感等社区情感，是衡量社区建设的心理指标。社区成员对自己社区的认同感和归属感的高低，又取决于其基本需求是否能够在该社区得到有效满足，以及与别人相比这种满足是否公平。社区归属感与社区满意度密切相关。社区满意度来源于经济增长与区位优势，更来源于社会安全与生活和谐

---

① 郑杭生．和谐社区建设的理论与探索：以广州深圳实地调查为例的广东特色分析［M］．北京：党建读物出版社，2009：10-13，25.

的常态化，以及对于公平正义的感受。[①]

三、社区建设的突破口：理论自觉与创新之维

对经验现实的理论关怀，正是中国社会学理论自觉的表征。社区建设的“深厚创新”主要表现在五个方面：理顺生活世界和系统世界的关系，树立以人为本、品质生活的理念；理顺国家与社会的关系，树立公共服务、社区自治的理念；理顺社区各种主体之间的关系，树立复合治理、共建共享的理念；理顺科学与人文的关系，树立科学精神与人文精神相结合的理念；理顺有形资源与无形资源的关系，树立“软实力”与“硬实力”相互转化的理念。因此，居委会困境与资源动员、社区发展与情感治理、党建引领与生活世界重建，正是社区建设理念创新、制度创新和实践创新的突破口。

第一，理念创新：居委会困境与资源动员。通常来看，能否有足够的资源动员和开发能力，成为衡量社区自治能力状况的重要标尺，这也是社区建设的一个关键环节。这样，通过有效的社会动员，培育社区组织，激励社区参与，挖掘社区资源，达到社区自治，成为社区建设的重要任务。当前，我国社区治理普遍面临“居委会困境”和“共同体困境”，要突破这双重困境，就必须创新社区治理体制，建立起既能够保障居委会自治功能发挥，又能够保障各项行政事务在社区“落地”，同时也能够吸纳社区

---

① 郑杭生．和谐社区建设的理论与探索：以广州深圳实地调查为例的广东特色分析［M］. 北京：党建读物出版社，2009：10-13，25.

居民广泛参与的新型社区治理模式。[①] 因此，在社区建设中，我们需要充分动员社区成员和社会力量，挖掘本地人力资源、文体教育、历史文化资源、医疗卫生资源和信息资源，同时大力开发社会资源，共同探索居委会困境的破解之道。走出居委会困境，还要正确处理自治与他治、自治与共治的关系。首先，通过搭建社区参与平台，构建社区参与机制，释放社区参与热情，将社区居民的关注点从私人生活转向公共领域，并以主体身份介入有关社区决策，从而将共同生活的物理空间建构为具有社会意义的地域共同体。其次，以“资源共享、共驻共建”为导向，深度动员与开发驻社区的不同单位和社会组织的潜在社会资源，搭建社区共治平台，形成多元合作、协商共治的局面，从而推动社区建设向企业化经营、社会化服务、市场化运作的方向发展。最后，打造一支知识结构和年龄结构合理、综合素质较强的社区工作者队伍，推动社区人才队伍专业化和职业化，实现社区行政工作向社会工作的转型。[②]

第二，制度创新：党建引领与社区发展。郑杭生认为，社区建设的实质，在于通过制度创新，用建设性的反思批判精神，把社会公平正义落实到社区制度的方方面面。[③] 郑杭生及其学术团队通过对各地社区建设的研究发现，“以党建带动社建”是中国社区建设模式创新的总体框架与基本途径。中国社区运转模式通常有“1+X”模式。不管是哪种模式，这个

---

① 郑杭生，黄家亮．论我国社区治理的双重困境与创新之维：基于北京市社区管理体制改革实践的分析［J］．东岳论丛，2012，33（1）：23-29.

② 杨敏．作为国家治理单元的社区：对城市社区建设运动过程中居民社区参与和社区认知的个案研究［J］．社会学研究，2007（4）：137-164，245.

③ 郑杭生．社会公平正义与和谐社区建设：对社区建设的一种社会学分析［J］．中国特色社会主义研究，2007（6）：36-42.

“1”，就是作为领导核心的基层党组织。如果在社区建设中没有党组织这个核心，就不可能理解中国社区建设的基本脉络和主要特色。在社区，整合陌生人世界的主导力量，就是由社区共产党员组成的基层党组织（通常为党支部、党总支或基层党委）。社区建设的方方面面，不论是社区治理、社区资源动员，还是社区服务和社区文化建设等，都离不开这个基层党组织。以党建引领社建，打通了联结党的基层生活与群众日常生活的桥梁。以党建带动社建，是中国社区建设的基本经验。研究表明，社区发展是社区制度创新的意义所在。制度建设是社区建设中“实”的方面，或者说是物质层面，集中体现在社区福利上。社区建设的制度创新，需要整合政府、市场与民间资源，充分考量社区居民实际福利需求与供给体系结构状态，共同打造政府、社区集体、居民个人和民间组织等社区福利的多元供给主体①，合理预设社区福利的未来走向。同时，通过理顺社区权力架构，规范各社区权力主体的权责，改变传统社区治理方式，以社区作为社会福利资源整合的平台和载体，整合利益差异，提升社区居民的整体福利。“上城经验”便是一个持续的制度创新过程，作为新中国第一个社区居委会的发祥地，杭州上城区在社区工作运行机制、社区自治机制、志愿服务模式、养老服务社会体系等方面探索出了一条适合当地实际的，具有本地特色的社区建设模式。

第三，实践创新：情感治理与生活世界重建。在物质层面之外，社区建设的基础工作和重要抓手是意义共同体建设，这是社区的精神纽带，或者说是社区建设的“软”的方面。在当前中国社会价值多元化的背景

---

① 杨发祥．社区福利建构的理念与实践：基于广州市的实证分析［J］．社会主义研究，2010（6）：81-85.

下，要在社区培育意义共同性或价值共同性，离不开社区文化建设和情感实践。如何通过打通社区居民间的情感，打造互信和公民参与的紧密网络，建构一种互惠互信、诚实公平、注重团结与参与的人文环境，推动社区成员互助共济、相互守望的社区意识以及平等交往规范的形成，是社区情感治理的重要任务。作为情感治理的重要基础，社会信任是衡量一个社区认同的心理指标。社会信任关系的培育，正是社区居民心理上和感情上的“软结构”。因此，在社区建设过程中，我们应通过制度层面“社会信任的制度化”和日常生活层面“社会信任的基础化”①，构建一种更为和谐的人际关系，进一步提升社区居民的满意度，增强社区居民的归属感和幸福感。社区情感治理实现了基层社区建设从管理向服务的职能转变，可以重建社区居民的生活世界，打破长期以来关于生活世界与系统之间关系的迷思，也是对西方现代性以来社会关系的破碎和张力的一种文化和精神表达。重建生活世界，意味着把发展的目光重新聚焦在众多无名的“常人”身上，重新估量这些“历史的无名者”的价值，也意味着对发展状况的衡量不再是那些耸立的钢筋混凝土构成的有形的高楼大厦，而是相对来说不那么外显的人们内心的满足、惬意、愉悦、享受、安全感、成就感、认同感、归属感等等，人们的满意指数、幸福指数、和谐指数的价值胜过经济增长指数。②社区生活世界的重建，就是通过微改革、微服务、微创新、微整合和微治理，既使社区建设有了实质性内容，又使普通百姓有了实实在在的获得感。可见，转型期社区研究呼唤顶天立地的学科意识。

---

① 郑杭生．在共建中共享在共享中共建［J］．求是，2007（10）：23-26.

② 郑杭生，杨敏，黄家亮．新型现代社区构建的“上城模式”：一个先行者的实践探索及其前沿意义：一种社会学的分析［M］．北京：世界图书出版公司，2010：21-24，88.

第三节 应用拓展：新型城乡关系与农村社会学思想

在郑杭生社会学思想体系中，以乡村调查为根基的农村社会学思想占有十分重要的地位。改革开放以来，中国“三农”问题和城乡关系都发生了深刻变化。在新的历史发展时期，如何通过“以人为本”的新型城镇化统筹城乡发展一体化进程，实现城市和农村由“无感增长”到“有感发展”的良性运行和协调发展，让更多的农村居民有切切实实的获得感，是一个重大的理论和现实问题。郑杭生及其学术团队通过一次次从城郊到农村、从市县到镇村的持续实地调查，从河北定州（县）调查到浙江临安调查，再到广东中山、南海调查，长期跟踪城乡社会变迁和社会发展，记录和反思了这一伟大时代的历史变革，对中国农村发展的特色经验进行了理论提炼，形成了郑杭生农村社会学思想。

一、定州（县）再调查：农民理论急需重构

自中国社会学诞生以来，推动社会学本土化中国化一直是几代学人的基本学术志向。其中对农村社会的持续关注，堪称践行社会学本土化实践的典范。李景汉先生主持的河北定县调查，是中国历史上第一次县级范围的大规模调查，在中国调查乃至社会学史的发展进程中具有里程碑意义。[①]

① 李金铮．定县调查：中国农村社会调查的里程碑［J］．社会学研究，2008（2）：165-191，245-246.

受李景汉生前嘱托，郑杭生选择以定州（县）为样本，以转型中国的“三农”问题为主题，成功申报了教育部人文社会科学研究重大课题“华北农村 80 年的社会变迁”（02JAZD840003），并以此为契机，自 2002 年起开启了定州（县）再调查的研究进程。

（1）全息资料库：定州再调查的学术链条。自定州再调查正式启动以来，郑杭生和他的学术团队以定州为研究基地，利用现有理论模型与方法，对转型期的农民市民化、农户经济行为、农村消费结构、农村家庭结构、乡村集市、农村社会动员、乡村治理等重要议题进行了全面深入的调研，检验和反思了关于“三农”问题的现有理论与政策，提出了解决“三农”问题以及区域发展问题的对策，建立了一套关于研究中国转型期农村社会运行规律的特色理论与方法。郑杭生本人撰写或合作撰写了《“农民”理论与政策体系急需重构》《走向现代职业是解决农民问题的根本出路——制度创新的方向》等具有重要学术影响力的文章。在郑杭生的指导下，中国人民大学社会学系十几位博士生和博士后，围绕各自的研究主题，对定州进行了深入的再研究，并形成了包括《社会转型加速期华北农户经济行为研究》（汪雁，2004）、《华北乡村集市变迁与社会结构转型》（奂平清，2005）、《病患模式、求医行为与农民生活》（刘仲翔，2005）、《社会转型期农户的消费结构与乡土重建》（杨发祥，2006）、《国家与农民关系的地方性表达》（王道勇，2006）、《适应与变迁：社会转型加速期华北农村非常规核心家庭关系研究》（潘鸿雁，2006）、《转型社会中的农村社会动员》（陈玉生，2007）、《农民的结构性贫困：定县再调查的普遍结论》（吴力子，2008）、《乡土社会中的国家法与民间法》（王晓蓓，2008）《农民职业分化与社会结构转型》（章东辉，2009）、《新乡土社会的纠纷解决与秩序重建》（黄家亮，2009）、《乡村社区农民经济合作的困境与出路：社会资本视角》（刘小流，2009）等十多部博士论文、博士后出站报告及一系列学术论文，拍摄了系统反映定州乡村社会发展与变迁的七集学术纪录片《翟城：一个华北农村的生存与奋斗》(《集市与村庄》《大市场中的小农业》《乡村经营者》《进城打工》《家庭保障》《村官》和《乡村新一代》)，并在第36届世界社会学大会上播出，在学界引起强烈反响。这些珍贵的视频资料和学术成果展现了华北乡村社会变迁的全息生活图景，为我们深入研究乡村社会转型与社会治理提供了一个丰富的资料库，也是中国人民大学社会学学派对乡村社会学研究的卓越贡献。

（2）理论创新场：定州再调查的经验反思。郑杭生和他的学术团队围绕失地农民、农户消费结构、农民医疗行为、农户经济行动、农民家庭结构、农村动员等主题开展系列调研，提出了农民理论与政策体系急需重构，以及如何构建农民职业体系、培育新型农民等重要的学术观点，为国家解决农民出路问题提供了重要的理论参考。

第一，农民理论和政策体系急需重构。通过定州实地调查，郑杭生对现有农民理论和政策中的三大基本假设即农耕假设、乡土假设、职业假设进行了批判性反思，认为在转型后的现代社会，农民理论和政策中关于“农民等于农耕者”“农民是乡村居民”“农民在农业中就职”的理论假设是错误的。在此基础上，郑杭生重新阐述了转型期农业与农民、乡村与农民以及非农化与“职业农民”的关系。他认为，随着中国进入转型加速期，城乡结构与职业结构都出现了显著的变化。一是农民对农业的依赖日渐减弱，农民家庭的主要劳动力基本脱离了农业，农业的经济功能让位于保障功能。二是农民与乡村的关系逐渐松散，城乡人口分布呈现新格局，乡村户籍和常住人口严重减少，农民向城市尤其是大城市流动的趋势显著增强，且表现出城乡两栖的季节性周期特点，乡村社区走向衰败的进程在不断加速。三是以定州为样本，根据家庭农业必要劳动力数量来判定职业农民的测算方法，认为当前我国“农民”概念与西方存在显著差别，职业农民总体上尚未形成。在这个前提下，将农民作为现代职业来分析和制定政策是缺乏理论解释力的。[①] 据此，郑杭生认为，必须修正以往农民研究理论中关于农民的相关假设，跳出就农民谈"农民问题"的惯性思维，将农民问题放置在社会经济结构从农业社会向工业社会转型的总体框架中进行研究，重构农民研究的理论与政策体系。

第二，构建农民职业体系、培育新型农民。在对现有农民理论与政策批判性修正的基础上，郑杭生提出了解决"农民问题"的建设性思路。在《走向现代职业是解决农民问题的根本出路——制度创新的方向》一文中，他明确提出应该从"职业"视角出发，从农民非农就业切入，走现代职业的道路。一方面，在农业领域培育职业农民。将政策调控的重点放在转移农业人口、实现农业资源"最佳"配置、制定农业生产者和投资者保护政策等方面，探索新的农业组织形式，促进农业产业化体系发展，以此引导形成真正的"职业农民"。另一方面，在城市领域实现非农化就业。通过调整城市就业移民政策和建立城市移民社区，制定切实有效的引导性定居措施，保证实现农业转移人口的非农职业化。[②] 总之，通过农民职业化和非农化就业两个政策路径，构建现代农民职业体系，促使农民走向现代职业，才是"农民问题"的解决之道。

综上所述，在当下中国社会急速转型的背景下，农村社会经历了巨大而深刻的历史变迁。郑杭生认为，"社会转型意味着转型前的传统社会

---

① 郑杭生，吴力子."农民"理论与政策体系急需重构：定县再调查告诉我们什么？[J]. 中国人民大学学报，2004（5）：46-58.

② 郑杭生，吴力子. 走向现代职业是解决农民问题的根本出路：制度创新的方向［M］// 郑杭生. 中国特色社会学理论的应用：当代中国社会的热点问题. 北京：中国人民大学出版社，2003：427-434.

与转型后的现代社会存在着非常大的差别，这个差别足以使我们前期的理论失去对现实的判断力和解释力”[①]。因此，对现有农民理论和政策要有自知之明的“首要自觉”，跳出盲从西方理论、迷信西方学者的牢笼，扎根中国农村转型的本土现实，这正是郑杭生开启定州再调查的逻辑基点与目标取向。从研究方法层面来看，追踪研究一直是典型个案研究中最重要的方法之一，也是描绘和透视社会变迁轨迹和规律的重要手段。老一辈社会学家在农村个案研究方面开创了诸多经典田野，如费孝通的“江村”、李景汉的“定县”以及林耀华的“金翼之家”等[②]，但后人对这些经典田野的连续性关注和“再研究”方面，整体上重视不足、成果寥寥。郑杭生及课题组重启定州调查，对定州（县）80年社会运行与社会转型进行连续的追踪考察，秉承了学界先贤们的使命感和责任感，继承和发扬了中国农村研究的特色与传统，为构建中国特色的社会学中层理论奠定了实践基础。

二、浙江临安调查：美丽乡村建设理论

2012年8月，郑杭生在浙江省临安市（今浙江省杭州市临安区）主持召开了“2012年中国社会发展高层论坛暨首届郑杭生社会发展基金会青年学者论坛”。会议期间，郑杭生对临安推行的“绿色家园、富丽山村”建设工程产生了极大的兴趣，并愉快地接受了临安农委的委托，以临安为

---

① 郑杭生，吴力子．“农民”理论与政策体系急需重构：定县再调查告诉我们什么？[J]．中国人民大学学报，2004（5）：46-58.

② 郑杭生，童潇．中国社会学史研究的理论框架与现实追求[J]．河北学刊，2011，31（1）：114-120.

调研点开展新型城镇化探索课题研究。① 同年 9 月 13—19 日，郑杭生率领课题组实地走访了临安市天目山镇、太湖源镇、河桥镇、湍口镇等精品村、特色村和整治村，围绕农村的经济发展、生态建设、文化建设、社区建设和村庄自治等主题开展了深入的调研，形成了《“绿色家园，富丽山村”的深刻内涵》《可行性与可达性：户籍制度改革破题》《“就地上楼”：新型城镇化的社区实现形式》等系列学术文章，对美丽乡村建设的“临安经验”进行了社会学意义上的诠释，揭示了“地方性经验”所具有的政策示范意义。②

（1）共享发展：美丽乡村建设的时代要求。自 2003 年以来，中共中央、国务院连续多年发布以解决“三农”问题为主题的一号文件，出台了取消农业税、促进农民增收、建设社会主义新农村、加快农业现代化等一系列政策举措，农村发展进入了崭新阶段。在城乡一体化目标的指引下，如何通过美丽乡村建设来回应农村人口空心化、农村环境恶化、农民增收乏力和农村基层组织建设涣散等一系列新问题，激活农村内在动力，让广大农民平等参与发展进程、共享改革发展成果，成为社会主义新农村建设的重大理论和实践课题。浙江临安紧密围绕与农民生活息息相关的村容整治、环境卫生、经济建设、社区管理和农村文化等内容，以“绿色家园、富丽山村”建设工程为载体，实现了以生活环境生态型、生活条件现代型、生活方式城市型为表征的乡村治理实践转向，农民收入和生活水平不断提高，农村社会日益

① 张本效．“草根精神”的表率：郑杭生先生的基层城镇化实践研究［J］．社会学评论，2015，3（1）：37-43.

② 郑杭生，张本效．“绿色家园、富丽山村”的深刻内涵：浙江临安“美丽乡村”农村生态建设实践的社会学研究［J］．学习与实践，2013（6）：79-84.

繁荣。郑杭生指出，从社会学意义上来看，作为一种基于本土实践的“地方性经验”，美丽乡村建设“临安经验”的发展模式，体现了经济发展和生态环境协同共进、互构共赢的发展理念。这种发展模式将人与自然、城市与乡村共享的目标嵌入美丽乡村建设过程中，将最终受益者落脚在农民，让农民共享经济发展成果、共享生态文明和公共服务，充分体现了美丽乡村建设的时代要求，从而让农民实实在在地有了更多的获得感。

（2）绿色发展：美丽乡村建设的实践内涵。随着全球化浪潮的日益迅猛，旧式现代性走向衰落，新型现代性的日渐兴起。人与自然和谐共生的绿色发展理念，逐步成为解决人类发展问题的基本共识。临安美丽乡村建设的核心内涵，就是以“绿色”为统筹城乡区域发展的新载体，立足临近杭州的区位优势和“九山半水半分田”的资源禀赋，采取“四轮齐驱动、三期美家园、十年磨一剑”的三步走战略，来推动美丽乡村建设。一是在农村生态层面，实施绿色新环境工程。通过“拆三房”“围墙革命”和“绿色行动”，美化农村生产生活环境。二是在农业生产层面，实施绿色新产业工程，通过农业“两区”建设，培育新型农业经营主体，促进农村产业结构的转型升级，发展壮大集体经济，提高农民收入水平。三是在农民生活层面，实施绿色新社区工程和绿色新文化工程。通过搭建市、镇（街道）、村三级服务平台，完善城乡卫生医疗、社会保障、劳动就业等服务功能，提升城乡公共服务一体化水平。通过挖掘培育农村传统文化，发展农村文化体育事业，提高农民素质，提升农村精神文明建设水平，实现“村美、家福、社兴、人和”的美丽乡村建设目标。郑杭生认为，“临安经验”以绿色资源优势为依托，“兼顾了农村从生产到生活、从基础设施到文化文明、从生态保护到社会管理等方方面面的需求，将农村社区经济发展的‘富裕’诉求和环境保护的‘美丽’诉求整合在一起，构建两者互生共赢、协同共进的双赢格局”[①]。这种美丽乡村建设的“地方经验”，不仅体现了“以人为本”的发展理念，更将生态文明发展要求充分融入了乡村建设的实践中，为全国其他地区推进新农村建设提供了可资借鉴的鲜活样本。

（3）开放发展：美丽乡村建设的发展取向。从城乡一体化发展思路来看，要实现城乡融合和共同繁荣，就必须打破城乡分立的状态，通过生产要素的合理流动和优化组合，解决发展过程中的内外联动问题，妥善协调好国内外两个市场的关系，实现城乡经济和社会生活紧密结合与协调发展。换言之，美丽乡村建设并不是一个封闭系统。推进美丽乡村建设，可行的路径是必须坚持开放的发展理念，充分借助农村外部市场和资源的力量，使要素和资源在城乡之间良性互动、形成合力。浙江临安在“绿色家园、富丽山村”建设过程中，通过创新项目整合机制、财政奖补机制、融资贷款机制、规划设计机制和监管服务机制等，将市场和社会的力量整合到美丽乡村建设中，解决了新农村建设中资金、资源不足等难题，建立了政府主导、市场拉动、民间协同、创新驱动的多元、开放、共建的格局。郑杭生认为，在美丽乡村建设的众多“地方性表达”中，“临安经验”所体现的用开放的发展理念来构建美丽乡村建设的实践机制，“从一个特定角度诠释了政府力量、市场力量、民间力量和创新力量的融合性，并诠释着四大动力整合后对于经济社会发展倍加的推动力量”[②]。美丽乡村建设中的多元主体协同，正是乡村基层治理在理论和实践层面秉持开放精神的体现。

---

① 郑杭生，张本效．“绿色家园、富丽山村”的深刻内涵：浙江临安“美丽乡村”农村生态建设实践的社会学研究［J］. 学习与实践，2013（6）：79-84.

② 郑杭生，张本效．“绿色家园、富丽山村”的深刻内涵：浙江临安“美丽乡村”农村生态建设实践的社会学研究［J］. 学习与实践，2013（6）：79-84.

由此观之，工业化、城镇化、信息化、市场化、全球化等外生力量合力冲击，空前激活了推动农村社会转型的内生力量，这两种力量的共同作用，给农村发展带来了前所未有的机遇和挑战，涌现出大量体现本土转型之特殊脉动的“地方性表达”。郑杭生认为，以“临安经验”为代表的“地方性表达”，在丰富美丽乡村建设“中国经验”的同时，也为我国社会学研究者提出了重大的研究课题。郑杭生和他的研究团队通过对美丽乡村建设“临安经验”的全方位考察，提炼出其中蕴含的“共享、绿色、开放”的深刻内涵。郑杭生美丽乡村建设理论的基本判断，印证了党的十八届五中全会的五大新发展理念，实现了时代精神与学科关怀的统一。

三、中山南海调查：新型城乡关系理论

长期以来，城乡二元结构是制约我国城乡一体化发展的主要制度壁垒，城市与农村成为两个相对封闭的结构板块。20 世纪 90 年代以来，随着城市化的快速推进和城乡人口流动的日益常态化，我国城乡关系发生了巨大变化，城乡发展一体化的趋势日益明显。作为中国最发达的城市和地区之一，中山市和南海区在快速城市化发展的进程中率先碰到了城乡关系格局的转变，以及随着城乡差距和同城差距的凸显，因利益纠纷而发生的“熟人的陌生化”和“生人世界无序化”等社会治理难题。中山市与南海区积极予以回应，形成了值得研究与借鉴的“地方经验”。从 2011 年起，郑杭生和他的学术团队围绕新型城乡关系在广东省中山市、南海区开展系列调研，出版了中国城乡社会发展之南海城乡卷和中山城乡卷等系列成果，系统勾画了我国新时期的新型城乡关系。

（1）空间协同：城乡关系的新格局。当前，快速城市化的吸纳效应将大批农村人口、农村生产要素和资源卷入城市，以往隶属于不同区域和城

乡的农民与市民两个群体，在同一个空间内持续聚合和碰撞，改变和重构了城乡人口和社会利益格局。“原有的城乡二元结构正在出现新的状态，原本比较清晰的城市与农村两大结构性板块之间，逐渐生长出一个对于两者来说都是非此非彼、不城不乡的边缘地带。”①2011 年，郑杭生和他的学术团队在广东省佛山市南海区实地调查时发现，南海区的常住人口为 256 万，其中户籍人口约为 120 万、外来人口约为 136 万。农村劳动力的大量涌入，使外来人口数量超过了本地人口数量，人口结构呈现显著“倒挂”现象。在户籍制度和农村集体股份制的双重作用下，南海区形成了本地市民、本地农民和外来流动人口“三分天下”的人口和利益格局。② 这样，“在有限的城市空间里，城乡二元化结构在城市发展中的不断延伸和复杂化，使城乡差距在更为有限的空间中形成聚合并且锐化，使得城乡二元结构之外又增添了一种非此非彼的同城差距状态”③。换言之，就是以往在广大区域中的城乡二元差距，演变成本地市民、本地农民和外来流动人口三个群体在同一个城市空间中“身份—权利—待遇”体系上的同城差距，城乡关系演变成了具有三元化特征的人口和社会利益新格局。郑杭生认为，面对经过复杂交叠和重新组合的城乡二元格局，就必须修正原有城乡二元社会结构的理论范式和政策框架，站在空间协同和城乡一体化的立场上来解决城乡和区域的发展差距问题。

（2）利益协同：基层治理的新挑战。“从城乡差距走向同城差距的历

---

① 杨敏．三元化利益格局下“身份—权利—待遇”体系的重建：走向包容、公平、共享的新型城市化［J］. 社会学评论，2013（1）：53-65.

② 郑杭生，杨敏，向德平．多元利益诉求统筹兼顾与社会管理创新：来自南海的“中国经验”［M］. 武汉：华中科技大学出版社，2012：18-19.

③ 郑杭生．城乡一体化与同城化齐举并进［J］. 红旗文稿，2013（20）：21-23.

史红线，展现了‘身份—权利—待遇’体系从城乡差别结构到同城差别结构的巨变，向我们预示着社会利益格局的总体变化趋势，这就是社会利益的分化与利益诉求的多元化。”①这种现象，在佛山市南海区和中山市都非常突出。一方面，由于土地经济与农村集体经济的蓬勃发展，具有农村户籍的本地农民在社会福利待遇上大大超过本地市民，形成了“倒城乡二元结构”，造成了“本地人”内部的利益鸿沟。另一方面，由于户籍制度的限制，外来流动人口难以享受到与本地市民和农民同等的权利与待遇，体现了鲜明的城乡差别与地区差别，形成了“本地人”与“外来人”之间的利益壁垒。这样，户籍制度与集体股份制所塑造的“身份—权利—待遇”三个世界的利益区隔，使得三个群体围绕各自的利益诉求展开竞争和冲突，引发了诸多社会治理难题，进一步加剧了群体之间的封闭和相互排斥。如，“出嫁女”及其子女的股权权益问题，“农转非”、自理粮人员、知青及其子女等人员的股权诉求等“逆城市化”人口流动，以及外来流动人口“半城市化”“半融入”等问题。郑杭生认为，“城乡关系与社会建设和治理是一对相互型构的关系。从一定意义上讲，社会建设和治理在很大程度上就是回应城乡关系变迁所提出的挑战，化解城乡关系紧张所引发的矛盾和冲突”②。当前，在城乡关系各主体的利益诉求呈现异质性和多样性的前提下，如何协同多元利益主体，化解城乡关系变迁所引发的矛盾，不仅是一个经济问题，而且是一个涉及公平正义的社会问题，并成为考量基层社会建设水平和治理能力的重要标尺。

---

① 杨敏．三元化利益格局下“身份—权利—待遇”体系的重建：走向包容、公平、共享的新型城市化［J］．社会学评论，2013（1）：53-65.

② 郑杭生，殷昭举，杨敏．多元利益诉求时代的包容共享与社会公正：社会建设和社会治理创新的“中山经验”［M］．北京：中国人民大学出版社，2014：217，74.

（3）同城化效应：社会治理创新的地方经验。“不断缩小城乡差别，是城乡一体化建设的题中应有之义。而消除‘身份—权利—待遇’体系的同城差别，以及与这一差别相联系的三个利益世界的区隔，是这一过程的一个实质性内容，可以说是真正实现城乡一体化目标的重要前提条件。”要消除这种同城差别，就必须改革城乡社会体制，实现社会资源的公平配置。郑杭生认为，南海区和中山市在同城化社会治理创新方面具有较为典型的意义。南海区以村委会管理权力为突破口，实行“村改居”、股权固化、“政经分离”，以及建设农村集体资产交易管理平台，逐步弱化了农村户籍和土地制度等利益驱动力，重构了本地农民群体的利益格局，逐步消除了本地农民与市民之间的利益鸿沟。中山市围绕“全域中山”视角进行治理转型，通过实施劳动进城、身份进城、生活进城和心理进城等“四大进城工程”[①]，推动了本地农村居民向城镇居民的转变，协调了本地农民与本地市民的利益关系。在流动人口融合方面，对同城居民的社会权益指标体系进行统筹设计，率先实施了流动人口登记积分管理制度，逐步打破了户籍作为社会权益配置的制度安排，推进了流动人口基本公共服务的均等化和全覆盖，建立起流动人口有序融入的制度化渠道，弱化或消除了流动人口与本地人在经济、政治、文化、社会权益和环境等权益的同城差别。郑杭生认为，这些同城化探索在促成三大人口群体社会利益的协调，推动三元化利益结构的柔化和同化趋向，构建开放、包容、共享的“身份—权利—待遇”体系方面迈出了坚实的一步，对于全国其他地区乃至在国家层面推动社会治理创新和城乡发展一体化提供了经验参照。

---

① 郑杭生，殷昭举，杨敏．多元利益诉求时代的包容共享与社会公正：社会建设和社会治理创新的“中山经验”［M］．北京：中国人民大学出版社，2014：217，74.

作为我国社会转型最重要的动力机制之一，城市化给城乡关系带来了前所未有的变化，重组了城乡人口格局、空间格局和利益格局，重构了“身份—权利—待遇”体系。通过对广东中山市、南海区的调查，郑杭生认为，这两地在统筹兼顾三大群体利益诉求方面的实践探索，映射了中国经济发达地区城乡关系格局变迁的过程，预示了中国城乡关系变迁的未来轨迹。在此过程中，城乡社会发展由两条相互交织的脉络构成，一个是城乡关系从城乡一体合治到城乡二元分立再到城乡一体化的进程，与此相伴的是“身份—权利—待遇”体系由城乡同构到城乡差别再到同城差别的演变。①这种具有三元化特征的同城差别，将固有的城乡差距、区域差距重新组合成同一空间内的城乡关系新格局，对城乡一体化和基层社会治理提出了新挑战。面对城乡一体化和同城化的两大趋势，如何重构同城居民“身份—权利—待遇”体系，促进三大人口群体在利益诉求方面的开放、包容和共享格局，是实现城乡发展一体化的重大议题。

四、郑杭生乡村调查中的理论自觉意识

郑杭生晚年一直致力于倡导中国社会学的理论自觉。2012 至 2014 年，他在连续三年的中国社会学年会“农村社会学论坛”主旨报告中，强调坚持理论自觉原则对中国农村社会学未来发展的重要性。郑杭生认为，“中国农村社会学的理论自觉，就是要立足对中国农村发展经验的考察和总

① 郑杭生，杨敏．走向包容、公平、共享的新型城镇化：城乡社会变迁视野下中国城镇化道路的现实考量［A］// 郑杭生．中国特色社会学理论的提升（下卷）［M］. 北京：中国人民大学出版社，2015：758.

结，丰富和发展自己的农村社会学理论，建构起属于自己的学术话语体系”[①]。纵观郑杭生乡村调查的实践历程，理论自觉意识始终贯穿其中，构成其农村社会学思想的逻辑主线。

（1）理论提炼：从“地方经验”到“中国经验”。郑杭生认为，“中国经验”由中央、地方和部门、基层经验三个层次构成，其中地方和部门经验、基层经验的重要性在于它们共同构成了“中国经验”一个个亮点和一个个支点，共同标志着中国特色社会主义这种新型社会主义历程的一个个轨迹点和成长点。[②]要对中国经验进行提炼，就必须直面中国自身发展和变迁的生动经验，从中吸取理论的营养和灵感。[③]为此，郑杭生与他的学术团队继承和发扬了中国农村社会学的“草根精神”，始终坚持农村实地调查，从河北定州再调查到浙江临安美丽乡村调查，再到广东中山和南海社区治理调查，以及“千人百村”社会调查，都是通过对不同区域、不同主题个案的剖析和比较，亲身感受农村社会转型发展中城乡社会变迁、城镇化与“三农”关系，以及城乡社会利益格局的演变，在此基础上结合“前沿意识”，提炼地方经验，丰富和检验了农村研究的理论与政策，提出了美丽乡村建设理论和新型城乡关系理论，建构了更具解释力、更符合现实经验的本土理论和话语体系，为中国农村社会学摆脱“边陲思维”作出了积极的贡献。

（2）政策导向：从城市反观中国农村问题的出路。从中国城乡社会变

---

① 郑杭生 . 迈向未来的中国农村社会学，2013 年中国社会学年会“农村社会学论坛”主旨报告，2013 年 7 月 20 日 .

② 郑杭生 . 中国模式或中国经验与当代中国社会学再研究 [J]. 江苏社会科学，2010（6）：1-4.

③ 洪大用，黄家亮 . 理论自觉与社会运行学派的发展 [J]. 社会学研究，2015（5）：2-12.

迁的历史来看，城市和乡村始终是同一进程的两侧。当代中国城市化的进程表明，城市化每一阶段的推进必然牵涉到乡村，引发农村、农业和农民在许多方面的实际反应。[①] 当前，随着工业化、城市化的深入推进，农村的面貌发生了深刻变化，农村问题也出现新趋势和新特点。通过定州调查，郑杭生认为，城市经济发展以及城市辐射能力的增强，缓解了过去20年的农村问题，部分农村居民转移到城市的同时，乡村经济也得到了发展。因此，农村问题应该在农村之外来寻求解决之道。通过中山和南海调查，郑杭生提出，随着大量农村居民流向城市，由流动形成的新群体，引起了城乡利益格局的重组，农村问题更多表现为与城市发展有着紧密联系的同城差别、地区差别和社区差别等新的不均衡问题。换言之，中国的农村问题与城市发展存在着紧密的关联性，农村问题更多表现为城市发展中的农村问题。这样，要研究中国的农村问题，就离不开对中国城市问题的深刻理解，要着眼于城乡关系变迁下“身份—权利—待遇”体系的平等，通过社会治理转型来探寻农村出路。

（3）比较视野：从比较现代化看中国农村未来。郑杭生认为，纵观发达国家与众多发展中国家的现代化历程，可以发现，那些采用单一城市化发展理论的发展中国家，并未能真正解决城乡二元结构问题，反而造成了更为严重的城乡病和城乡差距。可见，这一理论对中国来说并不具有适切性，也不能准确判断中国城市化与农村发展的未来。从一定意义上来讲，“三农”问题并非从来就有，而是在工业化、城市化和现代化过程中引发的问题，也是在推进“三化”进程中绕不开的核心问题。郑杭生在总结发展中国家经验教训的基础上，提出要真正解决“三农”问题，就必须厘清

① 杨敏.新型城镇化过程中“新三农”发展格局的构建［J］.学术论坛，2013（9）：145-150.

工业化、现代化和城市化与“三农”问题的互构关系，对当前我国农民出路、农业发展和农村建设等问题进行重新思考，反思原有试图通过实现一种城市社会来彻底终结农村社会的单一城市化发展理念，用新型城市化即新型城镇与亮丽乡村并行建设的过程来解决“三农”问题。[①]靠城市和农村的双侧发展来构建现代农村、现代农业和汇入现代职业体系的现代农民的“新三农”发展格局，实现由“无感增长”到“有感发展”，才是中国农村未来的必由之路。

---

① 杨敏．中国城市化之抉择：科学发展还是初级发展［J］．探索与争鸣，2012（11）：39-43.

小结　中层社会学理论的经验抽象：理论自觉永远在路上

中国特色社会学理论体系建构是社会学理论自觉的出发点和落脚点，而实现这一目标需要不断贴近社会学的元问题，即个人与社会的关系问题。对这个经典问题的解释历史中，由结构功能主义者帕森斯开创的宏大理论过分关注社会而忽视个体的能动性，使社会学发展陷入一种畸形的狂妄之中。默顿提出的中层理论为社会学理论的发展掉转船头，试图弥补宏观和微观之间长期的分裂和对立。可见，“社会学只有注重发展中层理论，才会不断进步，而只想提出综合性的社会学体系只会导致停滞不前”[①]。正是基于当代中国社会结构急剧变动的大背景，郑杭生亲自带领学术团队，以一种顶天立地的精神，深入地方和部门以及城乡社区，通过系统的实地调查，通过走近“历史现场”，从“中国经验”和“中国模式”的“自下而上”的基层经验中，发掘并提炼出一系列社会学中层理论。这些中层社会学理论，是宏观社会学理论的下行，来源于转型中国的鲜活经验，在多维视野与方法中呈现了当代中国的社会变迁，跨越并弥合了社会学理论中长久存在的宏观和微观之间的分裂和冲突，具有强大的生命力。郑杭生社会学中层理论的体系建构，正是因为在实践中不断提炼而成，又在实践中不断加以检视、验证和完善，才具备了常论常新的魅力。[②]

---

① MERTON R. On theoretical sociology [M]. New York: The Free Press, 1967: 39.

② 杨敏．新型城镇化过程中“新三农”发展格局的构建［J］. 学术论坛，2013，36（9）：145-150，158.

第六章

价值评估与叙事认同：理论自觉的思想遗产

郑杭生是当代中国社会学史上重要的历史性人物。在中西方格局急剧变动的历史时期，郑杭生较早敏锐感知到理论自觉的必要性与现实可能性，深入思考中国社会学的未来发展，积极参与中国社会学的恢复重建，成为理论自觉的先觉者；他呼吁建构属于中国自己的社会学理论体系，再造本土语词，推动知识生产，开创世界眼光与中国气派兼具的中国特色社会学理论，提升中国社会学的学术话语权，不在西方笼子里跳舞，成为理论自觉的倡导者；基于一种学科使命感和理论勇气，郑杭生身体力行，提出了社会运行论、社会转型论、学科本土论、社会互构论和实践结构论等五种原创性的宏观社会学理论，成为理论自觉的先行者；通过顶天立地与应用拓展，郑杭生及其学术团队深入城乡调研，提炼中国经验，形成了一系列中层理论，成为理论自觉的推动者。他对中国社会学的卓越贡献，值得社会学人的继承和发扬。

第一节　中国自主知识体系与理论自觉思想的价值评估

“对有中国特色的社会学理论有所贡献，对转型中的中国社会的认识有所深化”，是郑杭生给自己从事社会学研究设定的目标。“承前启后，铺路搭桥”，是郑杭生的自我定位。作为中国社会学发展进程中过渡性一辈的典型代表，郑杭生的社会学思考和探索又是全方位的。郑杭生所倡导和推进的兼容并包、良性互动和学派建设等学科共同体建设理念，对于中国社会学的茁壮成长、繁荣发展，作出了不可替代的贡献，具有重要的里程碑意义。[①] 他的理论自觉思想生动诠释了其理论抱负和不倦追求，成为当代中国社会学人的集体记忆和行动动力。

一、教材编著与中国社会学概念体系

社会学知识体系化最为直接的载体就是教科书。郑杭生通过编著经典教材，留下了一系列的社会学经典栏目与教材传统。通过主持与编著教材，郑杭生不仅启蒙了万千社会学专业学生，滋养了一代又一代莘莘学子，而且通过不断梳理更新社会学的核心概念，为社会学知识的体系化作出了巨大贡献。以《社会学概论新修（第四版）》（中国人民大学出版社 2013 年版 / 最新版）为例，全书共有 64 万字，具体分为十二个章

① 黄家亮．中国特色社会学的学科建构（1984—2014）：郑杭生社会学学科建设思想及实践研究［J］．甘肃社会科学，2016（5）：19-27.

节，包括社会学的研究对象，社会运行的条件和机制，社会与社会运行，文化与社会运行，人的社会化，社会运行的微观分析，社会角色，社会互动，社会群体，家庭、婚姻、性与社会性别，社会运行的宏观分析，社会组织，社会分层与社会流动，社会设置，等等。全书以社会运行论为主线，以社会转型论为视角，详细论述了社会学中国化和国际化的导向。作为当下的学术研究前沿，"社会机制"正是出自《社会学概念新修（第四版）》中"社会运行的条件和机制"一节。社会运行的机制主要包括动力机制、整合机制、激励机制、控制机制和保障机制等五个方面。这种对社会运行的条件和机制的集中阐述，使社会运行论理论更加丰满和成熟，也使社会运行论具有更强的解释力，是对社会学研究内容富有新意的阐释。

作为中国大多数社会学学习者和深入社会学殿堂的入门教材，《社会学概论新编》和《社会学概论新修》一经问世，就受到广大师生和社会学爱好者的欢迎，被国内众多高校及学术机构采用，作为教材或考研参考书，目前已发行 200 余万册，是人文社科领域发行量最大、影响力最大的教材之一。他以独特的方式加速了社会学知识的传播。随着社会的发展，《社会学概论新修》这一教材的版本实现着不断演变。30 年间，郑杭生及其学术团体编著的教材十分丰富，主要包括：《社会学概论新编》（中国人民大学出版社，1987 年）、《社会学原理》（国际文化出版社，1988 年）、《社会学》（学术期刊出版社，1989 年）、《社会学概论新修》（中国人民大学出版社，1994/1998/2006/2013 年）、《社会学概论新修（精编版）》（中国人民大学出版社，2009/2014 年）、《中国社会学史新编》（高等教育出版社，2000 年；中国人民大学出版社，2003 年）、《民族社会学概论》（中国人民大学出版社，2005/2011 年）、《马克思主义社会学史》（高等教育出版社，2006 年）、《中国社会思想史新编》（中国人民大学出版社，2010 年）、

《社会学概论》(人民出版社、高等教育出版社，2011 年）等[①]。这些社会学教材，见证了中国特色社会学的成长，直接推动了中国社会学的学科建设和发展。每一版教材框架的建立都井然有序，充分显示了时代的印记和与时俱进的理念[②]。

二、理论谱系与社会学的元理论探讨

一般而言，社会学理论包括社会学元理论与社会学本理论这两个相对独立又不可分割的内容。社会学本理论是对社会现实进行研究后所形成的一种规律性认识，既包括宏大理论也包括中层理论。而贯穿在元理论、基本理论和经验研究过程中的，是社会学家认识世界的基本立场，即社会学的认识论。1984 年，郑杭生从英伦学成归国后，即参与到中国社会学学科的恢复重建工作中来，为社会学学科的“合法性”正名作出了卓越贡献。有了理论自觉的意识，郑杭生就大力倡导建构本土化的话语体系，展现出独特的理论抱负和不倦的追求。从总体上看，郑杭生社会学理论的谱系结构，主要包括社会学元理论、宏观社会学理论和中层社会学理论等三个层次。

20 世纪 80 年代初，刚刚经历过“文化大革命”，中国社会“百废待兴”，一些社会问题迫切需要社会学学者对社会运行和学科建设作出科学回答。郑杭生通过论证社会学存在和发展的合法性、对社会学元问题的全

---

① 黄家亮．中国特色社会学的学科建构（1984—2014）：郑杭生社会学学科建设思想及实践研究［J］. 甘肃社会科学，2016（5）：19-27.

② 许晓芸，王力平．本土化的社会学如何可能：《社会学概论新修》各版次的比较与思考［J］. 前沿，2016（3）：63-67.

面探究，以及对社会学发展进程的梳理，对社会学元理论研究中的基本问题作出了系统性的积极回应，为社会学赢得了巨大的发展空间[①]。理论反思与理论建构的背后是社会学家的元理论命题。一直以来，社会学元理论成为社会学的核心内容，要清晰全面地呈现社会学的结构层次和理论体系，必须探讨元理论，这就离不开对元层面的元问题的关注，元问题涉及一个学科的根本和根基。从当代世界社会学的研究动态来看，个人与社会的关系问题作为社会学的元问题（meta-problem），是社会学的“阿基米德点”，亦即构成社会学理论研究和经验研究以及整个社会学知识体系的逻辑支撑或依托[②]。在西方，元命题是基于对社会学理论的不满，是对现有社会学理论危机反思的结果，究其原因在于社会学理论缺乏实践的根基[③]。因此，“社会学元理论不对社会学问题作实质性的探讨，它主要是通过形式化研究来分析、检验和拓展社会学的合理性、正当性和有效性”。“具体而言，社会学元理论可以通过利用审视、批判、革命等，使整个社会学学科跳出既定的问题域，实现‘波普式’的跨越；它甚至会使整个学科摆脱旧范式的束缚，实现‘库恩式’的飞跃，从而使学科合法性的基石更为牢固坚实。”[④]“社会学元命题（meta-proposition/ meta-statement）是社会学理论研究和实证研究中的、直接导致源于元问题和元预设的普遍判

① 王道勇．元理论意义上的当代中国社会学理论创新：郑杭生学术思想研究 [M]// 郑杭生．社会转型与中国社会学的理论自觉，北京：中国人民大学出版社，2011：36－51.

② 郑杭生．郑杭生社会学学术历程之一：中国特色社会学理论的探索［M］. 北京：中国人民大学出版社，2005：15，121－124，361，589－596.

③ 文军．论西方社会学的元研究及其元理论化趋势［J］. 国外社会科学，2003（2）：2－7.

④ 王道勇．郑杭生先生对中国社会学理论发展的巨大贡献［J］. 广西民族大学学报（哲学社会科学版），2014，36（6）：53－57.

断，也是关于社会学元事实之间关系的理论性陈述。作为元命题的判断或陈述，它是理论性的而非经验性的，并能衍生出其他社会学命题的陈述。”①针对西方社会学自现代性以来所遇到的危机，郑杭生通过对社会学元理论层面的探索性思考，突破了西方长时段的二元论思维定式，认为个人与社会之间是一种社会行动主体间的“互构共变”关系，通过对社会学认识论传统的批判性吸收，提供了一种全新的认识社会与获得理论知识的路径，开创了社会互构论的认识论传统。②同时，郑杭生没有停留在西方社会学理论的思辨层面，而是把目光更多地聚焦于中国社会学发展进程中梁漱溟、潘光旦、费孝通等老一辈社会学家的本土化探索，创造性地提出了“个人与社会的关系问题是社会学的元问题和基本问题”，这是社会学理论元层面和社会学知识体系的基础，同时为社会学本土理论的建构提供了价值取向与方法论基础。

三、中国特色社会学的三大体系构建

2016 年 5 月 17 日，习近平总书记在哲学社会科学工作座谈会上的讲话强调，加快构建中国特色哲学社会科学的学科体系、学术体系、话语体系，要按照“立足中国、借鉴国外，挖掘历史、把握当代，关怀人类、面向未来”③的思路，充分体现中国特色、中国风格、中国气派。学科体系

---

① 郑杭生，杨敏．论社会学元问题与社会学基本问题：个人与社会关系问题的逻辑结构要素和特定历史过程［J］．华中科技大学学报（社会科学版），2003（4）：1-9.

② 王道勇．社会学研究中的认识论传统［J］．社会科学，2015（4）：86-95.

③ 习近平．在哲学社会科学工作座谈会上的讲话［EB/OL］．(2016-05-19)［2024-09-11］. https://news.cnr.cn/native/gd/20160519/t20160519_522178374.shtml.

就是在学科中分出基础性和支柱性学科，学术体系就是用科学的方法构建一个关于人与社会关系的理论体系，而话语体系的实质是提炼与概括关键性的概念，在此基础上形成基本原理和构建理论体系。① 当然，中国特色社会学三大体系的建设不应当追求统一，而应当从“地缘多元主义”到“话语多元主义”，这是一种解决社会学话语体系争端的思路，后者允许解构西方知识霸权，也鼓励追求普适性的社会科学知识。②

话语体系指的是建立在一定知识、概念、命题和理论基础上的，包含研究范式、方法论和具体方法的话语组合，这些话语内容丰富但又有共享的问题意识和研究方法，逻辑自洽但又具有开放性和延展性③。话语体系反映人类交往活动中交往主体通过语言符号建立起来的表达与接受、解释与理解、评价与认同等多重关系，包括术语、概念、范畴、命题、判断、语言、思想等要素。④ 中国社会学话语体系建设作为一个学科史问题，是集大成的产物，需要一代代社会学人努力付出，构建具有本土特色的社会学话语体系⑤。如何在学习借鉴人类文明成果的基础上，用中国的理论研究和话语体系解读中国实践、中国道路，不断概括出理论联系实际的、科学的、开放融通的新概念、新范畴、新表述，打造具有中国特色、中国风

① 田敬诚，谢地坤，刘建军，等．“新中国成立70周年与中国特色学术体系构建”笔谈（上）［J］．山东大学学报（哲学社会科学版），2019（6）：1-9.

② 谢立中．从地缘多元主义走向话语多元主义［J］．社会学研究，2020，35（1）：1-15，242.

③ 洪大用．超越西方化与本土化：新时代中国社会学话语体系建设的实质与方向［J］．社会学研究，2018，33（1）：1-16，242.

④ 季为民．加快构建中国特色新闻学“三大体系”［J］．记者观察，2020（6）：6-8.

⑤ 景天魁．中国社会学话语体系建设的历史路径［J］．北京工业大学学报（社会科学版），2019，19（5）：1-5.

格、中国气派的哲学社会科学学术话语体系，是理论界和学术界面临的重大而紧迫的时代课题。[①]“中国经验”“中国模式”正是中国社会上下结合、共同探索、互动创新的结果。郑杭生是当代中国特色社会学理论的开拓者，也是构建中国社会学话语体系的推动者[②]。本土话语体系和社会学本土化面临的问题相似。当然，人民性是马克思主义最鲜明的品格和本质属性，是中国哲学社会科学的根本特色。以人民性引领中国特色社会学话语体系建设，既是中国社会学话语体系核心价值的体现，也是统筹融通中国社会学话语体系内在的学术性话语、政策性话语、社会性话语关系的核心力量所在。[③]学术话语权是话语体系建设最关键的所在，没有学术话语权的话语体系是苍白无力的。能否形成具有自身特色的完整的话语体系，是学科是否成熟的重要标志。

学术体系是加快构建中国特色哲学社会科学的核心，是学科体系、话语体系的内核和支撑[④]，主要包括学术思想、学术流派、代表人物、代表性论著、研究方法、道德规范、评价标准等要素及学术活动平台等辅助系统。作为社会运行学派的奠基人，郑杭生从社会学深层理念出发，结合中国转型的鲜活经验，先后提出了五大原创性的宏观社会学理论，并在实地调查中形成了十分丰富的社会学中层理论，共同构成了郑杭生社会学思想

---

① 李长春．在马克思主义理论研究和建设工程工作会议上的讲话［N］．人民日报，2012-06-04（002）．

② 李迎生．当代中国特色社会学理论的开拓者：郑杭生社会学探索历程［J］．社会科学战线，2007（1）：270-275．

③ 李友梅．以人民性引领中国特色社会学话语体系建设［J］．中国社会科学，2023（2）：99-119，206．

④ 谢伏瞻．加快构建中国特色哲学社会科学学科体系、学术体系、话语体系［J］．中国社会科学，2019（5）：4-22，204．

谱系。郑杭生对构建中国特色社会学学术体系的身体力行和执着勇气，使其成为理论自觉的先行者。

学科体系主要包括学科设置、师资队伍、人才培养、课程教育和评价机制等。本土化—国际化—全球化，是中国特色社会学学科体系发展的大趋势。对学科建设和理论创新的自觉，是社会学国际化与本土化相结合的表征。中国社会学的发展，应当是“建构本土特色”与“超越本土特色”相结合的道路。正确处理学会、学术、学派的关系，秉持建设性的反思批判精神，是中国社会学的成事之道。郑杭生编写社会学教材，创办社会学杂志，成立社会学基金，鼓励社会学理论创新，促进社会学学术交流与分享，提携新生代社会学人，催生社会学发展的良好学术生态，是理论自觉和构建中国特色社会学学科体系的推动者。

学术体系是揭示本学科对象的本质和规律的成体系的理论和知识；话语体系是理论和知识的语词表达，是学术体系的表现形式和语言载体。一个学科的学术体系只有通过自己的话语体系，才能作为一种对象性的存在表达出来，为人们所知晓和理解。① 首先，中国社会学的话语体系建构，离不开学术创新与话语权。② 要实现社会学话语体系建设的目标，就必须对当代中国重大社会变迁和社会问题保持敏感性，形成正确的学科发展战略。③ 社会学的话语体系建设，需要着眼于本土性的学术理论与方

---

① 田心铭．学科体系、学术体系、话语体系的科学内涵与相互关系［N/OL］.（2020-05-15）［2024-09-25］. http://theory.people.com.cn/n1/2020/0515/c40531-31709687.html.

② 王思斌．积极促进我国社会学学术创新和话语能力建设［J］. 北京大学学报（哲学社会科学版），2017，54（2）：15-18.

③ 蔡禾．社会学学科的话语体系与话语权［J］. 社会学评论，2017，5（2）：28-32.

法论的形成，将其转化为本土学术话语体系创新的资源，[①]将中国社会学的特色话语体系嵌入深厚绵长的历史资源中。[②]其次，中国特色社会学学术体系的构建还存在一定的艰巨性。如，中国社会学缺乏共享的学术问题意识，专业术语的概念化能力还很弱，科研及其评价标准、学科建设与教材建设、方法论建设都存在不足，需要关注和解决[③]，在学术体系上回应中国和世界的重大时代命题，实现开放和包容，避免在学科方法上极端的量化科学主义。[④]最后，中国社会学的学科体系应该包含社会学学科发展史、方法论、学术研究的主要领域等。[⑤]社会学学科体系应该由多个分支学科所组成[⑥]，或直接以社会单位为对象，系统研究社会单位的形成、发展和结构[⑦]。

作为人的思想产物，知识体系与人的经验生活紧密关联，同时又是中层的知识内容。人们基于物质世界的变化，根据主体的时代需要，创造出符合时代、符合实践的知识体系。[⑧]中国社会学自主知识体系的构建，可

---

① 李友梅．中国特色社会学学术话语体系构建的若干思考［J］．社会学研究，2016，31（5）：27–37，242.

② 景天魁．论群学元典：探寻中国社会学话语体系的第一个版本［J］．探索与争鸣，2019（6）：36–47，157.

③ 李友梅．中国特色社会学学术话语的构建及其艰巨性［J］．社会学评论，2017，5（2）：24–27.

④ 陈心想．社会学美国化的历程及其对构建中国特色社会学的启示［J］．社会学研究，2019，34（1）：1–28，242.

⑤ 王延中．费孝通社会学学科体系初探［J］．学术界，2010（10）：163–170，288.

⑥ 严家明．社会学理论体系新构想［J］．浙江学刊，1989（6）：89–91..

⑦ 胡荣．社会学导论：社会单位分析［M］．厦门：厦门大学出版社，1993：17.

⑧ 田鹏颖．围绕中国式现代化建设构建中国自主知识体系［J/OL］．人民论坛·学术前沿，1–10［2024–09–05］．https://doi.org/10.16619/j.cnki.rmltxsqy.2024.11.020.

分为体制完善与知识沉淀两种方式。这里的知识沉淀并不单指具体理论的创造延展，还涉及知识生产团体的互动。郑杭生对理论自觉的大声疾呼，激发了中国社会学界对理论建构的想象力，催生了中国特色、中国风格、中国气派的社会学自主知识体系构建。他是理论自觉的推动者。

四、理论进路：历史与逻辑的内在统一

中国特色社会学理论有其自身的历史传承、建构逻辑与理论进路。社会运行论、社会转型论、学科本土论、社会互构论和实践结构论等五大宏观社会学理论的建构历程，既是国际化与本土化相结合的过程，又是逻辑与历史相一致的过程。从逻辑维度来看，它们是内容不断深化扩展的过程；从历史维度来看，它们又是在时间上先后相继的过程。这种逻辑和历史的统一，较好地反映了郑杭生及其学术团队在一个时期抓住一个主要目标不断探索、不断深入、不断拓展的过程。从整体上看，“五论”只是提出时间上的先后，不等于彼此之间在理论逻辑上有先后关系，也不是前序理论完备和成熟之后才进入下一个部分的。虽然各个理论部分之间不是平行并列的，但在内在逻辑上是彼此呼应和相互印证的，并在各自的场域内发挥着理论体系的整体功能。

中国特色社会学理论从提出到论证、从宏观到中观、从应用到拓展，既是一个理论探索过程，又是一个实践反思、自我检视的过程。社会运行论，明确将社会学定义为“关于现代社会良性运行和协调发展的条件和机制的综合性具体社会科学”①，系统分析了社会良性运行和协调发展的动力

---

① 郑杭生．郑杭生社会学学术历程之一：中国特色社会学理论的探索［M］．北京：中国人民大学出版社，2005：15，121-124，361，589-596.

机制、整合机制、激励机制、控制机制、保障机制等五大机制和人口条件、环境资源条件、经济条件、文化条件、社会心理条件等五大条件，形成了社会学研究的基本分析框架①。社会转型论，是对现代以来特别是改革开放以来中国从传统型向现代型转变，即从农业的、乡村的、封闭的半封闭的传统型社会，向工业的、城镇的、开放的现代型社会的转变所进行的一种社会学理论概括，并对一种与旧的现代化理论不同的新型现代化理论进行了表述，指出了传统和现代两者之间既相互矛盾、相互对立，又相互依存、相互促进的关系。学科本土论，是通过社会学本土化从地区性向世界性发展的历史进程的开阔眼界，对社会学中国化所作的新的深入研究，阐述了社会学本土化与社会学西方化、国际化、全球化的关系，指出中国社会学走"建构本土特色"和"超越本土特色"相结合的道路，从而加快迈向国际化和全球化。社会互构论，是以当代中国社会转型加速期的个人与社会的关系问题为研究主题，主张用"互构共变"的思维去认识新型现代性因素不断成长的当代社会，重新认识个人与社会的关系及整个现代社会，从而跳出二元对立的思维陷阱。可以说，社会互构论既是对以往社会学研究的融会和聚纳，更是在这种基础上的提升，是对中国特色社会学理论的探索和建构过程的又一次理论创新。②实践结构论，则提倡从全球性和本土性相互推动、交互变迁的二维视野，来认识全球化时代的中国社会③。中国特色社会学理论的提出与宣传，已经对学界、对日常生活、

① 郑杭生，李强．社会运行导论：有中国特色的社会学基本理论的一种探索［M］．北京：中国人民大学出版社，1993：348

② 郑杭生．郑杭生社会学学术历程之一：中国特色社会学理论的探索［M］．北京：中国人民大学出版社，2005：15，121-124，361，589-590.

③ 洪大用，黄家亮．理论自觉与社会运行学派的发展［J］．社会学研究，2015，30（5）：2-12，242.

对制定社会政策时所持的主导观念[①]，从学术话语变成媒体话语，并转化为政策话语，成为形塑社会的重要力量，具有重要的现实影响力。

中国特色社会学理论的建构历程，是一个循序渐进的理论探索、应用和拓展的过程，有其自身发展的历史传承和梯次推进、有机统一的内在逻辑。社会运行论是中国特色社会学理论建构的基石和“树之主干”；社会转型论和学科本土论是中国特色社会学理论的展开；社会互构论是中国特色社会学理论建构的新境界[②]；而实践结构论则是在新时期中国特色社会学理论建构的新突破。从知识体系的维度看，社会运行论、社会转型论、社会互构论、学科本土论和实践结构论等五大板块及相关命题，是理论自觉思想脉络的重要矩阵，在中国社会转型洪流中支撑助力中国本土学术资源搭建。[③]“五论”都是从不同的方面对我国转型社会的理论概括，是立足于现实的，因而都具有较强的解释力。如果说社会运行论是本体论的话，那么社会转型论和学科本土论就是本体论的延展，社会互构论既是一种认识论，又是一种方法论，而实践结构论则是一种价值论。中国特色社会学理论的体系构建，是郑杭生在宏观社会学理论和中层社会学理论方面的重要贡献，推动了中国社会学的本土化进程，增强了中国社会学界的学术自信。

---

① 杨发祥．中国特色社会学理论的建构历程及其内在关联［J］．河北学刊，2006（1）：81-85.

② 杨发祥．中国特色社会学理论的建构历程及其内在关联［J］．河北学刊，2006（1）：81-85.

③ 郑杭生．中国特色社会学理论深化（上卷）［M］．中国人民大学出版社，2010：3.

第二节　理论自觉的批判反思与学术共同体的叙事认同

中国社会学的理论自觉“是一个思想解放的过程，即从西方强势社会学理论和社会理论中解放出来、正确定位自己的过程”①。中国社会学如何强化学术自省、回应社会发展中的新问题，需要对强势的西方话语体系始终保持怀疑态度，批判陈旧的解释思维，用新的理论视角来作出阐释和回答。

一、学术自省与建设性的反思批判精神

郑杭生认为，中国社会学应该秉持一种建设性反思批判精神，通过反思批判这样一种理性思维活动，实事求是地肯定该肯定的东西，否定该否定的东西，并根据这种分析提出积极的建设性的改进意见和方案。②中国社会学“理论自觉”的含义，应该包括对自身理论和他人理论的反思，对自身的反思往往有助于理解中外不同理论之间的关系。批判陈旧思维和强化学术自省，离不开对社会学中西关系的再评判，这是“理论自觉”意识的先导。③“今天社会学在中国化过程中，更需

---

① 郑杭生．促进中国社会学的“理论自觉”：我们需要什么样的中国社会学？［J］．江苏社会科学，2009（5）：1-7.

② 郑杭生．论建设性反思批判精神［J］．华中师范大学学报（人文社会科学版），2008（1）：64-69.

③ 习近平．高举中国特色社会主义伟大旗帜为全面建设社会主义现代化国家而团结奋斗：在中国共产党第二十次全国代表大会上的报告［M］．北京：人民出版社，2022：46，63.

要国际化，需要走出去，需要与世界分享中国社会学的研究发现。”[①] 当然，建设性反思批判精神不是横空出世的空谈畅想，而是在对前人大历史跨度下的学术趋势的客观判断与理性避险。郑杭生没有停留在西方社会学理论的思辨层面，而是把目光更多聚焦于中国社会学的发展进程中。

中国究竟需要什么样的中国社会学，或者说，中国社会学把什么样的社会学作为自己追求的目标，是郑杭生自始至终深入思考并加以实践创新的问题。构建世界眼光与本土特质兼具的中国本土社会学理论和社会学学派，从而“对有中国特色的社会学有所贡献，对转型中国社会的认识有所深化”，对“增促社会进步，减缩社会代价”、构建美好社会作出自己的努力，是社会运行学派学术活动的根本取向、基本原则和价值追求。社会科学工作者的根本任务就是在肯定、推动社会进步的同时，研究如何将社会代价减少到最低限度，也就是以最小的社会代价取得最大的社会进步。因此，构建中国社会学主体性，就是要立足于中国文化传统和社会实践，学习借鉴人类文明成果，在理论自觉上保持主体性，也就是在社会学研究中理所当然地呈现出反思性、责任性、竞争性等[②]，用中国本土的理论话语解读中国实践，不断概括出理论联系实际的、科学的新概念、新范畴、新表述，构建具有中国特色、中国风格、中国气派的中国社会学自主知识体系，这是几代中国社会学人共同的追求与使命。

---

① 张翼．社会学的中国化、话语权与话语体系建设［J］．江苏社会科学，2018（2）：17-23.

② 郑杭生．促进中国社会学的“理论自觉”：我们需要什么样的中国社会学？［J］．江苏社会科学，2009（5）：1-7.

二、学派建设自觉与理论流派的百花齐放

1982年，费孝通在北京大学社会学系的一次讲话中曾提出：“我们建立中国的社会学，要反映的是社会主义条件下的社会情况，一定要自己来搞，搞出一个社会学的中国学派。”①与理论自觉和实践自觉一样，明确的学派意识和学派实践也是贯穿郑杭生整个社会学学术历程的一条主线。早在1988年8月，郑杭生在中国社会学会黑龙江伊春市学术讨论会上，就提出了“多一点学派，少一点宗派”的主张，尤其寄希望于新生代社会学人。一个学派最重要的两个支柱是理论学说和团队人才②，没有系统的、能“成一家之言”的创新性理论，学派就无从谈起；同样，没有认同这种理论主导观念并自觉在该范式之下开展学术工作的学术共同体，也无法构成学派。“真正的学派是理论自觉的高层次形式，理论自觉成为一个学术共同体的共识。”③

理论构建和学术人才的培养，是学派建设的两个最主要的方面。郑杭生认为，“有无学派，特别是有无著名的学派，是一个学科是否繁荣、是否有活力、是否成熟、是否有社会影响力的重要标志之一”④。在学派成长的过程中，存在学派之间、学者之间的争论，学派内部也会存在学术论

---

① 潘乃谷．但开风气不为师：费孝通学科建设思想访谈［J］．民俗研究，1997（0）：16－34.

② 郑杭生．中国研究与中国社会学学派［J］．社会学评论，2013（1）：5－13.

③ 郑杭生．社会转型与中国社会学的理论自觉［M］．北京：中国人民大学出版社，2011：3－4.

④ 郑杭生．学会学术学派：在2014年中国社会学会武汉学术年会开幕式上的致辞［EB/OL］．（2014－10－20）［2024－09－25］．https://www.southacademic.com/xsxx/hybd/content/post_186323.html.

争，但要区分出是学术之争还是非学术之争。学术论争有利于学科发展繁荣，在学术争论中，必须避免牵涉进其他非学术因素。健康的学派要努力捍卫自己的学术立场和观点，不断深化本学派的研究，不断创新人才培养模式，向社会学共同体贡献有特色的理论视角、知识积累和学术人才，但是并不是盲目排斥其他学派的研究和观点，甚至和其他研究者为敌①。社会运行学派之所以能形成并保持活力，是与其注重通过学术平台建设来培养大批学派人才特别是青年人才分不开的。②在郑杭生的推动下，中国人民大学社会学学科形成了完整的人才培养体系，学术网站（“社会学视野网”）建立，学术基金会（北京郑杭生社会发展基金会）成立，《社会学评论》和《社会建设》等学术刊物先后创刊，成为学派建设和学科体系构建的重要载体和支撑力量。

“一枝独秀不是春。”中国社会学的繁荣发展绝不应单兵作战，而应采用开放包容的心态，不断催生具有本土特质和全球视野的中国自主知识体系构建，形成社会学学派的百花齐放。“社会学的中国理论学派，是中国社会学的支撑点。这样的学派越多，表明中国社会学的力量越雄厚、水平越高超，越有生命力和创造力。”③郑杭生积极推进中国社会学学科建设和学术共同体建设，他积极利用各种场合，为改革学科体制、拓展社会学的学科体系和发展空间奔走呼吁，推动社会学与其他学科的交流互动，并

---

① 洪大用．社会学如何培养专业人才：怀念作为教育家的郑杭生［J］．社会建设，2015，2（1）：5-14

② 郭星华．创建中国学派 倡导理论自觉：纪念恩师郑杭生教授［J］．广西民族大学学报（哲学社会科学版），2014，36（6）：44-47.

③ 郑杭生．社会转型与中国社会学的理论自觉［M］．北京：中国人民大学出版社，2011：3-4.

力荐新人，选贤举能，为中国社会学队伍输入新鲜血液，推动实现良好的学术生态。从《郑杭生社会学学术历程（第三卷）》中所收集的各种讲话、总结和论文来看，他几乎在关于学科建设的每一个场合都积极呼吁要完善社会学的学科体系。1995 年 8 月 20 日，在国家教委文科座谈会上，郑杭生代表社会学组做大会发言时，就直言不讳地指出，“社会学现在存在名不副实的问题”，应该调整，否则不利于社会学学科的发展壮大。他说：“社会学作为法学类一个一级学科包括很多领域、分支、专业和方向。通常，它有 100 多个分支…… 许多应纳入社会学学科范围的，没有纳入进来。如，城市规划、社区服务、社会保障、社会政策、劳动关系、人力资源开发等。”① 可惜，这种建议没有得到有关部门的积极回应。1997 年 5 月 21 日，他在《中国社会科学》编辑部召开的“中国社会学的学科建设”学术研讨会上强调：“社会学专业目录不是砍的问题，而是适当增的问题。不能对社会学采取像一些老学科一样一刀切的办法。”作为中国人民大学理论与方法研究中心主任，他创建了学术年会制度，力推社会学和民族学等社会科学其他范畴的跨学科交流合作，把促进学术交流加以机制化和常态化。郑杭生一直强调，“现在，全国社会学不是大了，而是太小了”②，需要构建不同区域、不同单位社会学资源，以及不同年龄段社会学家之间的良性互动机制，实现社会学学术共同体的蓬勃发展。郑杭生超越学派范围、兼容并包的学术思想，不仅是其创建中国特色社会学理论体系的指导思想，而且是其在担任重要学术职务期间，在推进社会学学科建设和发展

---

① 郑杭生．郑杭生社会学学术历程之三：中国特色社会学理论的拓展［M］. 北京：中国人民大学出版社，2005：471，562-563.

② 郑杭生．郑杭生社会学学术历程之三：中国特色社会学理论的拓展［M］. 北京：中国人民大学出版社，2005：471，562-563.

的实践中所坚持的原则。百花齐放、百家争鸣方为正道，社会运行学派是中国特色社会学百花园中的一种，社会学的春色满园值得期待。

三、文明互鉴与中国自主知识的中外传播

哲学社会科学的能力与国家和社会整体知识体系息息相关。为了实现社会科学之繁荣富强，知识团体和学术共同体的建设与互动是关键动力。2016 年 5 月 17 日，习近平在哲学社会科学工作座谈会上提到，哲学社会科学是人们认识世界、改造世界的重要工具，是推动历史发展和社会进步的重要力量，其发展水平反映了一个民族的思维能力、精神品格、文明素质，体现了一个国家的综合国力和国际竞争力。① 郑杭生强调，在学术研究中要融贯中西，既要吸收西方社会学的优秀成果，又要与中国传统文化相结合。这种学术态度本身就是一种文明互鉴的体现。他认为，中国社会学在发展过程中，需要借鉴国际社会学的理论和方法，同时也要立足本土，关注中国社会的实际情况和发展需求。通过中西文明的交流与融合，可以推动中国社会学的理论创新和发展。在全球化的世界潮流中，中国社会学在发展过程中需要与国际社会学进行对话和交流，通过文明互鉴来丰富和完善自己的理论体系。郑杭生深入思考西方社会学与马克思主义社会学的关系，并在认识上作出了重大理论创新。郑杭生通过比较西方社会学与马克思主义社会学的理论形态、基本立场、理论构架和方法原则，提出了具有中国特色的社会学发展路径和理论创新方向，不仅丰富了中国社会

① 习近平. 在哲学社会科学工作座谈会上的讲话 [EB/OL]. (2016-05-19) [2024-09-11]. https://news.cnr.cn/native/gd/20160519/t20160519_522178374.shtml.

学的理论体系和实践应用，也促进了中国自主知识的海外传播。

郑杭生作为中国社会学界的杰出代表，其学术成果在国际上享有较高的声誉。他的社会学研究，特别是关于社会运行、社会转型、学科本土论等方面的开创性研究，不仅在国内产生了广泛影响，还引起了国际学术界的关注。他的学术思想被视为具有中国特色的社会学理论，对于全球社会学的发展具有一定的借鉴意义。1994 年至 1998 年，郑杭生多次出国参加国际学术会议和进行讲学活动。这些活动为他提供了与国际同行交流学术思想并向他们展示研究成果的重要平台。通过与国际学者的深入交流，郑杭生的学术思想在国际上得到更广泛的传播和认可。郑杭生还主持编写了《中国社会学史新编》《中国社会思想史新编》《民族社会学概论》等教材，为相关领域的自主知识体系奠定了基础。其中，《中国社会学史新编》和《中国社会思想史新编》还被译成英文、韩文、波兰文，扩大了中国自主知识体系的国际影响力[①]。这些著作在海外出版，进一步推动了郑杭生的学术思想在国际上的传播。

党的二十大报告明确提出："尊重世界文明多样性，以文明交流超越文明隔阂、文明互鉴超越文明冲突、文明共存超越文明优越，共同应对各种全球性挑战。"[②]为了增强中华文明的传播力和影响力，我们需要"加快构建中国话语和中国叙事体系，讲好中国故事、传播好中国声音，展现可信、可爱、可敬的中国形象。加强国际传播能力建设，全面提升国际传播效能，形成同我国综合国力和国际地位相匹配的国际话语权"。当然，任

---

① 黄家亮，奂平清．郑杭生与中国自主的社会学知识体系建构［EB/OL］.（2023-12-21）［2024-09-11］. https://www.cssn.cn/skgz/bwyc/202312/t20231211_5705243.shtml.

② 习近平．高举中国特色社会主义伟大旗帜为全面建设社会主义现代化国家而团结奋斗：在中国共产党第二十次全国代表大会上的报告［M］．北京：人民出版社，2022：46.

何一个单一的学术团体都不可能完成中国特色自主知识的广泛传播。因此，学术共同体的营造和多元互动，有助于实现中国自主知识的成熟进而与世界对话。郑杭生倡导理论自觉，致力于中国问题研究，思考的是如何建立符合中国现实的理论范式和思想路线，是基于中国本土文化、本土经验和马克思主义基本原理指导的理论自觉。[①]这些为中国社会学在国际学术界赢得更多的话语权提供了有力支持。郑杭生的社会运行论已经由理论自觉走向了实践自觉，并深深影响和启发了更多的领域，“自觉”意识在当代中国已经成为主流意识，甚至衍生出“自信”意识。没有坚定的“自觉”意识，不会有“自信”意识，两者是一脉相承的。

---

① 陈光金．倡导理论自觉，研究中国问题：郑杭生教授对中国社会学的贡献［J］．社会建设，2015，2（1）：15－18.

小结　学术共同体的接续努力：理论自觉思想的时代回音

郑杭生认为，“对中国社会学来说，总结过去是重要的，但更重要的是把握现在、规划将来”，而“要正确把握现在、规划将来，‘理论自觉’是一个不可避免的问题”。① 在全球社会学格局中，中国的社会学学者在教学和研究过程中，要有“理论自觉”意识，不断增强主体意识、弱化“边陲思维”，要有“顶天立地”的精神和“二维视野”，要有“建设性反思批判精神”。作为一位扎根中国现实、立足中国经验的社会学家，郑杭生的理论反思能力是非常独到的。随着学术共同体意识的集体觉醒，通过薪火相传与集体接力，推动中国社会学自主知识体系构建，为谱写“中国故事”提供学术话语支撑，展现出一幅美美与共的美好图景。

从学术史角度来看，理论自觉的思想遗产，对于检验和反思中国社会学本土化的理论进路与实践历程，促进中国特色社会学的学科体系、学术体系和话语体系构建，推动中国社会学理论的百花齐放，提升中国社会学的学术话语权，具有重要的理论价值和实践意义。理论自觉的概念提出以后，如何回溯郑杭生理论建构中的自觉元素，需要更加严谨地进行铺陈与论证。在后续研究中，我们需要进一步加强对口述史资料的充实，发掘全息资料，也可适当开展案例研究，使研究方法更加多样

---

① 郑杭生．促进中国社会学的“理论自觉”：我们需要什么样的中国社会学？[J]．江苏社会科学，2009（5）：1-7.

化。尽管中国社会学自主知识体系构建之路还任重道远，但如何探寻中国社会学理论自觉的规律性和普遍性问题及发展趋势，合理观照学术共同体的不同观点，以期使研究发现更有解释力和生命力，是一个有待今后更加深入探讨的重要议题。

参考文献

一、著作

[1] 曹锦清 . 如何研究中国［M］. 上海：上海人民出版社，2018：135-150.

[2] 费孝通 . 从实求知录［M］. 北京：北京大学出版社，1998：232.

[3] 胡荣 . 社会学导论：社会单位分析［M］. 厦门：厦门大学出版社，1993：17.

[4] 黄宗智 . 中国乡村研究［M］. 第二辑 . 北京：商务印书馆，2003：1-33.

[5] 李达 . 现代社会学［M］. 上海：上海昆仑书店，1929：19.

[6] 李培林 . 另一只看不见的手：社会结构转型［M］. 北京：社会科学文献出版社，2005：3-4.

[7] 李强，洪大用 . 社会运行论及其发展：郑杭生学术思想研究［M］. 北京：中国人民大学出版社，2020：41.

[8] 陆学艺，景天魁 . 转型中的中国社会［M］. 哈尔滨：黑龙江人民出版社，1994：71-72.

[9] 钱穆 . 中国历史研究法［M］. 北京：读书·生活·新知三联书店，2001：38，39，44.

[10] 王力平 . 中国气派社会学理论的建构：社会运行学派“五论”研究［M］. 北京：中国社会科学出版社，2015：158.

[11] 郑杭生，李迎生 . 二十世纪中国社会学［M］. 北京：党建读物出版

社，1999：7.
［12］郑杭生，李迎生．中国社会学史新编［M］. 北京：高等教育出版社，2000：8-11.
［13］郑杭生，王万俊．二十世纪中国的社会学本土化［M］. 北京：党建读物出版社，2000：6，16，33-34.
［14］郑杭生，杨敏，向德平．多元利益诉求统筹兼顾与社会管理创新：来自南海的“中国经验”［M］. 武汉：华中科技大学出版社，2012：18-19.
［15］郑杭生，杨敏：社会互构论：世界眼光下的中国特色社会学理论的新探索［M］. 北京：中国人民大学出版社，2010：10，18，51，100，151，236，377-397.
［16］郑杭生．郑杭生社会学对象问题新探［M］. 北京：中国人民大学出版社，1987：215.
［17］郑杭生．郑杭生社会学学术历程之三：中国特色社会学理论的拓展［M］. 北京：中国人民大学出版社，2005：471，562-563.
［18］郑杭生．郑杭生社会学学术历程之四：中国特色社会学理论的深化［M］. 北京：中国人民大学出版社，2010：6.
［19］郑杭生．郑杭生社会学学术历程之四：中国特色社会学理论的提升（下卷）［M］. 北京：中国人民大学出版社，2015：26-27.
［20］郑杭生．郑杭生社会学学术历程之一：中国特色社会学理论的探索［M］. 北京：中国人民大学出版社，2005：15，121-124，361，589-596.
［21］郑杭生．中国社会学年鉴 1979—1989［M］. 北京：中国大百科全书出版社，1989：20，25.
［22］鲍曼．生活在碎片之中：论后现代道德［M］. 郁建兴，译．上海：学林出版社，2002：88.

[23] 哈贝马斯．交往行动理论：行动的合理性与社会合理化［M］．洪佩郁，等译．重庆：重庆出版社，1994：110.
[24] 赫顿，吉登斯．在边缘：全球资本主义生活［M］．达巍，等译．北京：生活·读书·新知三联书店，2003：226.
[25] 吉登斯．现代性的后果［M］．田禾，译．北京：译林出版社，2000：38.
[26] 吉登斯．超越左与右：激进政治的未来［M］．李慧斌，等译．北京：社会科学文献出版社，2009：94-96.
[27] 孔德．论实证精神［M］．黄建华，译．上海：商务印书馆，2001：1-2.
[28] 科尔曼．社会理论的基础［M］．邓方，译．北京：社会科学文献出版社，2008：14-20.
[29] 斯宾塞．社会静力学［M］．张雄武，译．北京：商务印书馆，1996：52-55.
[30] 涂尔干．社会学研究方法论［M］．胡伟，译．北京：华夏出版社，1988：11.
[31] 涂尔干．社会学方法的准则［M］．狄玉明，译．北京：商务印书馆，1995：23-25.
[32] 曼海姆．意识形态与乌托邦：知识社会学导论［M］．李布楼，等译．北京：商务印书馆，2014：25.
[33] 韦伯．经济与社会第一卷［M］．阎克文，译．上海：上海人民出版社，2010：114.
[34] 雅克．当中国统治世界［M］．张莉，译．北京：中信出版社，2010：11.
[35] WEBER M. Economy and society：an outline of interpretive sociology［M］. Berkeley：University of California Press, 1978：4.
[36] MERTON R. On theoretical sociology［M］. New York：The Free Press, 1967：39.

二、专著析出文献

[1] 陈春声 . 乡村的故事与国家的历史：以樟林为例兼论传统乡村社会研究的方法问题［M］// 黄宗智 . 中国乡村研究：第 2 辑. 上海：商务印书馆，2003：1-33.

[2] 严复. 天演进化论［M］// 王轼. 严复集：第 2 册. 北京：中华书局，1986：122.

[3] 黄光国. 人情与面子：中国人的权力游戏［M］// 黄光国. 人情与面子：中国人的权力游戏. 北京：中国人民大学出版社，2004：1-39.

[4] 郑杭生，吴力子. 走向现代职业是解决农民问题的根本出路：制度创新的方向［M］// 郑杭生. 中国特色社会学理论的应用：当代中国社会的热点问题. 北京：中国人民大学出版社，2003：427-434.

[5] 郑杭生，杨敏. 走向包容、公平、共享的新型城镇化：城乡社会变迁视野下中国城镇化道路的现实考量［M］// 郑杭生 . 郑杭生社会学学术历程之四：中国特色社会学理论的提升（下卷）. 北京：中国人民大学出版社，2015：758.

三、期刊、报纸类

[1] 蔡禾 . 利益诉求与社会管理［J］. 广东社会科学，2012（1）：209-216.

[2] 陈光金 . 倡导理论自觉，研究中国问题：郑杭生教授对中国社会学的贡献［J］. 社会建设，2015，2（1）：15-18.

[3] 陈连开 .《中华民族多元一体格局》修订本跋［J］. 中南民族学院学报（人文社会科学版），2000（1）：90-92.

[4] 董驹翔，董翔薇.学术的历史感：郑杭生社会学理论的历史厚度[J].山东工商学院学报，2003（4）：121-123.
[5] 董驹翔.社会运行与社会学：评论郑杭生教授的理论[J].齐齐哈尔师范学院学报（哲学社会科学版），1989（6）：14-18.
[6] 费孝通.建立我国社会学的一些意见[N].人民日报，1982-7-20.
[7] 郑杭生.对中国社会学的巨大贡献：纪念费孝通先生从事学术研究70周年[J].江苏社会科学，2006（1）：43-47.
[8] 费孝通.试谈扩展社会学的传统界限[J].思想战线，2004（5）：1-9.
[9] 甘阳.中国社会研究本土化的开端：《江村经济》再认识[J].书城，2005（5）：28-32.
[10] 高帆.新时代我国城乡差距的内涵转换及其政治经济学阐释[J].西北大学学报（哲学社会科学版），2018，48（4）：5-16.
[11] 龚长宇，郑杭生.陌生人社会秩序的价值基础[J].科学社会主义，2011（1）：109-112.
[12] 龚长宇.社会学中国化进程中的里程碑式人物[J].湖南师范大学社会科学学报，2001（2）：22-25.
[13] 龚长宇.思想的力量永在：郑杭生先生社会学理论发展析述[J].社会学评论，2015，3（1）：31-36.
[14] 郭星华.从中国经验走向中国理论：法社会学理论本土化的探索[J].江苏社会科学，2011（1）：1-11.
[15] 郭星华，秦红增.从中国经验走向中国理论：法社会学（法人类学）再思考[J].广西民族大学学报（哲学社会科学版），2012，34（5）：51-55.
[16] 胡平仁.法社会学的百年历程[J].山东大学学报（哲学社会科学

版），2007（2）：29－35.

［17］郭星华．耕耘结硕果桃李舞东风：试论郑杭生教授对中国社会学发展的三个贡献［J］．甘肃社会科学，2006（3）：4－5.

［18］何雪松，熊薇．社会工作的“时势权力”［J］．社会工作，2013（5）：3－6，150.

［19］何雪松．迈向中国的社会工作理论建设［J］．江海学刊，2012（4）：140－144.

［20］何雪松．重构社会工作的知识框架：本土思想资源的可能贡献［J］．社会科学，2009（7）：76－78，189.

［21］洪大用，黄家亮．理论自觉与社会运行学派的发展［J］．社会学研究，2015，30（5）：2－12，242.

［22］洪大用．超越西方化与本土化：新时代中国社会学话语体系建设的实质与方向［J］．社会学研究，2018，33（1）：1－16，242.

［23］洪大用．理论自觉与中国环境社会学的发展［J］．吉林大学社会科学学报，2010，50（3）：109－116，159.

［24］林兵．中国环境社会学的理论建设：借鉴与反思［J］．江海学刊，2008（2）：119－124，239.

［25］潘敏，卫俊．环境社会学主要理论综论：兼谈中国环境社会学的发展［J］．学习与实践，2007（9）：134－140.

［26］洪大用．社会学如何培养专业人才：怀念作为教育家的郑杭生［J］．社会建设，2015，2（1）：5－14

［27］奂平清．“理论自觉”与中国社会学的发展：以郑杭生及其社会运行学派为例［J］．西北师大学报（社会科学版），2012，49（3）：42－48.

［28］黄家亮，郑杭生．社会资源配置模式变迁与社区服务发展新趋势：

基于北京市社区服务实践探索的分析［J］. 社会主义研究，2012（3）：70－74.
［29］黄家亮．“顶天立地”与中国社会科学的危机和使命：基于郑杭生“社会调查系列丛书”的分析［J］. 学习与实践，2012（1）：13－19.
［30］黄家亮．理论自觉与中国社会学的学派建设：以郑杭生及其社会运行学派为例［J］. 福建论坛（人文社会科学版），2015（11）：97－103.
［31］黄家亮．中国特色社会学的学科建构（1984—2014）：郑杭生社会学学科建设思想及实践研究［J］. 甘肃社会科学，2016（5）：19－27.
［32］黄家亮．中国现代性的探寻与中国社会学的理论建构：以郑杭生社会学学术历程为例［J］. 西北师大学报（社会科学版），2012，49（3）：49－54.
［33］江立华，胡翼鹏．社会运行论的历史关怀与文化禀赋［J］. 福建论坛（人文社会科学版），2015（11）：92－96.
［34］江立华，王斌．何以为善：郑杭生慈善社会学思想理论评析［J］. 社会学评论，2016，4（2）：50－58.
［35］江立华．社会运行论与传统社会思想的互构共契：郑杭生先生在中国社会思想史研究中的贡献［J］. 社会学评论，2015，3（1）：24－30.
［36］景天魁．“植根于中国土壤之中”的学术路线：怀念与学习陆学艺先生［J］. 社会学研究，2014，29（3）：2－16，241.
［37］景天魁．中国社会学话语体系建设的历史路径［J］. 北京工业大学学报（社会科学版），2019，19（5）：1－5.
［38］李路路．社会分层结构的变革：从“决定性”到“交易性”［J］. 社会，2008（3）：24－30.

[39] 李娜，胡翼鹏.论郑杭生关于社会学研究的理论自觉与文化禀赋[J].学术论坛，2013，36（8）：186-193.
[40] 李培林.20世纪上半叶社会学的“中国学派”[J].社会科学战线，2008（12）：203-210.
[41] 李培林.理性选择理论面临的挑战及其出路[J].社会学研究，2001（6）：43-55.
[42] 李培林.现代性与中国经验[J].社会，2008（3）：2-6.
[43] 李伟.全面落实三中全会精神，加快经济转型升级[N].中国经济时报，2013-12-23（001）.
[44] 李潇潇.理论自觉与中国的学术话语权[N].中国社会科学报，2010-09-09（005）.
[45] 李英飞.涂尔干早期社会理论中的“社会”概念[J].社会，2013，33（6）：1-29.
[46] 李迎生.当代中国特色社会学理论的开拓者：郑杭生社会学探索历程[J].社会科学战线，2007（1）：270-275.
[47] 李迎生.构建本土化的社会工作理论及其路径[J].社会科学，2008（5）：77-80.
[48] 李友梅.中国社会科学如何真正从“地方”走向“世界”[J].探索与争鸣，2017（2）：26-29.
[49] 李友梅.中国特色社会学学术话语体系构建的若干思考[J].社会学研究，2016，31（5）：27-37，242.
[50] 梁建伟.共享发展理念的内涵和意义[J].广东经济，2019（6）：26-27.
[51] 林聚任.理论自觉与中国社会学话语体系建构：从郑杭生的理论自觉观谈起[J].社会学评论，2017，5（2）：56-62.

[52] 刘荣 . 西北民族大学的社会学学科建设与郑杭生先生 [J]. 西北民族研究，2016（1）：137–141，41.
[53] 刘少杰，王建民 . 现代社会的建构与反思：西方社会建设理论的来龙去脉 [J]. 学习与探索，2006（3）：48–55.
[54] 刘少杰 . 建构中国社会学理论的新形态 [J]. 甘肃社会科学，2006（3）：6–7.
[55] 刘少杰 . 新形势下意识形态传播方式的变迁 [J]. 吉林大学社会科学学报，2011，51（5）：68–74，159.
[56] 刘少杰 . 中国社会学的价值追求与理论视野 [J]. 吉林大学社会科学学报，2006（6）：66–72.
[57] 陆学艺 . 社会建设就是建设社会现代化 [J]. 社会学研究，2011，26（4）：3–11，242.
[58] 陆益龙 . 从文化自觉迈向理论自觉：郑杭生对中国社会学及理论的贡献 [J]. 甘肃社会科学，2012（3）：1–6.
[59] 罗家德 . 社会科学的本土化命题是个好命题 [J]. 中国文化与管理，2019，1（1）：42–49，152.
[60] 潘乃谷 . 但开风气不为师：费孝通学科建设思想访谈 [J]. 民俗研究，1997（1）：16–34.
[61] 彭华民 . 中国社会工作学科：百年论争、百年成长与自主性研究 [J]. 社会科学，2017（7）：66–73.
[62] 乔晓春 . 中国人口布局的现实特征与未来展望：来自“六普”数据的分析 [J]. 甘肃社会科学，2011（4）：32–34.
[63] 乔耀章 . 关于“民政”问题的理论探微 [J]. 上海行政学院学报，2012，13（2）：24–33.
[64] 全林远 . 话语体系构建之首要：明确核心目标 [J]. 人民论坛 · 学

术前沿，2012（11）：18-22.
［65］ 史柏年．中国文化与制度背景下社会工作本质的建构［J］．江苏社会科学，2011（1）：18-25.
［66］ 孙正聿．中华民族现代文明与中国自主哲学知识体系［J］．中国社会科学，2023（8）：22-27，204-205.
［67］ 孙正聿．怎样把中国经验提升为中国理论？：知识生产的理论思维［J］．北京大学学报（哲学社会科学版），2023，60（6）：5-11.
［68］ 莱斯利·斯克莱尔，田禾，黄平．全球化社会学的基础［J］．社会学研究，1994（2）：5-17.
［69］ 童潇．郑杭生社会学思想理路探微［J］．学习与实践，2008（11）：139-146.
［70］ 童志锋．“环境—社会”关系与中国风格的社会学理论：郑杭生生态环境思想探微［J］．社会学评论，2017，5（3）：65-75.
［71］ 王道勇．社会学研究中的认识论传统［J］．社会科学，2015（4）：86-95.
［72］ 王道勇．郑杭生先生对中国社会学理论发展的巨大贡献［J］．广西民族大学学报（哲学社会科学版），2014，36（6）：53-57.
［73］ 王力平．社会运行学派的学术轨迹与学派实践：兼论郑杭生先生的学派情怀［J］．甘肃社会科学，2015（3）：120-124.
［74］ 王宁．个体主义与整体主义对立的新思考：社会研究方法论的基本问题之一［J］．中山大学学报（社会科学版），2002（2）：125-132.
［75］ 王思斌．社会工作实践权的获得与发展：以地震救灾学校社会工作的展开为例［J］．学海，2012（1）：82-89.
［76］ 王思斌．试论我国社会工作的本土化［J］．浙江学刊，2001（2）：55-60.

［77］ 王思斌.体制改革中的城市社区建设的理论分析［J］. 北京大学学报（哲学社会科学版），2000（5）：5-14.
［78］ 王思斌.中国社会工作的嵌入性发展［J］. 社会科学战线，2011（2）：206-222. 王思斌.走向承认：中国专业社会工作的发展方向［J］. 河北学刊，2013，33（6）：108-113.
［79］ 文军，何威.从“反理论”到理论自觉：重构社会工作理论与实践的关系［J］. 社会科学，2014（7）：65-78.
［80］ 文军.论西方社会学的元研究及其元理论化趋势［J］. 国外社会科学，2003（2）：2-7.
［81］ 文梓.中国特色社会学的开创性研究：郑杭生先生的社会学理论简析［J］. 阴山学刊，1998（4）：1-5.
［82］ 向德平，华汛子.中国社区建设的历程、演进与展望［J］. 中共中央党校（国家行政学院）学报，2019，23（3）：106-113.
［83］ 向德平，雷茜.社会互构论视野下的统筹城乡发展模式研究：以“惠州模式”为例［J］. 云南民族大学学报（哲学社会科学版），2012，29（2）：58-64.
［84］ 项久雨.新时代美好生活的样态变革及价值引领［J］. 中国社会科学，2019（11）：4-24，204.
［85］ 萧俊明.理论的贫乏与方法的翻新：关于后现代主义的再思考［J］. 国外社会科学，2002（5）：34-42.
［86］ 谢立中.超越个人与社会之间的二元对立：“社会互构论”理论意义浅析［J］. 社会学研究，2015，30（5）：13-23，242.
［87］ 谢立中.当前中国社会学理论建构的努力与不足［J］. 河北学刊，2006（5）：84-85.
［88］ 熊凤水.社会互构论视域中的乡城人口流动［J］. 农村经济，2010

（8）：113－116.
［89］ 徐晓军．社会互构论：超越经典二元对立社会学方法论的新探索［J］. 西北师大学报（社会科学版），2012，49（3）：37－41.
［90］ 许晓芸，王力平．本土化的社会学如何可能：《社会学概论新修》各版次的比较与思考［J］. 前沿，2016（3）：63－67.
［91］ 杨敏，江立华，王道勇，等：《社会运行学派的中层理论研究：在路上：理论自觉的中国社会学》，内部资料，2015 年 3 月 15 日。
［92］ 杨建华．经验与启示：中国社会学的百年反思［J］. 天津社会科学，2000（6）：34－37.
［93］ 杨敏，高霖宇．社会互构论视野下的民间力量与社会和谐［J］. 天津社会科学，2011（2）：67－72.
［94］ 杨敏，和思鹏．社会协商论：包容共享与社会公正新探：试析郑杭生先生对中国特色中层理论的贡献［J］. 福建论坛（人文社会科学版），2015（11）：77－84.
［95］ 杨敏，郑杭生．社会互构论：全貌概要和精义探微［J］. 社会科学研究，2010（4）：102－107.
［96］ 杨敏，郑杭生．社会实践结构性巨变时代的马克思主义社会学［J］. 社会科学研究，2007（2）：1－7.
［97］ 杨敏．“国家—社会”的中国理念与“中国经验”的成长：社会资源的优化配置及公共服务与社会治理的创新［J］. 河北学刊，2011，31（2）：124－130.
［98］ 杨敏．个体安全研究与中国社会学的理论自觉：社会学传统范式和研究方法的一种兼容汇聚［J］. 思想战线，2012，38（2）：1－5.
［99］ 杨敏．“个体安全”研究：回顾与展望：现代性的迷局与社会学理论的更新［J］. 创新，2009，3（11）：5－11.

[100] 郑杭生，杨敏. 个体安全：一个社会学范畴的提出与阐说：社会学研究取向与安全知识体系的扩展 [J]. 思想战线，2009，35（6）：34-42.

[101] 杨敏. 社会学的时代感、实践感与全球视野：郑杭生与“中国特色社会学理论”的兴起 [J]. 甘肃社会科学，2006（3）：8-13.

[102] 杨敏. 现代性的新发展与社会互构的时代：社会互构导论：中国特色社会学理论的新探索之三 [J]. 广西民族学院学报（哲学社会科学版），2004（1）：155-166.

[103] 杨敏. 新型城镇化过程中“新三农”发展格局的构建 [J]. 学术论坛，2013，36（9）：145-150，158.

[104] 杨敏. 中国城市化之抉择：初级发展还是科学发展 [J]. 探索与争鸣，2012（11）：39-43.

[105] 杨敏. 中国多民族社会及其现代应对：郑杭生民族社会学思想探究 [J]. 西北师大学报（社会科学版），2015，52（6）：29-38.

[106] 杨敏. 中国社会学的理论自觉与社会学的本土化和中国化：访中国人民大学一级教授郑杭生 [J]. 马克思主义研究，2014（12）：13-23，136.

[107] 杨敏. 中国特色社会学的理论建构：郑杭生思想评介 [J]. 贵州大学学报（社会科学版），2002（5）：16-21.

[108] 杨敏. 作为国家治理单元的社区：对城市社区建设运动过程中居民社区参与和社区认知的个案研究 [J]. 社会学研究，2007（4）：137-164，245.

[109] 杨念群. “中层理论”应用之再检视：一个基于跨学科演变的分析 [J]. 社会学研究，2012，27（6）：1-18，242.

[110] 叶嘉国，风笑天. 我国社会学“学派”的现状与展望：以此谈谈

我国社会学存在的几个问题［J］. 学术界，2000（1）：253−263.
［111］应星．“气”与中国乡土本色的社会行动：一项基于民间谚语与传统戏曲的社会学探索［J］. 社会学研究，2010，25（5）：111−129，244−245.
［112］余红，刘欣．单位与代际地位流动：单位制在衰落吗？［J］. 社会学研究，2004（6）：52−63.
［113］郁建兴，黄飚．地方政府在社会抗争事件中的“摆平”策略［J］. 政治学研究，2016（2）：54−66，126−127.
［114］张本效．“草根精神”的表率：郑杭生先生的基层城镇化实践研究［J］. 社会学评论，2015，3（10）：37−43.
［115］张传武．论社会学的研究对象与逻辑起点［J］. 理论学刊，1991（5）：50−54.
［116］张兆曙．城市议题与社会复合主体的联合治理：对杭州 3 种城市治理实践的组织分析［J］. 管理世界，2010（2）：46−59.
［117］周传南．社会学家：赵承信［J］. 中国人民大学学报，1991（1）：125−126.
［118］赵旭东．超越社会学既有传统：对费孝通晚年社会学方法论思考的再思考［J］. 中国社会科学，2010（6）：138−150.
［119］郑杭生，费菲．当代西方社会学理论整合困境的透析：兼谈社会互构论的理论意义［J］. 中国人民大学学报，2009，23（6）：70−79.
［120］郑杭生、郭星华．中国社会的转型与转型中的中国社会：关于当代中国社会变迁和社会主义现代化进程的几点思考［J］. 浙江学刊，1992（4）：51−57，49.
［121］郑杭生．中国社会学百年轨迹［J］. 东南学术，1999（5）：87−96.

[122] 郑杭生，胡翼鹏 . 社会运行、社会秩序与王朝的治乱盛衰：中国社会思想史研究的新视野［J］. 学海，2009（4）：123-134.

[123] 郑杭生，黄家亮 . “中国故事”期待学术话语支撑：以中国社会学为例［J］. 人民论坛，2012（12）：59-61.

[124] 郑杭生，黄家亮 . 从社会成员“无感增长”转向“有感发展”：中国社会转型新命题及其破解［J］. 社会科学家，2012（1）：7-11.

[125] 郑杭生，黄家亮 . 论我国社区治理的双重困境与创新之维：基于北京市社区管理体制改革实践的分析［J］. 东岳论丛，2012，33（1）：23-29.

[126] 郑杭生，李路路，李强 . 试论“以人为中心”的社会发展指标体系［J］. 社会学研究，1988（5）：33-41.

[127] 郑杭生，李路路 . 社会结构与社会和谐［J］. 中国人民大学学报，2005（2）：2-8.

[128] 郑杭生，李棉管 . 中国扶贫历程中的个人与社会：社会互构论的诠释理路［J］. 教学与研究，2009（6）：5-10.

[129] 郑杭生，李强 . 从社会学的角度看经济体制改革与社会变迁的几个问题［J］. 上海社会科学院学术季刊，1986（2）：88-97.

[130] 郑杭生，李迎生 . 中国早期社会学中的乡村建设学派［J］. 社会科学战线，2000（3）：232-243.

[131] 郑杭生，李迎生 . 中国早期社会学综合学派的集大成者：孙本文的社会学探索［J］. 江苏社会科学，1999（6）：155-164.

[132] 郑杭生，陆汉文 . 现代性社会理论的演变：从现代化理论到新发展观［J］. 浙江学刊，2004（3）：59-64.

[133] 杨敏 . 社会学视野中的文化自觉与自信［N］. 中国社会科学报，2011-12-23（12）.

[134] 赵旭东.个体自觉、问题意识与本土人类学构建［J］.青海民族研究，2014，25（4）：7-15.
[135] 郑杭生，邵占鹏.牢牢把握“四个治理”原则［N］.人民日报，2014（3）.
[136] 郑杭生，邵占鹏.治理理论的适用性、本土化与国际化［J］.社会学评论，2015，3（2）：34-46.
[137] 郑震.社会学方法论的基本问题：关系主义的视角［J］.天津社会科学，2019（4）：74-80.
[138] 郑杭生."理想类型"与本土特质：对社会治理的一种社会学分析［J］.社会学评论，2014，2（3）：3-11.
[139] 郑杭生，尹雷."社会互构论"视野下的城市社区文化建设刍议：基于南海的案例分析［J］.学习与实践，2014（5）：104-110.
[140] 郑杭生.城乡一体化与同城化齐举并进［J］.红旗文稿，2013（20）：21-23.
[141] 郑杭生，杨敏.走向包容、公平、共享的新型城镇化：城乡社会变迁视野下中国城镇化道路的现实考量［J］.宜春学院学报，2013（10）：1-10.
[142] 郑杭生.中国社会管理和社区治理的新特点新趋势：从社会学视角看地方经验的持续贡献［J］.广州公共管理评论，2013（00）：3-14，346.
[143] 郑杭生，张本效."绿色家园、富丽山村"的深刻内涵：浙江临安"美丽乡村"农村生态建设实践的社会学研究［J］.学习与实践，2013（6）：79-84.
[144] 郑杭生，徐晓军，彭扬帆.社会建设与社会管理中的理论深化与实践创新：访中国人民大学郑杭生教授［J］.社会主义研究，2013

（3）：1-9，169.
［145］ 杨敏 . 三元化利益格局下“身份—权利—待遇”体系的重建：走向包容、公平、共享的新型城市化［J］. 社会学评论，2013，1（1）：53-65.
［146］ 郑杭生 . 中国社会研究与中国社会学学派：以社会运行学派为例［J］. 社会学评论，2013，1（1）：5-13.
［147］ 郑杭生 . 孙本文先生对早期中国社会学贡献的再认识［J］. 华中师范大学学报（人文社会科学版），2013，52（1）：1-5.
［148］ 郑杭生 . 走向有序与活力兼具的社会：现阶段社会管理面临的挑战及应对［J］. 西北师大学报（社会科学版），2013，50（1）：1-11.
［149］ 郑杭生 .“理论自觉”与中国风格社会科学：以中国社会学为例［J］. 江苏社会科学，2012（6）：1-5.
［150］ 郑杭生 . 三个“必须”、六大“任务”加强社会建设有何新意［J］. 人民论坛，2012（33）：52-55.
［151］ 郑杭生 . 把“理论自觉”全面落实到社会学各个领域：在中国社会学会 2012 年银川学术年会上的致辞［J］. 宁夏党校学报，2012，14（5）：5-6.
［152］ 迈克尔·哈特，秦兰珺 . 概念的革命与革命的概念［J］. 马克思主义与现实，2012（1）：1-11.
［153］ 郑杭生 . 我国社会建设社会管理的参照系及其启示：一种中西比较的视角［J］. 国家行政学院学报，2011（6）：8-13，1.
［154］ 郑杭生 . 民生问题是社区建设的重点［C］// 共识（2009 秋刊 02）. 中国人民大学社会学理论与方法研究中心，2009：1.
［155］ 郑杭生 . 社会建设和社会管理研究与中国社会学使命［J］. 社会学

研究，2011，26（4）：12-21，242.
[156] 郑杭生.学术话语权与中国社会学发展[J].中国社会科学，2011（2）：27-34，4，220.
[157] 郑杭生.中国模式或中国经验与当代中国社会学再研究[J].江苏社会科学，2010（6）：1-4.
[158] 郑杭生，魏智慧，杨敏.社会学的“个人”：意涵、问题及前景[J].河北学刊，2010，30（3）：147-153.
[159] 郑杭生，杨敏.社会与国家关系在当代中国的互构：社会建设的一种新视野[J].南京社会科学，2010（1）：62-67，96.
[160] 郑杭生.现代社会与现代民政：一种社会学的领会[J].中国民政，2009（12）：23-25.
[161] 郑杭生，童潇.中国特色社会学理论的探索之路：在建国六十周年之际访著名社会学家、中国人民大学郑杭生教授[J].甘肃社会科学，2009（5）：1-11.
[162] 郑杭生.促进中国社会学的“理论自觉”：我们需要什么样的中国社会学？[J].江苏社会科学，2009（5）：1-7.
[163] 郑杭生.我国社会何以有极强的自我调适能力[J].党政干部文摘，2009（4）：7-9.
[164] 郑杭生.改革开放三十年：社会发展理论和社会转型理论[J].中国社会科学，2009（2）：10-19，204.
[165] 郑杭生.基层社区调查中应当坚持的准则[J].甘肃社会科学，2009（1）：8-10.
[166] 郑杭生.中国特色社区建设与社会建设：一种社会学的分析[J].中南民族大学学报（人文社会科学版），2008，28（6）：93-100.
[167] 郑杭生.论社会建设与“软实力”的培育：一种“大传统”和“小

传统”的社会学视野［J］. 社会科学战线，2008（10）：194－201.
［168］ 郑杭生 . 破解在陌生人世界中建设和谐社区的难题：从社会学视角看社区建设的一些基本问题［J］. 学习与实践，2008（7）：5－12.
［169］ 郑杭生，杨敏 . 关于社会建设的内涵和外延：兼论当前中国社会建设的时代内容［J］. 学海，2008（4）：5－10.
［170］ 郑杭生 . 改革开放 30 年：快速转型中的中国社会：从社会学视角看中国社会的几个显著特点［J］. 社会科学研究，2008（4）：1－9.
［171］ 郑杭生 . 改革开放 30 年：当代中国社会学的历史轨迹和鲜明特色［J］. 教学与研究，2008（6）：20－23.
［172］ 郑杭生 . 论现代的成长和传统的被发明［J］. 天津社会科学，2008（3）：64－68.
［173］ 郑杭生 . 论建设性反思批判精神［J］. 华中师范大学学报（人文社会科学版），2008（1）：64－69.
［174］ 郑杭生 . 抓住改善民生不放推进和谐社会构建：从社会学视角领会十七大报告的有关精神［J］. 广东社会科学，2008（1）：11－15.
［175］ 郑杭生 . 社会公平正义与和谐社区建设：对社区建设的一种社会学分析［J］. 中国特色社会主义研究，2007（6）：36－42.
［176］ 郑杭生 . 在共建中共享在共享中共建［J］. 求是，2007（10）：23－26.
［177］ 郑杭生 . “环境—社会”关系与社会运行论［J］. 甘肃社会科学，2007（1）：5－7.
［178］ 郑杭生 . 当代中国理论社会学面临的创新任务：一种社会实践结构性巨变的视野［J］. 社会科学战线，2007（1）：261－269.
［179］ 郑杭生，杨敏 . 社会实践结构性巨变对理论创新的积极作用：一种社会学分析的新视角［J］. 中国人民大学学报，2006（6）：55－64.

[180] 郑杭生，杨敏 . 社会实践结构性巨变的若干新趋势：一种社会学分析的新视角 [J]. 社会科学，2006 (10)：109-115.
[181] 郑杭生，杨敏 . 社会实践结构性巨变下的社会矛盾 [J]. 探索与争鸣，2006 (10)：19-22.
[182] 钟桂男 . 儒家社会工作学的教育与实践模式 [J]. 华东理工大学学报 (社会科学版)，2006 (1)：23-32.
[183] 郑杭生 . 社会学视野中的社会建设与社会管理 [J]. 中国人民大学学报，2006 (2)：1-10.
[184] 郑杭生 . 新型现代性及其在中国的前景 [J]. 学术月刊，2006 (2)：21-24.
[185] 郑杭生 . 社会三大部门协调与和谐社会建设：一种社会学分析 [J]. 中国特色社会主义研究，2006 (1)：27-29.
[186] 郑杭生 . 让社会弱势群体共享社会发展的成果：从社会学视角看武汉市社区建设“883 行动计划” [J]. 学习与实践，2005 (11)：22-26.
[187] 郑杭生 . 农民市民化：当代中国社会学的重要研究主题 [J]. 甘肃社会科学，2005 (4)：4-8.
[188] 郑杭生，杨敏 . 两种类型的现代性与两种类型的社会学：现代性与社会学的全球之旅 [J]. 福州大学学报 (哲学社会科学版)，2005 (1)：8-20，38-112.
[189] 郑杭生 . 新型现代性与中国社会学 [J]. 中共宁波市委党校学报，2004 (5)：23-26.
[190] 郑杭生 . 中国社会的巨大变化与中国社会学的坚实进展：以社会运行论、社会转型论、学科本土论和社会互构论为例 [J]. 江苏社会科学，2004 (5)：46-52.
[191] 郑杭生，吴力子 . “农民”理论与政策体系急需重构：定县再调查

告诉我们什么？［J］. 中国人民大学学报，2004（5）：46-58.

［192］郑杭生 . 社会学本土化及其在中国的表现：中国特色社会学理论探索的梳理和回顾之三［J］. 广西民族学院学报（哲学社会科学版），2004（1）：144-154.

［193］郑杭生，杨敏 . 社会学方法与社会学元理论：个人与社会关系问题的方法论意义［J］. 河北学刊，2003（6）：82-92.

［194］郑杭生 . 社会转型论及其在中国的表现：中国特色社会学理论探索的梳理和回顾之二［J］. 广西民族学院学报（哲学社会科学版），2003（5）：62-73.

［195］郑杭生，杨敏 . 论社会学元问题与社会学基本问题：个人与社会关系问题的逻辑结构要素和特定历史过程［J］. 华中科技大学学报（社会科学版），2003（4）：1-9.

［196］郑杭生 . 社会运行论及其在中国的表现：中国特色社会学理论探索的梳理和回顾之一［J］. 广西民族学院学报（哲学社会科学版），2003（4）：2-11.

［197］郑杭生，杨敏 . 现代性过程与社会学理论的个性：社会互构导论：中国特色社会学理论的新探索之一［J］. 广西民族学院学报（哲学社会科学版），2003（4）：12-20.

［198］郑杭生，杨敏 . 社会互构论的提出：对社会学学术传统的审视和快速转型期经验现实的反思［J］. 中国人民大学学报，2003（4）：21-32.

［199］郑杭生 . 社会学学科制度建设在中国的发展［J］. 新视野，2002（5）：58-60.

［200］郑杭生 . 警惕“类发展困境”：社会学视野下我国社会稳定面临的新形势［J］. 中国特色社会主义研究，2002（3）：16-20.

［201］ 郑杭生．中国共产党与中国社会学［J］．社会学研究，2001（5）：1−16．
［202］ 郑杭生．社会公平与社会分层［J］．江苏社会科学，2001（3）：29−34．
［203］ 郑杭生．也谈社会学基本问题：兼答对我的社会学观点的某些批评［J］．社会学研究，2001（3）：111−117．
［204］ 郑杭生．社会学中国化的几个问题［J］．学海，2000（6）：75−81．
［205］ 郑杭生，王万俊．中国社会学传入阶段的本土化尝试［J］．社会，2000（9）：24−26．
［206］ 郑杭生，王万俊．论社会学本土化的类型和特征［J］．湘潭师范学院学报（社会科学版），2000（4）：3−10．
［207］ 郑杭生．中国社会学百年轨迹的启示［J］．中国特色社会主义研究，2000（2）：31−32．
［208］ 郑杭生，王万俊．论社会学本土化与社会学的西方化、国际化、全球化［J］．湘潭大学学报（哲学社会科学版），2000（1）：3−10．
［209］ 郑杭生，王万俊．论社会学本土化的内涵及其目的［J］．吉林大学社会科学学报，2000（1）：40−46，95−96．
［210］ 郑杭生．中国社会学百年轨迹［J］．东南学术，1999（5）：87−96．
［211］ 郑杭生．邓小平与当代中国社会学［J］．华中理工大学学报（社会科学版），1999（3）：23−30．
［212］ 郑杭生．关于中国社会学发展的几点展望［J］．思想战线，1997（2）：30−37．
［213］ 郑杭生．关于21世纪中国社会学发展的几点展望［J］．社会学研究，1997（2）：3−10．
［214］ 郑杭生．当前中国比较文明研究的任务［J］．社会科学辑刊，1994

（2）：13−17.

［215］ 郑杭生．中国社会大转型［J］. 中国软科学，1994（1）：48−54.

［216］ 郑杭生，朱晓权．论韦伯的“理想类型”及其晚期运用：社会结构分析和它对认识“转型社会”的一点启示［J］. 天津社会科学，1991（4）：62−67.

［217］ 郑杭生．中国的大势所趋［J］. 社会科学，1990（11）：3−6.

［218］ 郑杭生．社会学对象问题新探［J］. 社会学研究，1986（1）：68−75.

［219］ 郑杭生．马克思主义与社会学［J］. 理论学刊，2003（6）：90−96，160.

［220］ 郑杭生．当今社会学要做好三门功课［N］. 人民日报，2014−05−09（7）.

［221］ 郑杭生．论马克思主义社会学的两种形态［N］. 光明日报，1985−07−29（3）.

［222］ 郑杭生．让“包容”牵手“和谐”：包容性增长里的中国智慧［J］. 决策探索（下半月），2011（3）：8−9. 郑杭生．中国研究与中国社会学学派［J］. 社会学评论，2013（1）：5−13.

［223］ 郭忠华．自主知识体系视域下的标识性概念建构［J］. 中国社会科学，2024（5）：72−89.

［224］ 孙正聿．原创性概念和标识性概念：建构中国自主知识体系的概念基础［J］. 中国社会科学，2024（7）：38−51.

［225］ QUAHSR. The native sociologist and the challenge of science［J］. Current Sociology, 1993, 41(1): 95−106.

［226］ WALTON, RONALD G, MEDHAT M, et al. Indigenization and authentization in terms of social work in Egypt［J］. International Social Work, 1988, 31(2): 135−144.

四、电子资源

［1］王道勇.元理论意义上的当代中国社会学理论创新：郑杭生学术思想研究［EB/OL］.（2012－08－02）［2024－09－10］. http://sociology.cssn.cn/xscg/ztyj/shgz/201507/t20150701_2059348.shtml.

［2］郑杭生.迈向未来的中国农村社会：2013年中国社会学年会“农村社会学论坛”主旨报告［EB/OL］.（2013－08－26）［2024－09－10］. http://csa.cass.cn/xsnh2013/ltzs2013/201308/t20130826_1966856.shtml.

［3］郑杭生.再评判、再认识、再提炼：中国社会学在“理论自觉”阶段的基本功［EB/OL］（2014－05－09）［2024－09－10］. https://www.aisixiang.com/data/74627.html.

［4］郑杭生.只有接地气，才能有底气：在南开大学“新改革时期中国社会学的传承与创新”学术研讨会上的发言［EB/OL］.（2014－03－17）［2024－09－11］. https://ssrm.nankai.edu.cn/info/1006/1675.htm.

［5］郑杭生：中国社会学不应在西方的笼子里跳舞［EB/OL］.（2011－09－05）［2024－09－10］. https://www.aisixiang.com/data/43896.html.

［6］郑杭生、陆益龙.增强理论自觉促进学科发展：谈中国社会学与人类学、民俗学的关系［EB/OL］（2012－12－14）［2024－09－25］. http://nisd.cssn.cn/zcyj/zcyj_xslw/201212/t20121214_1822050.shtml.

［7］曹锦清.对社会复杂性心存高度的敬畏［EB/OL］.（2013－02－03）［2024－09－25］. https://www.aisixiang.com/data/61194.html.

［8］黄克武.谈晚清社会学翻译中的思想分途：严复、梁启超与章太炎所译社会学之研究［EB/OL］.（2011－08－25）［2024－09－25］. http://sociology.cssn.cn/xscg/ztyj/shgz/201507/t20150701_2058432.shtml.

[9] 李迎生 . 从“社会运行论”到“实践结构论”：郑杭生社会学研究“五论”[EB/OL].(2015-12-21) [2024-09-25]. https://www.aisixiang.com/data/95413.html.

[10] 徐健、姜微、张红等 .2018 年度中国社会工作发展报告发布 [EB/OL].(2019-03-26) [2024-09-26]. http://www.gongyishibao.com/newdzb/images/2019-03/26/07/GYSB07.pdf.

[11] 应星 . 中国社会的转型与中国社会学的复兴 [EB/OL].(2014-12-08) [2024-09-26]. https://www.aisixiang.com/data/81075.html.

[12] 郑杭生 . 把握学术话语权是学术话语体系建设的关键 [EB/OL]. (2014-01-17) [2024-09-26]. http://sociology.cssn.cn/webpic/web/sociology/upload/2014/04/d20140408162700108.pdf.

[13] 郑杭生 . 学会学术学派：在 2014 年中国社会学会学术年会开幕式上的致辞 [EB/OL].(2014-07-19) [2024-09-26]. http://sociologyol.ruc.edu.cn/shxyj/shxyjff/4f6a09239808495fac76ac5b115e8d75.htm.

[14] 郑杭生 . 我对理论自觉从何而来的学术思考 [EB/OL].(2014-08-29) [2024-09-26]. http://www.71.cn/2014/0829/779134.shtml.

[15] 郑杭生 . 中国社会学的“理论自觉”[N/OL].(2009-10-20) [2024-09-26]. https://www.gmw.cn/01gmrb/2009-10/20/content_996214.htm.

[16] 郑杭生 . 中国学术要有自己可美的东西 [EB/OL].(2010-09-09) [2024-09-26]. https://news.sina.com.cn/c/sd/2010-09-09/184721072732_2.shtml.

[17] 郑杭生 . 社会体制机制改革的新理念新思路 [EB/OL].(2013-12-11) [2024-09-26]. http://www.nopss.gov.cn/n/2013/1211/c352106-23812896.html.

附录一

深切缅怀恩师郑杭生先生[①]

2014 年 11 月 9 日晚 9 时许，我们敬爱的郑老师永远离开了我们。这位被大家称为“学界泰斗”“当代中国社会学领军人物”“著名社会学家”的老先生，就这样匆匆地走了，没有给我们晚辈一个道别的机会，甚至也没有给家人留下任何遗言。这位在微信上自称“70 后老郑”的老先生，就这样离我们而去，生命被永远定格在 79 岁。这是不是命运的劫数？先生追思费老、雷老特别是陆老的话语犹在耳畔，自己竟然也追随各位先贤远去了。生如夏花之绚烂，去似秋叶之静美。

当晚 7 点 08 分，我突然接到师弟王道勇（中央党校）的电话，从他的声调中，我有一种不祥的预感笼罩心头。果然，他问我知不知道郑老师的事情。我说不知。他说郑老师现在医院，正处于昏迷状态，可能大限就在最近两三天。后又补充一句，医生说可能就在今晚！我当时脑子全蒙了，觉得他是在开一个天大的玩笑。7 点 15 分，我赶紧给奂平清（中国人民大学）打电话，问他为什么不早点儿告诉我们。他说事情就发生在这三天，郑老师谁也不让说。7 点 46 分，我给学院院长徐永祥教授报告了

---

① 张建明，冯仕政．家国情怀知行合一：纪念郑杭生先生［M］. 北京．中国人民大学出版社，2020：72－83.（原载社会学视野网，后被中国社会科学网等网站全文转载。本书收录时略作修改。）

此事。徐老师告诉我别着急，说郑老师身体很好，应该没事。我们都心存侥幸，祈求老天保佑郑老师平安无事。晚上9点11分，我陆续接到北京发来的消息，说郑老师已于9点整在北京辞世。很快，关于郑老师驾鹤西去的消息，在各大新媒体快速传播。各方求证的短信和电话不断。9点49分，纪晓岚教授在电话中声泪俱下，说郑老师6号还在给她写信（这也许是郑老师最后一封电子邮件），但当天下午就不知为什么无回音，并不断重复“这是咋回事啊！”。是夜无眠。平日里早早安睡的儿子问：“爸爸，发生什么事了？”我说：“郑爷爷过世了。”他又问：“爸爸，郑爷爷多少岁了？”我说：“80岁。”其实，我多么希望郑老师至少是80岁。他分明已快迈进“80后”的门槛，也完全可以与时俱进，自称“90后”甚至“00后”。我们还想趁明年举办中国社会发展高层论坛之际，为他祝福80岁的生日呢！无奈天不遂人愿。

次日清晨，我和李战刚（时任北京郑杭生社会发展基金会副秘书长）一同搭乘赴北京的早班飞机，奔赴中国人民大学，与人大社会学系杰出系友、北京郑杭生社会发展基金会理事、京东总裁刘强东一同上楼祭奠先师。在先生生前的办公室，灵堂尚未搭建好。中国人民大学党委常务、副书记张建明，副校长洪大用和学院领导班子正在紧张地忙碌着。郑门在北京的学生平日里各忙一摊，当天悉数到场，虽不是都能被派上活儿，但都不舍离去，一个个空落落的。我记得上一次到先生办公室，还是在今年2月23日，先生为我签名送书《社会运行学派成长历程：郑杭生社会学思想述评文选》，说我有两篇文章收录其中。先生的签名为“发祥弟惠存”。我当时说：“郑老师，这不敢当。”先生笑着说：“这是中文里的一种称呼，也可以理解为弟子或子弟。”原来，我们早已超越了师生之谊，具备了父子般的情愫。此情此景，犹历历在目。没想到，这一次再到先生办公室，竟已物是人非。

随后，我与郝大海教授一同前往先生家中看望师母。这是一套20世纪中后期的老公寓房。刚经历过暴风雨的冲击，这时郑老师的家中显得较为平静，就好像郑老师并没有离我们而去，他只是出了一趟远门未归。先生的女儿已从美国赶回家中，先生的儿子正忙着招呼客人。何珊君（中国政法大学）和张纯琍（中国人民公安大学）两位师姐当时也在家中陪伴师母。初冬的北京，虽为晴天，却有阵阵寒意。北京已开始做供暖准备，因楼上人家维修供暖设备，打乱了家里的物品摆放，显得有一些破败、凄凉。只有先生的书房，还堆放着他的文稿。正是这样一个普通而平凡的家庭，为国家和社会贡献了一位卓越的社会学大师。透过师母那无助而不悔的眼神，让人不由对这位平凡而伟大的女性肃然起敬。在师母起身送我们出门时，我看到她拖着颓弱的身体，满头银丝，步履蹒跚，正与我的妈妈年龄相仿。我不由紧握师母的双手，内心难掩悲恸。没有郑老师的她，今后的日子必定是艰难的。呜呼共命人，瞬息远去，遗床前孤灯，夜夜明月；哀哉老无伴，浑然入梦，望墙上音容，年年肠断。

傍晚，我搭乘返回上海的高铁。平日里俗务缠身，本来是一个可以好好发发呆的时候。但郑老师的音容笑貌，在脑海里占据满满。追思的画面，就像放电影，一幕幕历历如昨。在纪晓岚老师给我打电话时，我还以为我可以做到不哭。但思绪的潮水一次次冲开意志的闸门，眼泪不由一次次夺眶而出。回想起来，我追随郑老师已有十年。十年前，我从浙江大学博士毕业后，进入中国人民大学社会学理论与方法研究中心从事博士后研究。我所学的专业原本是历史学，不是社会学科班出身。在申请博士后过程中，我心想，我是个社会学的门外汉，也不知道国内有哪些社会学家。但我在读硕士期间，读过一本郑老师主编的《社会学概论新修》。我想这应该是一位资深老教授。既然申请，那就申请个大牛吧。不成功，我就去工作。在中国人民大学通知我可以参加面试时，我把郑老师当年在中国知网上的80多篇文章全部下载打印，恶补了社会学的知识。在从杭州开往北京的火车上，我还在研读这些文章。经过面试，我感觉不是很理想。但郑老师不顾我基础薄弱，毅然纳于门下。能够成为郑门弟子，让我拥有师出名门的美誉，这是我今生莫大的荣幸。当然，这是一种骄傲，更是一种鞭策。

在人大两年的博士后研究生涯中，郑老师对我学业与生活上均给予了无微不至的关怀和支持。正如我在博士后出站报告中所言：先生的儒雅风度和海纳百川的胸怀，彰显出其独特的人格魅力；先生的大师品格与大家风范，无愧为当代中国社会学的帅旗。那两年中，我对先生的感情，走过了戏剧性的三部曲：初入京师的我，犹如初生牛犊，喜欢去先生办公室小坐，没有什么顾忌；时间久了，进一步了解了先生的地位与身份后，觉得他是一位不怒而威的尊者，在中国社会各界德高望重，让人不敢靠近，每次蒙晤之前，都如临“大敌”，不由感到紧张和不安，好在这些都能在先生和蔼的笑容中缓释；最后半年，先生为我未来的去向多方考虑，不厌其烦，我又发现自己原本与先生的心理距离那么近，他更是一位慈祥而可亲的长者。岁月匆匆，两年光阴真如白驹过隙。然而，始终不变的是，自己对先生永远抱有一颗虔诚之心、敬畏之心、感恩之心。自进入人民大学社会学博士后科研流动站后，我一直在不断更新自己的知识结构，努力实现从史学向社会学的自我转型。两年中，我深知深造机会来之不易，因而一直潜心苦读，如履薄冰，不敢稍有懈怠之心。人民大学校园的文化熏陶，社会学系强大的师资阵容，河北定州乡村社会调查的艰辛，让我逐渐成熟起来。两年的人大生涯转瞬即逝（正如恩师当初留学英伦的美好时光），这注定已成为我一生中最倍感珍惜的日子。记忆中的京城，秋天的银杏黄叶铺地，香山红叶层林尽染；冬日里站在暖气室内，望着窗外纷飞的大雪，安详而静谧。巍巍长城和庄严的天安门、“硅谷”中关村和繁华的王府井，在诉说着一个民族的命运与国家的前途。这一切，连同夏日的桑拿天气与初春的漫天黄沙，共同组成了京城独特的风景。京城让人爱恨交织，并使在此久居过的人有一种不舍的京城情结。无奈皇城根下归宿难求，难怪唐代诗人白居易曾喟叹："居长安不易！"太多希望留京的人注定梦想成空，我也未能幸免。后来，我打点行装，告别京师，南下淞沪，寄居黄浦江畔。

十年来，我是郑门在京外学生中与先生接触较多的一个。八年前，我在入职华东理工大学时，选择到底是在社会学系还是在社会工作系时电话咨询先生。先生说，曹锦清老师（时任社会学系主任）是一个很有学问的人，你还是到社会学系吧。我来华理工作以来，先生每年都会受邀来华理讲学一到两次。有时先生到上海出差，或他借道华理，或我前往他处，畅叙师生之情。搜索华理官方新闻网，发现先生与华理社会学结下了不解之缘。2005 年，在以先生为首的专家组大力支持下，华东理工大学成功申请社会学博士学位授权点，这是华理文科博士点零的突破。2006 年年底，中国人民大学社会学理论与方法研究中心和华东理工大学社会与公共管理学院、上海市委党校社会学教研部联合召开"社会建设理论与实践创新"学术研讨会。这是我在华理工作后先生与我校合作的第一个会议，校长钱旭红院士出席开幕式并致辞。会议论文集后由上海人民出版社正式出版。当年 11 月，受广东省委主要领导的邀请，郑老师赴广州开展社区建设调研，后又受广东省委副书记、深圳市委书记刘玉浦邀请到深圳调研社区建设，我都有幸全程参与，调研成果后来公开出版了。

2009 年，经先生力荐，我校社会工作本科专业被批准为教育部特色专业。2010 年，经先生推荐，徐永祥教授领衔的上海市精品课程"社区社会工作"成功立项。2011 年 3 月，我的学术专著《低生育社会的来临：中国生育革命与政策抉择》一书付梓，先生欣然作序，对学生的奖掖之情溢于言表。3 月 26 日，先生来我校参加“社会转型与社会建设”学术研讨会，并作题为《努力提高社会管理科学化水平——一种社会学的解读》的学术报告（朱眉华教授主持）。在会议的前一天，先生不辞辛劳，驱车前往我校奉贤校区，为全院本科生作题为《社会学视野下的学术话语权研究：历史和现实——以费孝通学术历程为例》的学术报告（张广利教授主持），低年级本科生近距离地感受了大师的风范。此报告经上海市社联申请，列入上海市“东方讲坛”系列讲座。6 月 18 日，华东理工大学社会学一级学科博士学位授权点成功申请，先生担任评审专家组组长，并为我院师生作题为《把握交融趋势，推动学科发展——当代中国社会学、人类学和民俗学的关系》的学术报告（俞慰刚教授主持）。同年 9 月 26 日，在华理社会学二级学科博士学位授权点专家评审会上，先生再次受邀担任评审专家组组长。正如我校分管学科建设和研究生工作的副校长于建国教授在开场白中所说：“今天我们请来的都是些真正的名家、大家，请各位来给我们把把脉。”9 月 27 日，先生为全院研究生作了题为《社会建设与社会管理的路径选择——一种比较社会学的分析》的学术报告（纪晓岚教授主持）。11 月 20 日，在中共中央十七届六中全会通过《关于深化文化体制改革推动社会主义文化大发展大繁荣若干重大问题的决定》后，先生又亲临华东理工大学，为全院师生作了题为《关于文化问题几个焦点的思考——一种社会学的视角的解读》的学术报告（纪晓岚教授主持）。他的讲演朴实无华，从不哗众取宠，深刻、严谨，自成体系，富有原创性和思想性。他还常常对我们说，每次讲的东西都要有点新意。

2012 年 9 月 5 日，华东理工大学校庆 60 周年系列学术讲座，先生受邀作了题为《当前中国社会管理与社区治理的新趋势》的报告（何雪松教授主持）。2012 和 2013 年，经先生和北京大学王思斌教授推荐，华东理工大学出版社申请的国家出版基金项目《汉译西方社会工作流派丛书》（徐永祥、何雪松主编）两次成功立项，这是我校出版社首次成功申请国家出版基金资助，获批经费 200 余万元。该丛书第一批 12 本已公开出版，成为社会工作界的重要参考书目。

2013 年 10 月 14 日上午，先生应社会学院邀请，到奉贤校区为本科生作《社会建设与社会管理的基本问题》主题讲座（纪晓岚教授主持）。同年 11 月 11—13 日，中国人民大学社会学理论与方法研究中心、华东理工大学社会与公共管理学院、华东师范大学中国现代城市研究中心、上海市委党校社会学教研部、上海师范大学社会学系等单位再度合作，联袂举行中国社会发展高层论坛暨北京郑杭生社会发展基金会青年学者论坛，会议规格与规模都是空前的。华东理工大学校长钱旭红院士和学校党委副书记沈炜教授（现任中共上海市教卫党委书记）分别出席高层论坛和青年论坛开幕式并致辞。2014 年 5 月 23 日，先生来中国浦东干部学院讲学，我院再次邀请他来到学院，为全院师生作了题为《"理想类型"与中国特质——社会学视野下的社会治理》学术报告（何雪松教授主持）。这次报告因是临时安排，后来没有公开报道。未曾想到，这竟是先生最后一次来我校授课。5 月 24 日，先生担任答辩委员会主席，主持了我院 2014 年夏季申请博士学位的 5 位研究生论文正式答辩，这是他第一次也是仅有的一次主持我院社会学博士学位论文答辩会。

昨天放学时，上小学一年级的儿子突然问我："爸爸，郑爷爷是在北京工作吗？"我说："是的。"他又问："那为什么我常能在上海看到他呢？"是啊，先生是非常忙碌的。正如华东师范大学文军教授所言：先生是当今中国最活跃的社会学家。近年来，先生多次来我校讲学，与全院师生结下了深厚的情谊。他在我院的两位忘年至交曹锦清、徐永祥教授，对先生更是尊重有加。曹老师总是说与郑先生神交已久。先生更是亲切地称呼曹老师"老曹"。曹老师曾对我说，在费孝通、陆学艺逝世后，郑先生是仅存的大佬。近年来，我院社会学和公共管理两大学科的老师，都同先生有过较密集的接触。就连从事自然科学研究的钱旭红院士也同他结下了很深的私人情谊。惊闻先生辞世后，钱旭红校长专门委托我院代为敬送花圈。华东理工大学专门向北京发送了唁电。先生对我院青年学子关爱有加。我院先后有6位博士生和硕士生获得北京郑杭生社会发展基金会资助。正如我院院长徐永祥教授所言："先生对华理社会学的贡献，可谓恩重如山。"先生虽未直接受聘于我校，但他已是我校当之无愧的客座教授。

先生一再告诉我们，做学问要具备一种顶天立地的精神，既要有世界眼光，又要有草根情怀。在中西方格局发生重大变化的当下，中国社会学不应在西方笼子里跳舞，应该争取学术话语权，正确总结"中国理念"，探索"中国道路"，促进中国社会学的理论自觉。先生倡导中国社会学的研究路径是："立足现实，提炼现实；开发传统，超越传统；借鉴国外，跳出国外；创新话语，创造特色。"他主编的《社会学概论新修》，是社会学专业学生的必读书目，成为中国大陆迄今发行量最大的社会学教材，影响整整几代学人，先生是我们共同的老师。先生育人无数，诲人不倦，桃李满天下，是当之无愧的教育家。先生不仅是中国人民大学社会学学科的开创者和拓荒者，也是新时期我国社会学学科恢复重建的重要奠基者和领路人，是中国社会学一座绕不过去的大山。先生毕生致力于中国社会学的本土化和中国特色社会学理论的构建，他所提出的社会运行理论及其开创的社会运行学派，超越了社会学界，影响深远。北京大学社会学系主任谢立中曾称其为当今中国目前第一个也是唯一完整、系统的社会学理论。作为当代中国社会学理论的探索成果，中国特色社会学理论的提出与宣传，已经对学界、对日常生活、对社会政策制定时所持的主导观念，产生了深远的影响。与社会学传入中国的百年轨迹一脉相承的中国特色社会学理论，有着常存常新的魅力。2009年春节，我在给先生发送新春祝福的短信中，对他提出的“五论”有一个初步概括，今天在此第一次公开。

运行转型奠宏基，本土互构展新意。
实践结构构思巧，特色理论成体系。
寰宇学游千万里，膝下弟子已成蹊。
神州各界齐称颂，学科理念千秋立。

为推动中国社会学的繁荣发展，先生晚年创立北京郑杭生社会发展基金会，慷慨资助青年学子，不遗余力提携和帮助年轻后辈；发起一年一度的“中国社会发展高层论坛”，引领学界潮流；创办《社会学评论》和《社会建设》两本学术期刊，搭建学科交流平台。先生对中国社会学的巨大贡献，令无数后辈学人永志不忘。先生是屹立在我们心中永远的丰碑。正如在 2012 年 2 月 29 日，在先生从教 50 周年暨北京郑杭生社会发展基金会成立大会上，人民大学社会学系的一名本科生说道：郑、杭、生，这三个普通的汉字，组合成一个烫金的专有名词，给予我们无形的力量！先生的辞世，使中国社会学界失去了一位号令天下诸侯的权威人物，从此注定进入一个群雄逐鹿的时代。

2014 年 11 月 9 日下午，时任中共中央政治局委员、国务院副总理刘延东在郑老师病重期间，前往北京世纪坛医院看望先生，为先生送去慰问与祝福，称先生是当代中国社会学的一面旗帜。11—12 日，时任党和国家领导人李克强、张德江、刘云山、张高丽、马凯、刘延东、张春贤、胡锦涛、朱镕基、李岚清、吴官正等分别对先生逝世表示深切哀悼并敬献花圈。各大媒体立体报道先生的卓越功绩。中国社会学网、中国人民大学社会与人口学院、社会学视野网、华中师范大学社会学院，以及北京郑杭生社会发展基金会网站，都通过黑屏来纪念先师。全国各大高校及社会学院系、科研院所纷纷发去唁电唁函，对先生的辞世表示震惊和悲痛。社会学视野网全天候动态滚动播报哀悼实况。可谓无限哀荣。

在20世纪30年代那个烽火连天的岁月，先生出生在杭州，那是我曾经求学的地方。先生的中学时代，是在国内首屈一指的上海中学度过的。始建于1865年的上海中学，古为江南四大名中（江苏省立苏州中学、上海中学、扬州中学和浙江省立杭州高级中学）之一，与我现在工作生活的地方近在咫尺。这使我与先生更多了一份特殊的感情。他在自述中有关儿时的记忆，我们早已耳熟能详。先生出生、成长在南方，后长期工作在北方，兼备南北方的气质。正如2005年9月18日在先生从教45周年暨70寿辰学术研讨会上，有位代表所言："先生既有江南才子的豪情，又有北方汉子的伟岸。"

先生喜欢写毛笔字。他曾说，书法分为两种，一种是名人书法，一种是书法名人。他自嘲自己的字还未达到高度。但他的字，刚劲有力，自成一体。我在年初曾想请先生为我题一幅字，他欣然同意，说竟然把你给漏了。我院院长徐永祥教授曾多次告诉我，请先生为我院社会学系、社会工作系分别题写系名。先生多次对我说，想聘请曹锦清老师为中国人民大学社会学理论与方法研究中心特聘研究员，催促我来完成。还说，今年可以与我合作发表一篇文章。我与人大出版社签订的书稿，也还想请他作序。可这些都因我的延宕，造成无法弥补的遗憾。

最后，我想借用中国人民大学学术委员会副主任贺耀敏教授的《御街行·痛悼郑杭生老师》一词，寄托无尽的哀思：

惊闻噩耗一衫泪。
怎忍信，犹疑醉。
前番常颂健如松，

今却西行疲惫。
才情万种，
慧心泉涌，
从此留心碎。

开宗立派当无愧。
掖后进，承先辈。
深思崛起善筹谋，
灼见真知丰沛。
精神不朽，楷模长在，
三立应欣慰。

郑老师永远活在我们心中！

弟子杨发祥泣笔

2014年11月12日深夜

附录二

郑杭生社会学思想年谱选编（1984—2014）

《郑杭生社会学思想年谱选编（1984—2014）》，是根据郑杭生从1984年留学英伦回国创立中国人民大学社会学研究所到2014年逝世的30年间出版和发表的大量著作、文章、演讲稿及其他有关文稿、档案资料编写的，包括谈话记录、书信、题词等。部分遗作（标明合作者）发表在其逝世之后，也按发表时序标出。其中，理论自觉思想是郑杭生社会学思想的一条重要主线。《郑杭生社会学思想年谱》比较系统地呈现了社会运行学派的形成和发展过程，对于全面、系统、深入掌握中国特色社会学理论、推动中国社会学自主知识体系构建，具有重要的理论价值和实践意义。

1981年11月—1983年12月，以访问学者身份在英国布里斯托尔大学进修，其间酝酿形成社会运行论观念：对比社会学两大传统——从马克思开始的马克思主义社会学传统和从孔德开始的西方社会学传统的异同；根据严复在《群学肄言》提出的观点（社会学是一门研究社会治乱兴衰的原因，以及所以达到治的方法和规律的学问），初步检索了我国历史上治乱兴衰的社会运行状况，开始形成社会运行类型——良性运行、中性运行和恶性运行的概念；回顾了中华人民共和国成立以来不同时期社会运行情况，特别是“文化大革命”的经验教训。

1984 年，主持建立中国人民大学的社会学研究所，标志着中国人民大学社会学学科在新时期正式恢复重建。

1985 年 1 月 22 日，为庆祝李景汉先生从教 60 周年暨 90 寿辰，刚刚成立的中国人民大学社会学所和中国人民大学出版社决定重印李景汉先生的著作《定县社会概况调查》（1986 年 3 月出版），为该重印本写了《重印〈定县社会概况调查〉前言》。核心观点是，在旧中国，不少爱国的知识分子，利用西方社会学的方法和技术，对当时中国社会的政治、经济、文化等方面，对农村、城市、少数民族等地区，作了程度不同的调查，为研究中国社会积累了一些资料。李教授的《定县调查》就是这一类调查中，首先以县为单位的系统的实地调查，是这一类调查中的主要代表作之一。

1985 年 7 月 29 日，在《光明日报》上发表论文《论马克思主义社会学的两种形态》，阐述了社会学是什么，马克思主义社会学是什么等问题。核心观点是，社会学是关于现代社会良性运行和协调发展的条件和机制的综合性具体科学。马克思主义社会学在其发展过程中有两种基本形态：革命批判性的形态和维护建设性的形态。

1985 年 11 月 4 日，在《光明日报》上发表论文《改革与社会主义经济政治思想文化的协调发展》。核心观点是，社会主义社会的城市经济体制改革中，经济、政治、思想文化三大系统的协调发展至关重要。改革不仅要重视经济的推动作用，更需注重通过理想、信念和道德的引导，促进整体社会的协调发展，以实现社会主义社会的良性运行和发展。

1986 年，在《社会学研究》第 1 期（创刊号）上发表论文《社会学对象问题新探》。该文受时任中国社会科学院胡绳院长的好评。核心观点是，讨论社会学的对象问题从社会运行和发展的类型开始，也许能把问题说得更清楚。一般地说，社会的运行和发展大体可以分为三种类型，姑且称它们为良性运行、中性运行和恶性运行，协调发展，模糊发展和畸形发展。所谓社会的良性运行和协调发展，是指特定社会的经济、政治和思想文化三大系统之间以及各系统内不同部分、不同层次之间的相互促进，而社会障碍、失调等因素则被控制在最小的限度和最小的范围之内。我们现在要建立的社会学，就是以我国社会主义社会的良性运行和协调发展的条件和机制为自己的对象的。

1986年，在《上海社会科学院学术季刊》第2期上发表论文《从社会学的角度看经济体制改革与社会变迁的几个问题》（与李强合作）。核心观点是，社会学是关于研究现代社会良性运行和协调发展的条件和机制的综合性具体科学。特殊地说，社会主义社会学即维护建设性形态的马克思主义社会学，它以社会主义社会良性运行和协调发展的条件和机制作为自己的研究对象。

1986年6月，应邀参加在意大利博洛尼亚举行的“法社会学国际学术研讨会”，发文《法社会学在中国大陆的起步、现状和发展》，并以《法学会学在中华人民共和国》为题在会上用英文作了讲演。核心观点是，法社会学是解决法律与社会问题的有效工具。法社会学作为一种综合学科，在中国仍处于理论体系的建立和完善阶段，未来的任务是继续完善法社会学理论体系，加强理论与实践的结合，以应对中国快速发展的社会需求。

1987年，以笔名“徐航”在许征帆主编的《马克思主义与当代》（中国人民大学出版社1987年版）上发表论文《改革与社会主义社会运行》。核心观点是，理解改革与社会主义社会运行之间的复杂关系，对于全面、准确地认识我国正在进行的重要改革是实现社会良性运行和协调发展的必经之路。改革的必要性在于突破社会发展的障碍实现长期的、稳定的良性运行。只有通过改革，才能确保我国社会主义社会的健康发展和长治久安。

1987 年 1 月，出版《社会学概论新编》(中国人民大学出版社)。核心观点是，将社会学定义为一门综合性具体科学，强调社会学中国化的学术取向，专注于研究社会良性运行和协调发展的条件与机制。社会作为一个结构化系统，其内在联系通过制度、角色、规范等因素维系。个体行为受到社会结构和文化背景的影响，而社会又是个体互动的产物。

1987 年，在《中国社会科学》第 1 期发表论文《试论区分社会运行类型的主要原则——对社会学基本理论的一点探讨》。核心观点是，马克思主义社会学在其发展过程中采取了两种不同的而又统一的形态：革命批判性形态和维护建设性形态。社会运行大体上可以分为三种类型，即良性运行、中性运行和恶性运行。区分社会运行类型的标准，可归结为三个主要原则，综合性原则、协调性原则和满足需要的原则。

1987 年，在《中国人民大学学报》第 2 期发表论文《我国社会指标研究的几点探索》。核心观点是，依据美国科学家 R.A. 鲍尔编著《社会指标》及其引起的国际“社会指标运动”，提出中国如何进行社会指标研究等问题。社会运行协调与否，最终是通过研究一定的结构性的投入指标在功能的产出指标上产生了何种结果、发生了何种影响、效率如何等而得到说明的。

1987 年 7 月，出版《社会学对象问题新探》(中国人民大学出版社)。核心观点是，社会运行和发展具有三种类型：良性运行和协调发展、中性运行和模糊发展、恶性运行和畸形发展。社会学是关于社会良性运行和协调发展的条件和机制的综合性具体科学。

1987 年 11 月 12 日，在《光明日报》上发表论文《从社会学角度看十三大的理论贡献》。核心观点是，党的十三大报告涉及许多社会学范畴，如与改革的艰巨性、复杂性有关的“社会承受力”，与社会协商对话制度有关的“社会安全阀机制”，与经济效益相对的“社会效益”，此外还有合理的“社会流动”“社会规范”“社会制度”“社会公平”，以及“人口控制”“环境保护”“生态平衡”等，为建立具有中国特色的马克思主义社会学提供了根本依据。

1988 年在《社会学研究》第 5 期上发表论文《试论“以人为中心”的社会发展指标体系》。核心观点是，人的发展是社会发展的核心和最高目标。所谓社会目标，是指某一社会体系根据对社会发展过程的认识所确定的该体系发挥功能的要求和期望达到的状态。确定特定的社会目标，是建立社会发展指标体系的第一步。

1988 年 3 月 31 日，在北京市社会学会学术会议上作报告《试论“社会效益”——对一个具有重要意义的社会学范畴的探讨》。该文后刊登在该学会刊物《社会学与社会调查》1988 年第 4 期上，正式发表于《社会科学战线》1988 年第 2 期上，《百科知识》1988 年第 2 期以《重视社会效益研究》为题摘要其观点。核心观点是，社会效益指从社会总体利益出发来衡量的某种社会活动的效果和收益。社会效益强调的不是个别利益，而是高于个别利益的社会总体利益。社会效益是某一社会单元对其外部环境所作的社会贡献。所谓“社会单元”是指社会的某个局部、某个组织或某个单位。机关、厂矿、医院、学校等，在社会效益的研究中均可视为一个社会单元。当个人作为从事某项社会经营活动的独立单位时，个人也可以成为社会单元。所有这些方面的效益，虽然不一定能用金钱衡量，但它们无疑有一种“社会支出”与“社会收入”的价值关系。

1988 年 8 月，以《社会协调发展问题的基本思路》为题，在黑龙江伊春市举行的“全国社会主义初级阶段理论与社会学学术讨论会”上发言，后被收录于《社会主义初级阶段中的社会学》（知识出版社，1989 年版）。核心观点是，“很多同志至少在思想认识上还没有把社会变迁放在与经济发展同等重要的位置上，从而造成了全国性的社会变迁滞后，经济改革与社会改革不同步的失调状况”。在发展战略或发展模式上，主张以发展生产力为基础，以人的发展为核心，经济、政治、思想文化、科技等社会各个系统相互协调发展。

1989 年，在《中国社会科学》第 3 期上发表论文《主观能动性、主观偏见、“价值无涉”——答戴盛中同志》。核心观点是，正确的价值观就是实事求是。实事求是的原则应贯穿于认识的全部过程中。“实事求是”的原则比“价值无涉”的原则要高明得多。

1989 年，在《中国社会学年鉴》第 10 期上发表论文《要研究转型中的中国社会和成长中的中国社会学》。核心论点是，当代中国社会学急需研究的问题，从理论上说，主要包括两个大的方面；一是作为社会学研究客体的中国社会，一是社会学本身。他们的特点可以分别概括为两个词，即“转型中的中国社会”和“成长中的中国社会学”。

1989 年 8 月，出版《社会学》（学术期刊出版社）。核心观点是，社会学是一门了解和认识社会运行规律的社会科学，具有较强的应用性和实践性。社会学研究应当紧密结合中国的社会实际，探索社会运行和发展的规律性。

1989 年 9 月，出版教材《社会指标理论研究》（中国人民大学出版社）。核心观点是，社会指标及其体系，既是社会学的重要研究手段，又是发展社会学的必要路径。社会学不仅需要定性的说明和论证，也需要定量的描述和解释。确定和分析人的全面发展的条件与表现，是建立社会发展指标体系的一个层次结构问题，包括人的物质生产和物质生活活动，人的社会生活活动，人的个性发展活动。建立人的全面发展指标体，最重要的是回到人的主观感受上来，经过人的主观感觉、认识而得到评价，因而需要建立主观社会评价体系。

1990年，在《中国人民大学学报》第1期上发表论文《树立正确的自由观》，同年9月1日刊登于《经济日报》。核心论点是，马克思主义的自由观包括哲学和政治两个方面的含义，在政治上，自由指社会关系中受到保障或得到认可的按照自己的意志进行活动的权利。政治自由属于上层建筑的范畴，它具有历史性、阶级性、相对性等特征，是一个逐步发展的过程。为了树立正确的自由观，必须正确对待和处理个人自由与集体自由的关系，个人自由与法律、纪律、权威的关系，以及个人自由与社会安定的关系，等等。

1990年7月，为在联邦德国巴德洪堡召开的“韦伯与中国现代化”国际研讨会准备论文《韦伯社会学类型的建立及其对认识转型社会的启发意义》。其中的两个部分，后来分别以《论韦伯的理想类型及其早期运用——“文化意义”的检索和由此引出的关于东西方现代化问题的一个争论》和《论韦伯的理想类型及其晚期运用——社会结构分析和它对认识转型社会的一点启示》为题，先后发表在《学术季刊》1991年第2期和《天津社会科学》1991年第4期上。核心论点是，韦伯关于社会类型分析构想的理论基础和方法论基础是“理想类型”。这既是他进行比较类型学分析的前提，又是这种分析的特殊的表达。在韦伯那里，社会学由“理想类型”找到了属于自己认识现实的独特方法和角度，不妨称之为“类型学方法”。社会学类型方法最初的提炼和概括，是从对社会形态作一般社会学的区分和描述开始的。社会学的类型化方法的建立和完善，也使我们完善了对转型社会现实的认识，而这种方法本身是需要指涉现实的。转型社会类型的确立，是这种相互作用的一个成果，它使我们自觉认识到，“转型”反映的是一种重大的结构性调整。

1990年11月，在《社会学研究》第5期上发表论文《关于我的社会学定义——序董驹翔主编的〈社会学〉·答我的一些批评者》。核心观是，我的社会学观点，并不像个别持全盘否定的观点的同志所说的那样“在理论和实践上断难成立”，相反是富有生命力的。科学性只有通过实事求是才能达到。

1991 年，在《社会学与社会调查》增刊上发表论文《社会运行控制机制初探——中国社会稳定、发展和改革的一个重要问题》。核心观点是，社会秩序的产生、发展和变化属于社会运行控制机制的研究范畴。社会控制是一种社会行为，是一种积极互动的发展过程，是社会通过各种因素，运用各种方式，调动各种社会力量，促使社会个体和社会群体能有效地遵从社会规范，从而达到维持社会秩序，实现社会运行目标的目的。社会运行控制机制则是指达到这一目的作用原理与作用过程。从结构上分析，社会运行控制机制包括三个组成部分，即控制手段、控制对象和控制过程。在结构分析的同时，还将进行功能分析，以及控制机制运作的三种状态：稳态、亚稳态和失稳态。

1991 年，在《社会科学战线》第 4 期上发表论文《社会运行激励机制初探——中国社会稳定和发展的一个重要问题》。核心论点是，社会运行的激励机制是指社会有机系统为引导社会成员的行为方式和价值观念，以实现其认同的社会目标，按设定的标准和程序将社会资源分配给社会成员或社会群体的过程。激励机制的良性运转不是社会良性运行的充分条件，而是必要条件。也就是说，社会良性运行，激励机制必然也是良性运作的；激励机制良性运作，社会不一定良性运行。

1991 年 12 月，执笔为《中国大百科全书·社会学卷》撰写了社会学、马克思主义社会学、英国社会学、理论社会学、应用社会学、宏观社会学、微观社会学、李景汉、《定县社会概况调查》、中华平民教育促进会、哈贝马斯等 11 个条目。

1992 年，在《浙江月刊》第 1 期上发表论文《中国社会的转型与转型中的中国社会——关于当代中国社会变迁和社会主义现代化进程的几点思考》。核心论点是，转型，是指事物从一种运动形式向另一种运动形式过渡的过程。转型既包括事物结构的转换，也包括事物运动机制的转换。党的十一届三中全会以来，我国进入了从传统社会向社会主义现代化社会转型的新时期。

1993 年，在《社会科学战线》第 1 期上发表论文《试论社会运行机制》。核心论点是，社会运行目标是由社会制度、民族传统、大众文化、历史条件这四个因素决定的，其中最重要的影响因素是社会制度。社会运行目标一旦确立之后，所有的社会运行机制就将围绕社会运行目标而被建立起来，为实现社会运行目标服务。因此，社会运行目标对社会运行机制起着导向的作用。同时，对社会运行机制进行了分类：按形成过程，社会运行机制可分为自发机制和人为机制；按作用领域，可分为经济机制、政治机制、文化机制、心理机制等；按表现形态，可分为显机制和隐机制；按社会运行机制的层次，可分为一级社会运行机制、二级社会运行机制、三级社会运行机制、四级社会运行机制等。其中，一级社会运行机制分为动力、整合、激励、控制、保障等五个二级机制。

1993 年 4 月，出版《社会运行导论——有中国特色的社会学基本理论的一种探索》（中国人民大学出版社）。核心观点是，社会学是研究社会良性运行和协调发展的条件和机制的综合性具体科学。“社会设置”、“社会机制”和“社会指标”是社会运行的基础性条件。社会设置是在特定社会活动领域中所创设和形成的一套持续而稳定的规范体系，也是规约社会行动的结构框架。社会机制是带规律性的模式，是社会运行的规则与方法。社会指标是反映社会现象、衡量社会状况、检测社会过程、预测社会发展的综合性的质量和数量标准。

1993 年，在《天津社会科学》第 5 期上发表论文《试论社会控制的度》。核心观点是，社会秩序是任何社会运行和发展的前提，而社会秩序的维系则有赖于社会控制。社会控制的“度”，意味着社会控制的控制标准和具体的控制形式。欠度社会控制不利于社会运行和发展，过度社会控制同样会妨碍社会良性运行和协调发展，因此把握社会控制的度十分重要。在进一步降低社会控制力度的同时，要特别注意提高社会控制刚度和社会控制网络密度。只有这样，才能实现适度的社会控制与社会的良性运行和协调发展。

1993 年 9 月 1—2 日，为大百科全书出版社和“中国大百科全书座谈会”撰文《从社会学卷看中国大百科全书》。核心观点是，《中国大百科全书》的《社会学卷》的编写，不仅是中国社会学发展的里程碑，也标志着社会学在社会主义中国的学科地位得以确立，尤其是在改革开放的背景下，社会学的发展进入了黄金时代。

1994 年，在《高校理论战线》第 2 期上发表论文《重在学习立场、观点和方法》，该文为纪念毛泽东主席一百周年诞辰而作。核心论点是，毛泽东的著作为后人提供了以马克思主义立场、观点和方法解决中国革命和建设问题的光辉范例。强调立场的重要性，尤其是无产阶级和人民大众的立场，以及在当前形势下坚持社会主义立场。

1994 年，在《中国人民大学学报》第 5 期上发表论文《荀子社会治乱思想探析》。核心论点是，荀子社会治乱思想的逻辑起点，是“治乱非天”，理论依据是人性假说。从人性的生物性为“性恶”出发，提出要“化性起伪”，其核心内容是“隆礼重法”。针对人性的社会性一面，提出要“明分使群”，其目的是建立有等级差别的封建社会制度。在荀子看来，“礼”“法”“分”，只是一种社会规范体系，必须由人来贯彻执行，因此人是关键因素，据此提出了“尚贤使能”的主张。

1994 年 9 月，完成论文《道学思想的社会学阐释》，并以《道学精神与君主秩序》为题在《浙江学刊》1996年第1期、第2期上发表。核心论点是，每一个封建君主秩序，大治遭到破坏之后，社会秩序即表现为乱。共生性认为，君主秩序和道学理论都是自然经济的产物。同构性认为，两者作为自然经济的产物，在目的、结果上具有相似性，在社会承载者上具有同一性。

1994年8—10月，在访美讲学期间，在哈佛大学和杜克大学发表《当前中国社会转型的特点及其面临的问题》的学术讲演，后以《中国社会大转型》为题发表在《中国软科学》1994年第1期上，并被翻译成英文刊登于1994年11月出版的韩国《东西方研究杂志》23卷第2期上。核心观点是，以“社会转型度”视角考察1978年以来中国社会转型的特点和问题。“社会转型度”这个概念，是衡量中国社会现代化程度的一个重要范畴，可区分为速度、广度、深度、难度和向度等五个次级概念。

1995年，完成论文《社会转型理论的新视角：度与势》，对社会转型度和社会转型势作了系统论证，被收录于《当代中国农村社会转型的实证研究》一书。核心论点是，社会学研究社会现代化的方法和理论很多，也为世界范围内的现代化研究提供了有益的实证方法和思路。对一个国家、地区或一个社会、社区的从传统到现代过渡的社会转型的研究，总是围绕两个基本方面——社会转型的度与势——而展开的，离开这两个基本方面，任何社会转型的实证研究都无以立足。转型势是对转型度的更深一步的研究。转型度反映社会转型的整体状况，转型势则是进一步探测成为这一状况的原因。它从社会转型的不平衡入手，特指一个国家或地区、社会或社区社会转型的能力、态势及其发展趋势。

1995年，在《社会学研究》第5期上发表论文《当代中国价值评判体系的转型》。核心观点是，社会转型是一个充满矛盾与冲突的过程，表现在价值评判体系转型上，则是原有的传统价值评判不断受到新生的价值评判的挑战，不符合社会转型潮流的那部分价值评判逐渐被新生的价值评判所取代，原有价值评判体系在社会转型中逐渐地被重组、更新，其原有的社会控制功能在不断地被削弱，最后将建立起新的价值评判体系。可以说，价值评判体系的转型，既是社会从传统到现代转型的先声，又是这一社会转型的必然结果。

1996 年，在《社会学研究》第 1 期上发表论文《当代中国社会结构转型的主要内涵》。该文根据其与洪大用合作的长文《当代中国社会结构转型与社会流动：内涵、特征》部分改写而成，原为在 1995 年第六届亚洲社会学大会上的发言稿。核心论点是，社会结构主要是指一个社会中社会地位及其相互关系的制度化和模式化的体系。1978 年年底开始的改革开放，标志着中国社会进入了从传统社会向现代社会转型的加速期。中国社会结构转型大体表现在三个方面：身份体系弱化，结构弹性增强；资源配置方式转变，体制外力量增强；国家与社会分离，价值观念多样化。

1996 年 1 月，出版《中国社会转型中的社会问题》（中国人民大学出版社）。核心观点是，中国社会快速转型期的特点，包括社会优化与弊病并生、社会进步与代价共存、社会协调与失衡同在、充满希望与饱含痛苦相伴。中国社会具有极强的自我调适能力，主要体现在三个方面：首先，中国社会有坚定不移的共同目标，能够把全国人民凝聚在一起；其次，社会动员能力强大，能够有效地集中社会资源以实现共同目标；最后，有一个全国人民信赖且无可替代的社会领导核心力量。

1996 年，在《中国特色社会主义研究》第 2 期、第 3 期上发表论文《人权中的两种进展——现代国际人权与马克思主义》。核心观点是，现代国际人权有三代概念：第一代以个人的公民和政治权利为核心，强调政府不干预；第二代以经济、社会、文化权利为主，强调国家干预和社会平等；第三代则关注国家和民族的集体权利。同时，现代国际人权中有两种主要思潮，即以美国为中心的北美人权观与亚洲人权观。美国中心主义强调个人主义和对抗性思维，试图通过霸权主义将其人权标准强加于其他国家，但这种思潮正逐渐衰落。相比之下，亚洲人权观则注重集体主义和合作，强调经济、社会、文化权利，并倡导尊重各国的特殊性。

1996年8月，为《中国社会学年鉴1992.7—1995.6》撰写专文《当前理论社会学进一步探讨的几个领域》。核心论点是，回顾其学术群体在社会运行论方面的研究历程，作出“社会学是关于社会良性运行和协调发展的条件和机制的综合性社会科学”的论断，随后深入探讨了社会运行的条件与机制，并指出当前社会运行研究的进一步工作方向。阐述社会转型论的理论框架，引入了“社会转型度”和“社会转型势”的概念，用以分析中国社会从1840年开始的转型过程及其特点。

1996年8月，出版《当代中国农村社会转型的实证研究》（中国人民大学出版社）。核心观点是，“度”与“势”是理解社会转型的两个关键概念。社会转型度是衡量一个社会转型过程的整体情况和变化程度的指标；社会转型势是分析一个国家或地区、一个社会或社区的转型能力、转型趋势的不平衡性的概念工具。改革开放以来，中国农村社会经历了复杂且多维的社会转型过程，包括社会结构、农业发展与农村经济、农村治理与社会服务、农村文化与价值观、城乡关系、农村社会转型的区域差异等。

1996年11月18—30日，完成论文《关于“社会转型”一词》。该文的写作背景是：1996年11月12日，当时北京市委主管意识形态的副书记李志坚同志给郑杭生来信，要求提供关于“社会转型”的资料。他回信提供了一些资料，并附上这篇文章。核心论点是，“社会转型”，是一个有特定含义的社会学术语，意指社会从传统型向现代型的转变，或者说由传统型社会向现代型社会转型的过程，说详细一点，就是从农业的、乡村的、封闭的半封闭的传统型社会，向工业的、城镇的、开放的现代型社会的转型。当我们说“社会转型”时，着重强调的是社会结构的转型。在这个意义上，“社会转型”和“社会现代化”是重合的，几乎是同义的。在我国确实存在种种不正确理解甚至是滥用这个术语的现象，最突出的一类是把社会转型理解为所谓“社会主义向资本主义的转变”或向“后社会主义转变”等，这是基于错误政治立场的滥用。正确的做法是提出划清两种民主观、两种自由观、两种人权观的界限。用行政命令限制，甚至禁止使用这个本身无辜的社会学术语，则不能视为正确的。现在确实有人说“不能使用‘社会转型’这个词”，确实有人准备要批判“社会转型”。郑杭生认为这至少是一种术语幼稚病。

1996 年 9 月，在国家教委围绕“高等人文社会科学教育面向 21 世纪教学内容和课程体系改革计划”设立的科研项目中，承担了社会学子课题“建设有中国特色的社会学研究”。依托该课题，完成社会学本土化理论的系列研究成果：《二十世纪中国的社会学》又名《中国社会学的发展：历史、现状与前瞻》（党建读物出版社，1999 年 7 月版）、《二十世纪中国的社会学本土化》又名《有中国特色的社会学：社会学本土化从世界到中国的理论和实践》（党建读物出版社，2000 年 7 月版）、《中国社会学史新编》（高等教育出版社，2000 年 5 月版）。核心观点是，只有把纵的历史方面和横的理论方面结合起来，才能较为完整地体现出 20 世纪中国社会学的真实面貌，也才能较为完整地理解有中国特色社会学的内涵。

1997 年，在《社会学研究》第 2 期上发表论文《关于 21 世纪中国社会学发展的几点展望》。核心论点是，随着改革开放的深化，中国社会学的学科地位、研究范围和实际作用都在不断地发展。21 世纪，中国社会学的学科地位将进一步提高，这是中国社会转型加速和社会与国家相分离的必然要求，也是非经济因素日益突出和国际社会达成重视社会发展的共识的结果。在今后的发展中，中国社会学还将呈现出本土化、国际化、综合化和成熟化四大基本趋势。

1997年5月21日，以《当前中国社会学学科建设需要解决的几个问题》为题，在《中国社会科学》编辑部召开的"中国社会学的学科建设"学术讨论会上发言，后被《光明日报》和《中国社会科学》第5期分别摘要刊登。核心论点是，当前中国社会学学科建设面临的主要挑战包括三个方面：认识问题、教学问题与科研问题。在认识问题上，社会学需明确其作为一门在社会科学中占据重要地位并迅速发展的新兴学科的定位；在教学方面，需要进一步推动社会学学科的布局、专业目录、师资培养、社会调查基地建设、学科建设基地及教材建设，以适应社会现代化的需求；在科研方面，社会学应加强理论研究并注重理论与实际的结合，重点关注中国社会结构的变化和实际问题的研究，从而逐步提升其学科地位。

1997年6月，为庆祝中国人民大学建校60周年，发文《中国人民大学社会学学科建设的回顾》。核心论点是，中国人民大学社会学学科建设历程，包括以下几点：自觉坚持以马克思主义、毛泽东思想和邓小平建设有中国特色社会主义理论为理论基础和指导思想；抓住中国特色不放；站在学科发展的前沿；坚持教学和科研相互促进；建设一支素质好、水平高、结构合理的学术队伍。

1997年8月，出版《当代中国社会结构和社会关系研究》（首都师范大学出版社）。核心观点是，改革开放前，国家占有和直接支配几乎全部重要的社会资源，并在此基础上占有了全部重要的社会机会。改革开放后，我国在原有社会结构体系上形成的利益格局已经被打破，社会各群体或集团间的利益关系在新的体制下发生重组，形成群体间新的利益结构。

1997年10月17日，在中国人民大学社会学系成立10周年、社会学研究所成立13周年庆典上，以《百尺竿头，更上一层楼》为题作演讲。核心论点是，中国人民大学社会学系所历经13年建设，从无到有，发展迅速，已成为国内社会学教学和研究的重要基地之一，而自己的历史作用是承前启后，培养中青年社会学学者接班，传承前辈社会学家的思想并与时俱进。未来，社会学系所应在继续坚持马克思主义指导、突出中国特色、站在学科前沿等基础上，努力建设高水平的学术队伍，为中国社会学事业发展作出新的贡献。

1998 年，在《百科知识》第 9、10 期上发表论文《国际人权发展的若干趋势——纪念〈世界人权宣言〉50 周年》。核心论点是，《世界人权宣言》不仅总结了国际人权发展的主要历史成果，并成为国际社会的共识，还预示了未来人权发展的方向。人权从“第一代”公民与政治权利到“第二代”经济、社会、文化权利，再到“第三代”国家和民族的集体权利的发展历程，揭示了人权概念从狭隘到普遍的演变。人权发展不仅是权利种类的增加，也是这些权利适用范围的逐步扩大，反映了历史条件和不同社会群体在争取人权中的斗争与进步。

1999 年，在《华中理工大学学报（社会科学版）》第 3 期上发表论文《邓小平与当代中国社会学》。核心观点是，在邓小平“赶快补课”指示下，中国社会学得以恢复和重建。邓小平的理论和实践包含了丰富的有中国特色的社会学思想，他的拨乱反正与中国社会学在治乱兴衰方面有交汇点、结合点和共同点。对邓小平理论进行社会学解读，既能推动对邓小平发展思想的进一步研究，又能推动本学科的发展与建设，产生“贯通双赢”效应。

1998 年 4 月，出版《走上两个文明全面发展轨道的中国社会》（中国人民大学出版社）。核心观点是，改革开放以来，中国社会不仅在经济建设上取得了显著成就，而且在文化、教育、科技等精神文明领域内也实现了长足进步。两个文明的协调发展是中国社会持续进步的关键，只有物质文明和精神文明同步推进，才能实现社会的全面和谐与可持续发展。

1999年，在《湘潭师范学院学报（社会科学版）》第4期上发表论文《论社会学本土化的类型和特征》。核心论点是，社会学本土化是一种使外来社会学的合理成分与本土社会的实际相结合，增进社会学对本土社会的认识和在本土社会的应用，形成具有本土特色的社会学理论、方法的学术活动和学术取向。根据社会学本土化的展开方式，社会学本土化可分为“运动型”和“非运动型”两类；据社会学本土化的发生地，可将社会学本土化划分为中国化、拉美化、印度化、菲律宾化、加拿大化、日本化、美国化等等；据社会学本土化成果的形态，可大体将社会学本土化划分为理论问题研究型、本土社会认识型、本土社会问题解决型以及修正-创新型四大类型。社会学本土化主要具有四大基本特征，即起点上的反思性、功能上的整合性、空间上的世界性和内容上的多方面性。

1999年，在《东南学术》第5期上发表论文《中国社会学百年轨迹》。该文被收录在北京市社科联组织编写的《学术名家论百年》（北京出版社，1999年版）论文集中。核心论点是，中国社会学，如果从1903年全文出版严复译述斯宾塞《社会学研究》的《群学肄言》算起，也有了近百年的历史。中国社会学百年，可以分为两大时期，这就是以新中国成立为界，分为前一段近50年的中国早期社会学和后一段50年的中国当代社会学。中国社会学百年的发展轨迹，可以简明地概括为四句话，这就是立足现实，弘扬传统，借鉴国外，创造特色。

1999年7月，出版《二十世纪中国的社会学》（党建读物出版社）。核心观点是，回顾中国社会学在20世纪的发展历程，阐述社会学本土化的一般性的基本理论问题，深入探讨了社会学本土化的过程。社会学应以“社会良性运行与协调发展的条件与机制”为研究对象，中国社会学的发展和创新，要遵循“立足现实、开发传统、借鉴国外、创造特色”的路径。

1999年，连续4年应邀为开始创办的工具书《北京社会科学年鉴》写概述:《1999年社会学研究述评》《1999年社会学研究概况》《2000年社会学研究综述》《2001年社会学研究综述》《2002年社会学研究综述》。核心观点是，中国社会学在新世纪的走向：第一，“立足现实，开发传统，借鉴国外，创造特色”，不只是一个历史经验，它将被中国社会学界长期坚持下去，它仍将是中国社会学在新世纪的总的走向；第二，对社会学理论的研究，特别是基本理论的研究，将会在现有成果的基础上，在更高的层次上展开新一轮讨论和探讨；第三，社会学的作用和地位将会进一步提高，这一点也是社会学界的共识。

1999年—2000年，与李迎生合作，分别在《江苏社会科学》1999年第6期上发表论文《中国早期社会学中的综合学派——综合学派的集大成者孙本文的社会学探索》，在《政法研究》1999年第3期上发表论文《中国早期社会学中的社区学派》，在《社会科学战线》2000年第3期上发表论文《中国早期社会学中的乡村建设学派》，完成论文《中国早期社会学中的马克思主义学派》(收入《郑杭生社会学学术历程之一：中国特色社会学理论的探索》，中国人民大学出版社2005年版，第293—307页)。核心观点是，综合学派是中国早期社会学中的一个重要学派，是学院派社会学的主流。社区学派是20世纪三四十年代活跃于中国社会学界的一个重要学派，其代表人物有吴文藻、费孝通、林耀华等。社区学派的活动大大地改变了此前中国社会学界往往以译述西方社会学为主的局面，在社会学中国化的道路上走出了重要的一步。“乡村建设学派”是由于这场乡村建设事业主要是由一些学术界知识分子提倡、引导与参加的，其核心人物如晏阳初、梁漱溟、李景汉等，都是中国社会学发展史上的知名人物。中国早期社会学的马克思主义学派代表人物李大钊、瞿秋白、李达、许德珩等，对社会学研究的根本法则、社会学的研究对象及其与其他学科的关系、社会及其本质、社会学的历史使命或重要性、社会学研究的方法论等各种社会学基础理论问题进行了探讨。

2000 年，在《吉林大学社会科学学报》第 1 期上发表论文《论社会学本土化的内涵及其目的》。核心观点是，1931 年 2 月，孙本文在中国社会学社的第一次年会上发表了题为《中国社会学之过去现在及将来》的演讲，明确使用了社会学的“中国化”概念，并特别地将“建设一种中国化的社会学”强调为中国社会学今后的四大“基本工作”之一。孙本文的这次演讲，标志着社会学本土化运动在中国的正式开始。

2000 年 1 月，出版教材《中国社会学史新编》(高等教育出版社)。核心观点是，中国社会学的发展，应紧密结合中国的社会实际，既要借鉴国外社会学的理论和方法，也要继承和发扬中国社会学的本土传统，从而构建具有中国特色的社会学理论和研究体系。理解和研究中国社会学史，对于推动中国社会学的发展和解决当代社会问题，具有重要意义。

2000 年 6 月，出版《二十世纪中国的社会学本土化》(中国人民大学出版社)。核心观点是，作为一本汉译英著作，通过回顾和梳理近百年来中国和世界社会学本土化的历史，论述中国和世界社会学本土化的历史，以及社会学中国化和中国社会学国际化的进程与意义。理论自觉，即中国社会学学者应当有意识地在理论研究当中体现中国特色，形成具有自主性的学术话语体系。

2000 年，在《社会》第 9 期上发表论文《论中国社会学传入阶段的本土化尝试》。文章主要对严复试图融合西方社会学思想与儒家文化的“群学”思想，以及章太炎的“合群明分”思想作了具体分析。核心论点是，中国早期社会学，在 1919 年以前，主要处于一个翻译和介绍国外社会学的阶段，即传入阶段。即使在传入阶段，中国社会学也不是单纯地进行移植，而是开始了社会学本土化即中国化的尝试，表现出明显的本土化即中国化的倾向。此种社会学本土化的尝试和倾向，在严复、章太炎的社会学学术活动以及北京社会实进会进行的实证研究之中，可以清楚地看到。

2000年9月22—24日，中国社会学会2000年学术年会上，作《社会学中国化的几个问题》的主旨报告。该文后发表于《学海》2000年第6期上，并被《中国社会科学文摘》2001年第4期作了论点摘编。核心观点是，在世界社会学本土化的历史上，中国社会学界的前辈们开展了卓有成效的工作，功不可没。增强主体意识，弱化"边陲思维"，是社会学中国化顺利推进的前提条件。

2000年，在《社会学C4》第3期上发表论文《从社会学学科层次结构看社会学对象问题》。核心观点是，"个人与社会的关系是社会学的基本问题"。社会学学科的层次结构大体区分为三个层次，包括社会学基本问题层次、社会学对象问题层次和社会学范畴问题层次，即"元问题层次""本问题-总问题层次""本问题-分问题层次"。第一层次和第三层次不是给社会学下定义的合适层次，只有第二层次才是恰当的层次。"社会学是研究个人与社会的关系的"，这在社会哲学层次上是对的，但它没有在社会学作为综合性具体科学的层次上具体回答社会学的对象问题。

2000年，在《江苏社会科学》第1期上发表论文《也谈社会学的学术规范问题》。核心观点是，立足现实，弘扬传统，借鉴国外，创造特色，是统一的整体，不能分割。缺少其中之一，就会这样那样地影响中国社会学的健康发展。至于这四个方面中的每一方面，中国社会学并没有走什么弯路。"弯路论"是没有根据的。

2000年，在《社会科学研究》第1期上发表论文《究竟如何看待"价值中立"？——回应〈为"价值中立"辩护〉一文对我观点的批评》。核心观点是，"价值中立"是一个在总体上包含根本缺陷但又有局部合理性的西方社会学的方法论原则。科学性与革命性的统一集中表现在马克思主义的精髓“实事求是”上。对马克思主义来说，只有实事求是，才能正确认识客观世界，把握客观规律和客观真理；也只有实事求是，才能真正实现无产阶级和劳动人民的利益。

2000 年，为“国家哲学社会科学‘十五’研究规划”中的社会学研究规划撰写报告《“九五”期间社会学研究现状与“十五”期间社会学发展规划》，后被收入其主编的《跨世纪中国社会学——回顾与瞻望》（中国人民大学出版社，2001 年版）一书中。核心观点是，中国社会学在“九五”期间进入快速发展阶段，学科地位确立，学术建设成为重心。研究主要围绕邓小平理论的应用、社会结构变迁、社会分层与流动、社会发展与现代化等主题展开。“十五”期间，社会学将朝着本土化、国际化、综合化和成熟化方向发展，研究领域包括社会学理论与方法、转型社会研究、城市化与社区管理、高新技术与社会变迁、社会保障等，重点课题聚焦社会学理论体系建设、西部大开发与社会发展、国家与社会关系的变迁、城市农民工的管理等多个方面，旨在加强对中国社会转型和现代化进程的深入研究。

2001 年 1 月 12 日，以《社会学学科制度建设在改革开放后中国的进展与问题》为题在“学科制度建设”研讨会上发言，后以《当前社会学学科制度建设的问题》为题发表在《新视野》2002 年第 5 期上。核心观点是：中国社会学学科在改革开放后的制度建设进展上面临诸多问题；学科制度的理论层次，包括深层理念、规范体系和物质体系；社会学在教学机构、研究机构、学术团体、学位体系和基金资助等方面取得的成就；当前学科建设中仍然存在博士点设立、出版体制、学科规模和政策投入等方面的不足，需改善政策环境和体制条件。

2001 年，在《江苏社会科学》第 3 期上发表论文《社会公平与社会分层》。核心观点是，社会公平问题虽非新现象，但在快速转型和现代化背景下出现了一些新特点：社会的巨大变革使得不同群体间利益分化，引发了普遍的公平感受；社会的优化和问题并存，一方面经济发展带来了机会和生机，另一方面贫富差距、腐败等问题加剧了不公平感；社会进步伴随的代价进一步加剧了社会分层，引发了怀旧和不平等感。公平不等于平等，尤其不是平均主义。在现阶段应推行“公平的不平等”，即在保证机会和条件平等的前提下，适度拉开收入差距，以促进社会整体效益和财富增长。同时，效率优先兼顾公平的原则，是社会主义市场经济下的理性选择，以实现社会的稳定和可持续发展。

2001 年 10 月，出版《跨世纪中国社会学——回顾与瞻望》(中国人民大学出版社)。核心观点是，回顾中国社会学“九五”期间的重要进展、成果与主要问题，展望“十五”期间社会学的发展趋势、重要研究领域。社会学研究应紧密结合中国社会实际，倡导社会学的本土化和实践性，以及社会学对于社会良性运行和协调发展的应用价值。

2001 年，在《学术界》第 4 期上发表论文《义利互动模式与社会良性运行——对义利关系的一种理论和实证的社会学分析》。核心观点是，义和利是两种既相互联系又相互区别、既相互冲突又相互整合的价值取向。当义、利分别作为工具价值和目标价值发挥作用时，可以得到义利互动的各种可能模式。一般地说，其中义利互动的整合模式有利于社会的良性运行与协调发展，而冲突模式则可能阻碍社会的良性运行与协调发展。转型期多种义利互动模式并存的现状，是符合社会运行规律的，宏观上体现了社会的进步性；需要确立主导义利模式，使多元义利取向服从主导义利观。

2001 年 7 月 1 日，主持申报的国家社会科学基金“十五”重点项目“社会转型过程中个人与社会的关系研究”获得立项，带领学术团队发表了系列成果，提出了“社会互构论”。

2001 年 7 月 7 日，以《中国社会的巨大变化与中国社会学的坚实进展——以社会运行论、社会转型论、学科本土论和社会互构论为例》为题，在人民大会堂举行的第 36 届世界社会学大会上作主旨演讲，该文发表在《江苏社会科学》2014 年第 5 期上。核心观点是，提出两个研究视角：一个是研究社会学本土化的基本理论问题；另一个是从社会学在世界各国的本土化角度来研究社会学中国化的问题。

2003 年，在《江苏社会科学》第 1 期上发表论文《个人与社会的关系——从前现代到现代的社会学考察》，被人大学复印报刊资料《社会学》2003 年第 7 期全文转载。核心论点是，从社会学视野，可以将前现代的个人与社会的关系概括为两个转变和一次决裂。所谓两个转变，即由自然人与自然人群社会的“浑然一体”向血亲社会的个人与社会的初始结构化关系的转变，再由这种初始结构化关系向个人与社会的等级制结构性关系的转变。所谓一次决裂，即指在两次转变的过程中，个人与社会的关系发生了同原始的自然非结构性状态的决裂，进入不可逆转的结构性状态的历史过程。正是这一特定的语境，构成了个人与社会的关系的前现代性质，以及与之关联的社会现象的前现代特征。个人与社会的关系是人类生活变迁的根本内容和重大现象的本质；个人与社会的关系具有时空具体性，其延展与断裂意味着人类生活组织模式的形成和更替；前现代个人与社会的关系是理解现代个人与社会的关系的一个基础，但是，对个人与社会关系的现代意涵的理解，只能从现代社会事实和社会现象的研究中获得，这正是社会学的基本内容所在。总之，个人与社会的关系在社会学中处于特殊的、基本的、核心的地位。

2003 年，在《社会学视野》第 1 期电子杂志上发表论文《论社会学元问题与社会学基本问题——个人与社会关系问题的逻辑结构要素和特定历史过程》，后在《华中科技大学学报（社会科学版）》2003 年第 4 期上发表。核心观点是，社会学的元问题，就是实存的众多个人与作为现代生活共同体的社会的关系问题，简单地说就是个人与社会的关系问题。这一问题既是社会学的元问题，也是社会学的基本问题。

2003 年 1 月，出版教材《社会学概论新修》第五版（中国人民大学出版社）。核心观点是，在第四版的基础上进行了更新和完善，以适应中国社会的发展和国际社会学研究的新趋势，贯彻社会学中国化的学术取向和理论自觉意识。以社会运行论为理论主线，以社会转型论为解释视角，侧重从微观和宏观两个层面对社会学学科的基本概念、理论和研究内容作全面介绍。

2003 年，在《西安交通大学学报（社会科学版）》第 2 期上发表论文《社会学研究中“社会结构”的涵义辨析》。核心论点是，作为社会学研究中一个应用广泛的重要概念，“社会结构”应是指社会行动者在互动基础上形成的相对稳定的社会关系协调体系。

2003 年，在《华中师范大学学报（人文社会科学版）》第 3 期上发表论文《权益自主与权力规范——对现代社会中个人与社会关系的多视角分析》。核心观点是，个人与社会的关系问题是现代社会一切问题的根源，是社会学的基本问题。从现实过程看，这一问题总是围绕着个人权益自主与社会权力规范展开的。个人的本性在于追求自主权益，社会的职责则是提供权力规范，两者的诉求和实践构成了现代社会的经济、政治、文化、生活领域的现实内容，影响着人类共同体的合作与分离、整合与冲突的基本过程。

2003 年，在《马克思主义与现实》第 4 期上发表论文《社会互构论：中国特色社会学理论的新探索》。核心观点是，社会互构论是一种在马克思主义观点指导下提出的、具有世界眼光的当代中国特色社会学理论。它在社会和谐上与今后20年战略机遇期中国社会的主调的吻合，表明了它作为一种维护建设型社会学——马克思主义社会学的第二种形态的特质，也预示着它必将对中国社会的改革、发展、稳定起到自己应有的作用。

2003年，在《中国人民大学学报》第4期上发表论文《社会互构论的提出——对社会学学术传统的审视和快速转型期经验现实的反思》。核心观点是，社会互构论将个人与社会的关系问题作为元问题和基本问题，从社会学基本理论和方法上对两大社会行为主体的互构共变关系进行分析和阐释，并注重对当代中国社会转型期的个人与社会之间关系的现实经验事实进行研究和刻画。简言之，社会互构论是关于个人与社会这两大社会行为主体间的互构共变关系的社会学理论。

2003年，在《河南社会科学》第4期上发表论文《转型期社会个体的义利选择——一种伦理社会学视角的理论分析与实证研究》。核心观点是，义利选择模式多元并存的现状，体现了转型期人们价值观的冲突，其存在使社会表面上处于一种无序、失范状态，人们在行为选择方面也表现出一定程度的无所适从或随心所欲。

2003年，在《广西民族学院学报（哲学社会科学版）》第4期、第5期和2004年第1期上发表系列论文：《社会运行论及其在中国的表现——中国特色社会学理论探索的梳理和回顾之一》《现代性过程与社会学理论的个性——社会互构导论：中国特色社会学理论的新探索之一》《社会转型论及其在中国的表现——中国特色社会学理论探索的梳理和回顾之二》《社会学本土化及其在中国的表现——中国特色社会学理论探索的梳理和回顾之三》。核心观点是，社会运行论所阐述的“社会学是关于社会良性运行和协调发展的条件和机制的综合性具体社会科学”的思想，是对中华人民共和国成立以来不同时期社会运行情况的概括和总结，是对我国历史上的治乱兴衰学术传统的继承和开发，也是对外国社会学两大传统即从马克思开始的马克思主义社会学传统和从孔德开始的西方社会学的借鉴和吸取。“现代”是个人和社会经历巨大裂峡的时代，也是个人和社会的共生互构的时代。当代社会学应当有属于自己时代的理论回应。中国社会正处在由传统型社会向现代型社会转型过程的基本判断，构成了新型现代化理论的基础。中国社会学的发展前景，就是“建构本土特色”与“超越本土特色”的道路。

2003 年，正值马克思逝世 120 周年暨诞辰 185 周年，在《理论学刊》第 6 期上发表论文《马克思主义与社会学》。核心观点是：坚持和发展马克思主义的关键，是要正确区分根本观点和具体论断；在具体实践中坚持和发展马克思主义的关键，是要搞清楚善于破坏旧世界与善于建设新世界的关系；在社会学学科中坚持和发展马克思主义的关键，是要搞清楚社会学的两种形态，进行有中国特色社会学的理论创新。

2003 年，在《河北学刊》第 6 期上发表论文《社会学方法与社会学元理论——个人与社会关系问题的方法论意义》。核心观点是，个人与社会的关系问题是社会学的元问题和基本问题，正是从这一问题所引发的巨大困惑和不懈探索，形成了社会学知识体系。社会学是由理论与方法构成的二重知识体系。也就是说，社会学理论与社会学方法是同一知识体系的两个方面。社会学理论与方法的关系，必然关涉到社会学元理论和方法的关系。现有社会学知识格局的重要方面，几乎都可以追溯到社会学的元理论：由个人和社会及其关系的元预设，导致理论和方法的最初裂痕，延伸出各种分裂的传统、“方法论”斗争、社会学两大知识类型的分野，以及社会学知识的整合与重建的努力。

2003 年，在《学术界》第 6 期上发表论文《社会资本概念的意义及研究中存在的问题》。核心观点是，社会资本概念既开拓了经济学、社会学、政治学等学科的研究的新领域，也为这些学科之间的对话与综合提供了概念和方法上的支持。社会资本概念也是社会学学科理论和方法趋向综合的反映。对于关系取向、伦理本位的中国社会，社会资本概念有很强的适用性，其研究对于“增促社会发展，减缩社会代价”有重要的理论和实践意义。

2003 年 5 月 6 日，在《光明日报》上发表文章《中国社会学：现状，前景，问题》。核心观点是：第一，无论是就政策导向和体制条件来说，还是就国内氛围和国际环境而论，中国社会学正处在新中国成立以来最好的发展时期；第二，对不同于旧式现代性的新型现代性的日益自觉，坚持走国际化与本土化相结合的道路，中国社会学的理论研究正酝酿着某种有原创意义的新进展；第三，以“增促社会进步，减缩社会代价”的深层理念为宗旨，关注社会弱势群体的社会支持，中国社会学的经验研究将在社会政策的制定中发挥越来越重要的作用；第四，宏观和微观环境都有待改善，边缘化的危险仍然存在，中国社会学的发展任重道远。

2003 年 12 月 12 日，在首尔召开的第一次亚洲社会学学者研讨会暨韩国社会学会 2003 年冬季年会上，开展“新型现代性与第三条道路——中韩社会学家对话”，这个对话的部分内容，后以《关于“第三条道路”》为题，发表在《社会学研究》2004 年第 3 期上。核心观点是，社会学研究要“立足现实，开发传统，借鉴国外，创造特色”，保持理论研究与经验研究的平衡，走理论与实践相结合的这条道路。中国社会学百年来的发展正是如此。

2004 年，在《社会学研究》第 2 期上发表论文《社会学理论体系的构建与拓展——简析个人与社会的关系问题在社会学理论研究中的意义》。核心观点是，个人与社会的关系问题在社会学理论的发展过程一直处于核心地位，它构成了理论探讨的起点和必须回答的问题，成为社会学理论以及整个知识体系构建的基础。这种基础性主要表现在三个方面：从理论的发生意义上说，这一问题提供了社会学理论的生成性要素；从理论的构成形式上看，这一问题蕴含在社会学理论的结构性要素之中；从理论的具体展开意义上讲，这一问题构成了社会学理论的阐述内容。关键的问题在于，社会学需要对“走向现代”以来的社会与自然、个人与社会的关系进行彻底的反省和检讨，以便找到一条修复人和社会与自然的关系、实现自我知识的重建之路。

2004 年，在《社会科学研究》第 2 期上发表论文《转型加速期城市社会分层结构的划分》。核心观点是，转型期我国社会阶层结构划分应遵循的一些基本原则主要包括：（1）确立以社会成员关系协调为基础的划分主要原则；（2）必须以区分社会成员资源获取方式与资源拥有状况的差别为原则；（3）应该坚持以维护社会稳定为目标的原则。

2004 年，在《广东社会科学》第 2 期上发表论文《关于库恩的“范式”——一种科学哲学与社会学交叉的视角》。核心观点是，库恩范式概念的产生、形成和发展的过程，是一个从客观主义逐渐走向相对主义的过程。库恩从社会学、心理学和科学史的角度研究科学革命的结构，提出的“范式”概念主要是指某个科学共同体接受的理论观点和研究假设，科学革命是新范式不断取代旧范式的过程。后来，库恩从分类学和语言学转向的角度探讨范式的相对性含义，认为新范式并不比旧范式更接近真理，因为科学革命的核心是语言的改变，同时也是内蕴于语言之中的关于自然界知识的改变；新旧范式在语言层次上，具有不可通约性、不可比较性、不可翻译性和不可交流性。

2004 年 4 月，出版《当代中国城市社会结构——现状与趋势》（中国人民大学出版社）。核心观点是，以广州、中山、长沙等十个城市的抽样调查为基础，我国城市居民可划分为管理阶层、专业技术人员阶层、办事员阶层、工人阶层、自雇佣者阶层、私营企业主阶层和其他难以确切划分的阶层等 7 个阶层。中国城市社会结构呈现出职业结构变动、收入分配多样化、社会流动增加、社会阶层分化与固化、社会心态多样化和复杂化、私营企业主阶层兴起等趋势。

2004 年 5 月，出版《中国社会结构变化趋势研究》（中国人民大学出版社）。核心观点是，20 世纪 90 年代以来，中国社会结构发生了重大变化，产生了社会阶层结构的变迁、贫富差距扩大、中间阶层的崛起以及下岗职工等社会问题。社会学研究在理解和解决社会结构问题中具有重要性。在社会结构的问题上，特别是在阶级阶层结构问题上需要坚持和发展马克思主义。根据社会结构的变化，需要采取合适的社会政策，并对社会结构变化中形成的弱势群体给予相应的社会支持。

2004 年，在《中共宁波市委党校学报》第 5 期上发表论文《新型现代性与中国社会学》。核心观点是，中国社会学的发展，要走本土化和与国际化相结合的道路，应在旧式现代性衰落、新型现代性兴起的形势下以及世界社会学自我反思和重建的趋势下，进行中国社会学的学科结构和理论结构建设。

2004 年，在《浙江学刊》第 3 期上发表论文《现代性社会理论的演变——从现代化理论到新发展观》。核心观点是，现代性是欧美近代社会变迁的产物，发掘和揭示现代性的内涵和特征是经典社会学理论的中心任务。第二次世界大战后，现代性经“现代化理论”的论述成为世界范围内特别是发展中国家追逐的目标。“依附论”“世界体系论”“后现代主义”可视为现代性社会理论的激进表达形式，而以人为中心的新发展观指导下的生活质量及其主客观指标研究，则揭示了现代性社会理论的新方向。

2004 年，在《中南民族大学学报（人文社会科学版）》第 4 期上发表论文《论中国古代个人与社会关系的思想》。核心观点是，中国传统思想文化充斥着与社会学相关联的思想资源，显示了强烈的群体主义性质，但缺乏独立人格观念。社会的秩序是一种以义务为中心的秩序，社会是一个义务本位的社会。对于传统社会中的整体意识、公私之分、义利之辩，不能采取简单的否定态度，应抛弃其所积淀的陈旧内容，吸收其作为一般的道德原则和评价标准的部分。

2004年9月10日，在《人民日报》上发表《中国社会学：在积极回应社会巨变中实现发展》一文。核心观点是，随着当代中国社会转型的逐步深入，中国社会学会逐渐从不够成熟到成熟；随着中国从地区性大国到世界性大国的逐步发展，中国社会学逐步从边陲走向中心，越来越具备与国际社会学界平等对话的能力与实力。

2004年11月30日，在《人民日报》上发表《和谐社会与社会学》一文。核心观点是，和谐社会指的是全体人民各尽其能、各得其所而又和谐相处的社会，而社会学则是一门研究社会良性运行和协调发展的条件和机制的综合性学科。社会学可以为构建和谐社会提供理论支持和实践经验，并且可以通过研究人际关系、资源配置、社会结构等方面的具体条件和机制来实现和谐社会的目标。

2005年，在《甘肃理论学刊》第1期上发表论文《和谐社会与公共性——一种社会学视野》。核心观点是，随着时代的变迁，公共性逐渐被重新定义，成为描述现代政府活动基本性质与归宿的重要分析工具。公共性在现代社会中的核心内容和最重要的意义就是公共理性，即通过现代公共理念管理国家与社会，实现对公共事务的治理和服务。

2005年，在《福州大学学报（哲学社会科学版）》第1期上发表论文《两种类型的现代性与两种类型的社会学——现代性与社会学的全球之旅》。核心观点是，现代性的目标及其走势，对社会学研究理路和学理框架，具有根本性的影响。现代性有两大基本目标——人类解放和人的自由。人为规划的社会工程的失衡与失谐，使得人类对人为工程的兴趣逐渐超过了对自我解放的追求，社会工程的实施压倒了人的自由和全面发展的需要，以至于“人为性”比“价值性”更具根本意义，并取代了现代性的目的本身，对这一历史进程发挥了支配性和主导性的力量。

2005 年 2 月 22 日，在《光明日报》上发表文章《社会和谐的深层时代内容》。核心观点是，和谐社会的概念，符合社会生活从传统型向现代型的转变，个人、社会和自然的关系也随之发生了深刻的变化。

2005 年 3 月，出版《中国特色社会学理论的探索——社会运行论、社会转型论、学科本土论、社会互构论》（中国人民大学出版社）。核心观点是，对有中国特色的社会学理论有所贡献，对转型中的中国社会的认识有所深化，是郑杭生个人给自己定下的目标。中国特色的社会学理论体系，包括社会运行论、社会转型论、学科本土论和社会互构论等“四论”。

2005 年 3 月，出版《中国特色社会学理论的拓展——当代中国社会学的前沿问题》（中国人民大学出版社）。核心观点是，学科建设和理论创新的日益自觉是中国社会学走向成熟的标志，而进行学科建设和理论创新就需要明确社会学学科、社会学理论的结构。

2005 年 3 月，出版《中国特色社会学理论的应用——当代中国社会的热点问题》（中国人民大学出版社）。核心观点是，当代中国社会正处在从传统型社会向现代型社会快速转型的过程中，亦处于国际化或全球化的历史进程中，这一时代背景下的中国社会是中国社会学理论的出发点和归宿点。面对中国社会的多个领域，社会运行论、社会转型论、学科本土论、社会互构论等是重要的分析工具。

2005 年 6 月，在《学海》第 3 期上发表论文《农户经济理论再议》。核心观点是，在中国社会转型加速期，应从互构论视角，对农户的经济行为进行客观且全面的研究，联系中国农村社会的现实结构，综合运用各种农户经济理论。

2005年7月，出版教材《民族社会学概论》(中国人民大学出版社)。核心观点是，社会运行论强调要从动态的、整体的角度来分析和理解民族社会的现象和问题，不仅关注民族社会的结构和功能，也关注社会变迁过程中的民族关系、文化、社区、分层、社会关系和族际互动等。民族社会的良性运行和协调发展，需要考虑民族的特点和需求，以及如何在全球化背景下保持民族多样性和社会稳定。

2005年11月3日，以《社会歧视和以人为本——一个社会学的分析》为题，在“人类学国际演讲会暨影视展播·中国汉人社会专题”研讨会上作报告。核心观点是，当前中国社会面临的矛盾在于，理论上应该由全社会共同承担的社会代价实际上被弱势群体承担，应该由全社会共享社会进步的成果实际上弱势群体享受不到，导致弱势群体和个人同强势群体和个人之间的关系、看法和感情存在巨大差异，存在社会冲突的潜在风险。构建和谐社会，需要采用以人为本、双赢互利、“增促社会进步，减缩社会代价”的公平公正的思路。

2006年，在《探索与争鸣》第1期上发表论文《社会转型期农民外出务工现象的社会学视野》。核心观点是，随着旧式现代性向新型现代性的推进，社会秩序结构由“非自模式”进一步向“协议模式”转变，国家与家庭的关系由恶性互动逐渐转变为互构共变，农民由滞留农村转为外出务工。

2006年1月，出版著作《本土特质与世界眼光》(北京大学出版社)。核心观点是，社会学研究应立足于本土社会的实际情况，同时具备国际视野，通过结合本土特质与世界眼光，推动社会学的发展。中国社会学在研究对象、方法和理论构建上具有独特性，本土化与国际化的结合是实现社会学理论创新和实践应用的关键。

2006年，在《社会》第2期上发表论文《现代性过程中“个人”的创生与集体化——行走在自我创新前夜的“个人”》。核心观点是，早期现代性和工业化确定了社会集合性的大型集体化和组织化的表现方式，创生了集体化社会及其个人。对独一无二的现代生活的描述、构想和解释，成为这一时期新兴科学和社会科学的一项任务。对“个人”与“社会”重新进行社会学观察和思考，能够发掘出蕴含于其中的应对现实生活种种问题的新策略，发现当代社会与个人不断发展的弹性、柔韧、包容和耦合的能力。

2006 年，在《河北学刊》第 3 期上发表论文《个人的当代形貌：社会化理论的世纪挑战——的主体性的新发展与以人为本的时代源泉》。核心观点是，在现代社会中，随着全球化的发展和个人生活的流变性增加，传统的理论基础面临着挑战，需要重新审视和建立适应时代发展的理论视野和思维轨道。这种“反向而行”的过程，显示了传统理论对人本身价值目标的忽略和背离。在当代，人的主体性发展穿越了“个体化”“个性化”阶段，迈进了“个人化”历程，这是当代个人对这个变迁时代的实践回应，也是现时代个人与以往时代个人的标识性区别。

2006 年，在《马克思主义与现实》第 3 期上发表论文《深入研究马克思主义社会学史》，后作为《马克思主义社会学史》（高等教育出版社，2006 年版）的前言。核心观点是：第一，马克思主义社会学蕴含着同实证社会学和解释社会学不同的基本立场、理论构架、方法原则和价值取向，而这些正是马克思主义社会学至今仍有勃勃生机的根基所在；第二，一部相对完整的马克思主义社会学史，有四部分主要内容是不可或缺的，即经典马克思主义社会学、俄国马克思主义社会学、西方马克思主义社会学和中国马克思主义社会学；第三，马克思主义社会学有革命批判型和维护建设型两种形态；第四，由于对社会学的狭隘理解、对马克思主义学说的僵化理解以及国际共产主义运动“低潮综合征”的消极影响，马克思主义社会学的丰富内容，不仅至今未能得到深入挖掘和系统总结，反而形成了不少偏见和片面理解。

2006 年，在《探索与争鸣》第 10 期上发表论文《社会实践结构性巨变视野下的社会矛盾——一种社会学分析的新视角》。核心观点是，通过实践结构社会学理论的二维视野或双侧分析，我们可以认识到，现在中国的改革与和谐是相互联系的两个侧面，并且贯穿于社会实践结构性变化的基本走势之中。

2006 年 10 月 20 日，在《社会科学》第 10 期上发表论文《社会实践结构性巨变的若干新趋势——一种社会学分析的新视角》。核心观点是，当今世界每一项重大的动态变化都源于两种力量：现代性的全球化的长波进程和本土社会转型的特殊脉动。这两种力量相互扭合，造成了“社会实践结构性巨变”。在当今世界、当今中国，有八种值得我们关注的有代表性的新趋势，这些新趋势既是社会实践结构性巨变及其两个维度的表现和结果，也是我们考察和谐社会和其他社会现象的社会学视角。

2006 年 11 月 16 日，在《中国人民大学学报》第 6 期上发表论文《社会实践结构性巨变对理论创新的积极作用——一种社会学分析的新视角》。核心观点是，当代社会实践发生了结构性的巨变，反映了它具有的两股巨大力量：现代性全球化的长波进程的力量和本土社会转型的特殊脉动的力量。当今世界每一项重大的动态变化，都包含着这两股力量的共同作用，研究这种结构性巨变及其两维效应的理论，即为“实践结构的社会学理论及其二维视野和双侧分析”。从社会学研究“中国经验”的“全球”与“本土”话语之争的再度激活，到“广义转型论”与“狭义转型论”实质性分野的明朗化，从马克思主义社会学生命力的再发现，到现代性以来新兴社会科学（如经济学和社会学）研究的共性和个性的侧重差异，再到当前我国政学两界共同关注的社会热点问题，都需要一种更为开阔的社会学理论视野。

2007 年，在《社会科学》第 1 期上发表论文《社会实践结构性巨变视野下的改革与和谐》。核心观点是，我们处于一个由社会实践的结构性变化引发和加剧差异的时代，改革与和谐是应对差异时代的必然选择，也是最佳选择。对于中国社会变迁过程来说，改革是推进社会实践结构性变化的必要手段，和谐是引导这一变化健康发展的必经之路，两者相辅相成、缺一不可。随着落实科学发展观、构建和谐社会的理念的提出，中国的改革正式进入了缩小社会差距的新阶段，我们要超越短期、狭隘、权宜性的观念，促进改革与和谐的长久、良性互动。

2007 年，在《社会科学研究》第 2 期上发表论文《社会实践结构性巨变时代的马克思主义社会学》。核心观点是，马克思主义社会学实质上是一门关于社会主义、共产主义社会良性运行和协调发展的条件和机制的综合性具体科学。当今时代，社会实践发生了结构性巨变，原有的对立在融合，原有的统一却在分化，这对马克思主义社会学提出了新的考量。如何理解马克思主义社会学的实质及其在当代的表现形式，构成了许多复杂问题上不同立场的基本分野。现代性的成长和社会主义的成长总是赋予马克思主义新的当代性。在中国新型社会主义的实践中，马克思主义的道德诉求和政治议程展现出新的魅力。

2007 年，在《苏州大学学报（哲学社会科学版）》第 2 期上发表论文《史学和社会学视野中的陈翰笙无锡调查》。核心观点是，陈翰笙领导的无锡调查是我国社会学史上一次典型的社会调查，推动了中国社会学本土化的进程，实现了中国马克思主义社会学从理论到实证研究的突破，体现了陈翰笙重实证和学科融合的治史理念，为中国近代乡村社会经济史的研究提供了范本和史料。

2007 年，在《中国社会科学内刊》第 2 期上发表论文《当代中国社会转型的实质：新型社会主义的成长——对新布达佩斯学派中国版的学术剖析》。核心观点是，中国社会转型是中国的社会生活和组织模式即社会实践结构从传统不断走向现代、走向更加现代的转型变迁过程，还是像新布达佩斯学派中国版所谓转型社会学所说的，中国正在“自下而上”地由现代社会主义向现代资本主义过渡？对当今中国和世界的社会实践结构性巨变及其主要趋势的分析表明，作为一种新型社会主义，中国特色社会主义的生命历程才刚刚开始。以新型现代性条件下社会主义的新实践和新理念，反映和刻画中国社会的转型变迁，概括和总结这一过程的中国经验，记述我们新时代所取得的成就，是这一过程赋予中国社会学家和社会学工作者的使命和责任。

2007 年，在《探索与争鸣》第 4 期上发表论文《社会实践结构性巨变与锻铸社会和谐的坚实支柱》，后被《新华文摘》2007 年第 16 期全文转载。核心观点是，随着现代性的推进和我国社会转型的提速，社会实践正在经历更为深刻的结构性变迁。转变旧的经济发展方式、协调各方面的利益关系、积极治理社会矛盾特别是基层的社会矛盾，以及重建社会信任、提高个人和社会的安全度、加速文化价值和话语的建设，将为和谐社会锻铸坚实的支柱。社会实践的信息化、符码化、数字化和网络化等趋势正在不断加强，这些变化不仅是表面的趋势，而且是深层次的社会变革。因此，需要一种更为开阔的社会学理论视野来更好地理解这些变化，并推动社会学理论的发展。

2007 年，在《浙江师范大学学报（社会科学版）》第 2 期上发表论文《天道左旋，地道右周：社会运行的溯源和依据——若干考古发现成果的社会学开发》。核心观点是，“天圆地方”“天道左旋”等观念源远流长，在上古人类社会生活中形成且对后世影响深远。产生于约 6 500 年前的社会运行思想雏形，经受漫长岁月的锤炼，经过众多先贤的提炼，从幼稚的质朴感受提升为成熟的科学理性，从受历史循环论的支配转变为对辩证思维观的驾驭，现在已经成长为现代性过程和视野中的现代社会运行问题。

2007 年 7 月 20 日至 22 日，以《建设性反思批判精神与中国社会学美好明天》为题，在“中国社会学会 2007 年长沙学术年会”上作主题发言，后以《论建设性反思批判精神》为题发表在《华中师范大学学报（人文社会科学版）》2008 年第 1 期上。核心观点是，所谓“建设性反思批判精神”，是指社会学对社会现象的分析研究要有这样一种精神或态度，即通过反思批判的理性思维活动，实事求是地肯定该肯定的东西，否定该否定的东西，并根据这种分析提出积极的建设性的改进意见和方案，以达到“增促社会进步，减缩社会代价”的目的。这种建设性的反思批判精神，是肯定和否定的辩证统一。

2007 年 9 月 1 日，以《现代性过程中的传统和现代》为题，在吉林大学召开的“全球化与多元现代性”国际学术研讨会上作主题发言，后发表在《学术研究》2007 年第 11 期上。核心观点是，社会学以及人类学、历史学、政治学的研究反复说明，传统与现代实质上是现代性过程的两种面相，现代正是通过不断与传统对比，才显示出自己是现代；传统构成了现代开拓和成长的因，构成了现代的资源。正是因为传统的更新与现代的拓展，现代性才能不断获得新的动力。

2007 年，在《学习与实践》第 10 期上发表论文《礼序人伦，乐移风俗：社会运行的二重性规范——两周时期的社会思想研究》。核心观点是，礼，最初是祭祀天地神祇的仪典，表现为以数字等差为主体的“差序格局”，个人在仪节中所处的位置，就是其在社会结构中的位置。乐是礼的重要构成环节，音乐表达的观念和意绪强化了礼仪的认同感和向心力。在礼仪的“差序格局”中，等级区隔形成的人伦秩序，内在地潜伏着隔阂与矛盾；而乐作为互动双方达成一致理解的媒介，使不同等级的人们形成心灵共鸣，在情感沟通的基础上实现理想的人际和谐。礼乐在商周时期已不再局限于祭祀，而是渗透到社会生活的各个方面。祭祀的仪节和规范被移植到了其他互动过程中，形成各式各样的礼仪制度，并逐步抽象为社会生活的互动规范，保证日常生活在一种秩序化的程式安排下运行。

2007 年 12 月，出版《社会建设：理论与实践创新》（上海人民出版社）。核心观点是，围绕社会建设的理论传统与现实议题、社区与非营利组织的经验、社会工作的机遇与挑战等进行的研究，较为丰富且全面地展现了新时代开展社会建设的学科使命。在经济体制改革深化和社会转型加速的当代中国，不能单向度地思考社会管理与社会治理，而应把社会管理、社会治理与社会服务结合起来考虑，从和谐社会建设的高度来思考理论与实践的创新。

2007 年 12 月 26 日，以《论现代的成长和传统的被发明》为题，在由中央财经大学主办的“可持续发展与和谐社会构建”中美学术研讨会上作主题发言，后发表在《天津社会科学》2008 年第 3 期上。核心观点是：现代性的基本含义之一，就是“现代的成长”与“传统的（被）发明”的有机统一；现代“发明”传统的两种方式，一是现代赋予传统不同于过去的新的含义（重构），二是现代创造出相应的新的传统（新构）；现代“发明”传统的两个方向包括主要指向现代性积极的正向方面和主要指向现代性消极的负向方面。在作为各种思潮汇集点的当代中国，每种思潮都离不开对传统与现代关系的处理。

2008 年 1 月，出版《中国社会学 30 年（1978—2008）》（中国社会科学出版社）。核心观点是，改革开放 30 年间，中国社会学在理论创新、方法发展、研究成果和学科建设上取得了长足的发展。通过对改革开放 30 年中国社会变革与发展的把握，促进社会学理论的本土化和实践应用，对全球化背景下构建具有中国特色的社会学学科体系亦有助益。

2008年，在《红旗文稿》第3期上发表论文《新布达佩斯学派狭义转型论的重大理论缺陷》，对新布达佩斯学派作进一步学术剖析。核心观点是，近年来，新布达佩斯学派的狭义转型论在中国再度升温，凸显了中国社会转型问题上特别是“向度”问题上的重大分野：社会转型是像广义转型论所主张的，是社会生活和组织模式即社会实践结构不断走向更加现代和更新换代的变迁，这一过程将成就中国的新型社会主义的豪迈实践，还是像新布达佩斯学派狭义转型论所主张的，社会转型是苏东前社会主义国家向资本主义的转变，中国社会转型是“自下而上”地由现代社会主义向现代资本主义的过渡？这一问题导致了广义转型论与狭义转型论在一系列理论问题上的分歧。

2008年，在《社会科学》第1期上发表论文《天道兼爱，尚同节用：社会运行的一体化理论——春秋战国时期墨者的社会思想研究》。核心观点是：墨子的十大主张构成一个求治去乱的理论体系，天是一切合法性的来源，也是外在的社会控制力量，人们的行动必须服从天的要求，天与鬼神在冥冥之中控制着人们去恶向善；兼爱是天意的要求，也是人们内化的伦理情感，推己及人，以仁爱之心对待他人，则使人们达成价值共识，消除人际的争斗和家国的攻伐；尚同是兼爱的逻辑结果，也是天意的最终归宿，要求世人无条件服从于贤者、仁人，以形成上下贯通、整齐划一的社会秩序。崇俭节用是一种积累物质财富的途径，由此则可有效消除饥寒困顿，而保障了大多数人的生存，也就维护了社会稳定。因此，墨子的“十伦”是社会良性运行和秩序稳定的完美设想。

2008年，在《社会科学战线》第2期上发表论文《敬天明德，设官分职：社会运行的理念和实践——西周时期的社会思想研究》。核心观点是，在西周的社会思想中，天是一切合法性的终极根据，也是一切凝聚力和向心力的根源；德作为君主的品质和能力，既是敬仰天命的本质要求，也是君临下民的内在需求。天与德是王朝盛衰、社会治乱的深层背景，也是设官分职的内在依据。设官分职是推动社会有序运行的制度构建，三公、六卿既是官职，也是职能部门，分别代表着不同的社会子系统，共同构成社会的基本框架。

2008 年，在《河北学刊》第 2 期上发表论文《道法自然，静默无为：社会运行的另类思路——春秋战国时期道家社会思想研究》。核心观点是，道是超越天地、万物的创生之源和最高存在，是个人存在、社会运行的终极根据。与其他先秦诸子的有为取向不同，道者以另类的逆向性思维，赋予大道退让、处后、谦卑、柔弱、清静、淳朴等无为特性，但大道无为而无不为，人心、世道必须遵从道的轨迹和运转方式。个人取法大道而返璞归真，摒弃巧智、情欲和价值观念，如此则杜绝了人与人之间的争斗倾轧；社会管理者取法大道而实施无为之政，抛弃儒家规划的仁义、礼等人伦情感和社会规范，从而使社会在一种自然天成的状态中运行。因此，人遵道而无为，社会就会形成一种自然和谐的秩序。

2008 年，在《江苏社会科学》第 3 期上发表论文《改革开放 30 年：日趋成熟的中国社会学有关中国社会学发展全局的几个重大问题》。核心观点是，中国社会学发展有全局的五个问题：科学性与价值性、经验性与理论性、建设性与批判性、传统性与现代性、本土性与国际性。要正确把握这些成对的关系，就要真正认识它们既有“非此即彼”的一面，又有“亦此亦彼”的一面的辩证性，避免片面强调一个方面的极端性。

2008 年，在《社会科学研究》第 4 期上发表文章《改革开放 30 年：快速转型中的中国社会－从社会学视角看中国社会的几个显著特点》。核心观点是，中国社会学必须植根于转型中的中国社会，才能具有中国特色。快速转型的中国社会的一个鲜明特点是两重性和复杂性，不同时段、不同空间的社会问题和社会思潮，一下子出现在面前，极大增加了中国社会管理和治理的难度。

2008 年，在《学海》第 4 期上发表论文《关于社会建设的内涵和外延——兼论当前中国社会建设的时代内容》。核心观点是，在转变社会与自然、社会与个人付出双重代价的旧式现代性的发展方式，推进以人为本，把自然代价和社会代价减少到最低限度的新型现代性实践的过程中，社会建设发挥着不可替代的作用。社会建设的基本内涵可以理解为，在社会领域建立和完善对各种社会资源和社会机会进行合理配置的社会结构和社会机制，以及处理社会矛盾、社会问题和社会风险的创新机制。社会建设的外延，从广义上说，是指包括政治、经济和思想文化各子系统在内的整个社会大系统的建设；从狭义上说，着重是指与政治、经济、思想文化各子系统并列的社会子系统的发展、建设和管理。

2009 年，在《安徽大学学报（哲学社会科学版）》第 4 期上发表论文《社会学如何想象？——有关社会学基础的思考》。核心观点是，社会学中多个传统或范式的存在，是效仿不同的学科标准、围绕“个体与社会的关系”的核心假设建构社会学学科身份的结果。社会学发展历程中主题话语的变化，折射出特定时代旨趣对社会学研究问题域的强化与遮蔽效果，以及社会学对自身经典传统的重构。作为一门社会责任感与现实感都很强烈的学科，社会学经常需要在激进与保守的两极之间游走。在当代情形之下，社会学的意义将取决于它如何去想象。

2009 年，在《学海》第 4 期上发表论文《社会运行、社会秩序与历代王朝的治乱盛衰——中国社会思想史研究的新视野》。核心观点是，中国社会思想史研究必须立足当下现实，并回归传统情境。不可以现成的、先验的尺度在资料文献中辨认寻绎社会思想，而应运用社会运行论的知识框架与理论范式，综合考量某个社会精英或学术流派的思想学说和行动主张，逻辑呈现他们如何以社会秩序为中心，从不同角度、不同层面回应社会问题和社会矛盾，进而展开去乱求治的理性思考与实践。

2008 年 8 月，出版《和谐社区建设的理论与实践——以郑州市实地调查为例的河南特色分析》(党建读物出版社)。核心观点是，在社会主义市场经济条件下，通过社区建设实现社会和谐与进步，在制度创新中推进服务实现治理。社区建设的多维价值，包括社区服务、社区治理、社区文化、党建工作等方面。社区建设的核心在于逐步落实公平正义，通过制度创新和资源动员，建立起一个既能反映特色又能普遍适用的和谐社区模式。

2008 年 10 月，出版《中国社会转型与社区制度创新——实践结构论及其运用》(北京师范大学出版社)。核心观点是，社会转型中的社区制度创新至关重要。社区作为社会转型的基础单元，其制度创新必须与实践相结合，通过实际操作中的探索和调整来适应社会变化。社区制度的创新，不仅是解决当前社会问题的有效途径，还能推动社会治理的现代化。在制度设计和实施过程中，要充分考虑社区的实际需求和特点，以实现更有效的社会管理和服务。

2009 年，在《教学与研究》第 6 期上发表论文《中国扶贫历程中的个人与社会——社会互构论的诠释理路》。核心观点是，中国扶贫实践明显分野为个体主义扶贫范式和社会结构扶贫范式，这两种范式分别代表了中国扶贫历程的两个阶段。以社会互构论为理论原则，中国扶贫应该更强调个人与社会的双重参与、多元互动和制度之间的衔接。

2009 年 7 月，出版《和谐社区建设的理论与实践——以广州深圳实地调查为例的广东特色分析》(党建读物出版社)。核心观点是，以广州、深圳两个城市的实地调查为例，探讨在陌生化社会环境中构建和谐社区的实践和理论问题，强调社区建设在促进社会资源合理配置、增进社区成员意义认同以及提升居民生活质量方面的重要性。

2009年10月，出版《缩减代价与增促进步》（北京师范大学出版社）。核心观点是，社会运行的内在规律是社会是由人创造的，社会影响了人，人运行了社会。通过社会学理论和方法来分析、解决社会问题，以促进社会的和谐发展，在社会发展过程中，应缩减代价、增促进步。

2009年，在《思想战线》第6期上发表论文《个体安全：一个社会学范畴的提出与阐说——社会学研究取向与安全知识体系的扩展》。核心观点是，安全研究是一个逐渐展开和丰富的知识领域，在对"个人与社会"关系的研究中，逐渐延伸出"个体安全"这一方向。在促进安全研究定位于人的实际诉求、贴近基层社会和生活一线的过程中，个体安全研究将发挥积极的作用。

2009年11月21日，以《社会与国家关系在当代中国的互构-社会建设的一种新视野》为题，在北京市社科联2009年学术前沿论坛社会学学术前沿分论坛上作主题发言，该文后发表在《南京社会科学》2010年第1期上。核心观点是，以改善民生为重点的社会建设，正是通过制度安排的社会公平来促进百姓认可的社会公平，来化解、缓解社会与国家的矛盾。随着惠民决定和措施的贯彻落实，定会极大地拉近党和政府与人民群众的距离，即社会与国家的距离，定会使人民群众在得到实惠的同时增加安全感、信任感、公平感，从而极大地增强百姓认可的公平，增进社会与国家的良性互构。

2009年，在《中国人民大学学报》第6期上发表论文《当代西方社会学理论整合困境的透析：兼谈社会互构论的理论意义》。核心观点是，自古典时期以来，自由主义的意识形态深刻地决定了西方社会学理论的基调与走向，具有绝对意义的自由信条不仅为理论的发展自我设限，从而导致抽象的二元对立以及形而上学的自我循环，并且化为一种抽象空洞的逻辑起点，导致理论的匮乏与无力。当代的"消解"逆动客观上又再现同样的逻辑及刷新固有的对立。真正的超越之途，从根本上说，就是回到事情本身，即回到现实的个人与社会关系本身。对于陷入困境的西方社会学理论传统而言，回到事情本身，首要的就是卸下虚假的意识形态价值预设与信条，使丰富立体的“个人与社会”及其生动的关系过程真正映入其原本蒙蔽了的视野，以破解二元困境。这也正是“社会互构论”的一个重要方面。

2009 年 12 月，出版《学界回眸：新中国 60 年的社会发展与建设》（人民出版社）。核心观点是，社会发展不仅是经济增长，还包括社会结构、文化、制度等方面的全面变革与进步。社会建设应与经济建设协调发展，特别是在快速社会转型时期，社会学的研究应致力于解决实际的社会问题，以推动社会的和谐与可持续发展。

2010 年 1 月，出版《中国特色和谐社区建设上城模式实地调查研究：杭州上城经验的一种社会学分析》（世界图书北京出版公司）。核心观点是，探索和分析杭州市上城区在构建和谐社会方面的特色和经验，提炼“上城模式”，即在社会结构性巨变中如何构建现代新型社会；理顺发展主体总体布局上“三位一体”新型社区管理体制，构建服务取向的社区党建新模式，探索民间组织参与社区建设的新机制。

2010 年，在《河北学刊》第 3 期上发表论文《社会学的“个人”：意涵及其问题和前景》。核心观点是，社会学的“个人”是现代过程催生的重大历史产物之一，这一过程赋予了“个人”独特的现代性意涵，也造就了“个人”所背负的沉重担子：背弃自然、背对历史、社会共同性的迷误。这些问题表现了人与自然、传统与现代、个人与社会之间关系的严重扭曲。在社会互构论看来，个人的现代性意涵对于破解现代性的重大问题和深刻危机有着根本性意义；必须开辟现代性的新走向以彻底变革人与自然的现有关系，拓宽社会转型和社会变迁的视野，以理解传统与现代之间关系的真实意义，阐析现代社会的共同性意涵，以重建个人与社会的关系。

2010 年 3 月，出版《社会互构论——世界眼光下的中国特色社会学理论的新探索》(中国人民大学出版社)。核心观点是，在全球化与本土社会转型的背景下，提出“社会互构论”。在个人和社会的关系问题上，“二元对立”传统预设具有虚假性，应从整体关联中去理解局部，在分析局部的基础上去理解整体。社会学理论本身就是研究的方法，两者不能独立存在。

2010 年，在《社会科学研究》第 4 期上发表论文《社会互构论：全貌概要和精义探微》。核心观点是，社会互构论以现代性之全球化与本土社会转型为背景性视域，着力理解和阐释多元社会行动主体间的相互形塑、同构共生关系。社会互构体现了现时代社会现象及过程中蕴含的根本性和实质性的关系机制。社会互构论主张社会学理论具有内在的实践性和价值性，真正的社会学必是且只能是实践的社会学。当代中国社会实践领域发生的结构性巨变，为中国社会学理论提供了宽阔视野、重大题材和现实养料。

2010 年，在《温州大学学报(社会科学版)》第 5 期上发表论文《把握交融趋势，推进学科发展——论当代中国社会学、人类学和民俗学的关系》。核心观点是，社会学、人类学和民俗学虽有各自的学科理论传统和特有方法，但它们之间的交叉和交融趋势已越来越明显和突出。实现理论自觉，这三门学科都要对当今世界性的“人类困境”和本土性的“六大挑战”进行理论探索，同时需要各学科“开风气、育人才”，以促进学科的主体性地位，形成中国特色的社会学、人类学和民俗学理论及各自的学派。中国社会学、人类学和民俗学之间有着相互分工和密切合作的优良传统，继续加深学科之间的交融和贯通，对促进三门学科进一步发展及理论提升有着重要意义。

2010 年 5 月，出版教材《中国社会思想史新编》(中国人民大学出版社)。核心观点是，中国社会思想具有独特的连续性和包容性，既承载了传统儒、道、法等思想的精华，又吸纳了近现代西方社会理论的影响。理解中国社会思想史，不仅要看到其对社会秩序与伦理规范的关注，还要认识到其在不同历史阶段对社会变革、国家治理与个人发展的启示与贡献。

2010 年 7 月，出版《中国特色社会学理论的深化——“实践结构论”的提出与“理论自觉”的轨迹》(上、下卷)(中国人民大学出版社)。核心观点是：将实践结构论引入二维视野，从全球化和本土化两个维度分析社会现象；实践结构论认为，社会中的重大动态变化都是全球化和本土化两种力量的结果。社会实践中的结构性巨变，是信息社会、网络社会等新型社会形态发展的结果。

2010 年 9 月 9 日，以《理论自觉与中国的学术话语权》为专访主题，发表在《中国社会科学报》上。核心观点是：“中国社会学理论自觉”的主要途径是：对“两类挑战”作出自己的理论概括；对“传统资源”作出自己的理论开发；对“西方学说”作出自己的理论借鉴；对“中国经验”作出自己的理论提升。“理论自觉”，可简要地规定为对社会学理论或社会理论进行“建设性的反思”。“理论自觉”范畴一经形成和提出，就有这样那样的方法论意义，其中之一就是既为回顾，又为瞻望，也为观察中国社会学的成熟度，提供新的概念工具、新的理论视角。

2010 年 9 月 27 日，以《中国社会学的本土化与社会学者的理论自觉》为题，与中国台湾辅仁大学社会学系作交流。核心观点是，所谓理论自觉，是中国社会学在世界社会学格局中增强自主创新力的前提。中国社会学界同样担负着理论创新的责任，同样有可能是创造者，而不仅仅是外国理论的贩卖者或掮客。

2010年10月，出版《“中国经验”的亮丽篇章——社会学视野下“杭州经验”的理论与实践》（中国人民大学出版社）。核心观点是，杭州在社会治理和城市发展中的成功经验，尤其是在社会组织建设、社区服务和公众参与等方面的创新，体现了中国特色的社会管理模式。“杭州经验”不仅展示了地方政府如何有效地运用社会资源和管理手段，还为其他城市提供了可借鉴的实践案例，凸显了中国社会治理在现代化进程中的独特路径和成果。

2010年12月28日，在《中国社会科学报》第151期第20版上发表论文《2010年社会学的发展回顾与反思》。核心观点是，中国社会学应该充分利用中国社会历史性变迁的巨大舞台和现实性宝贵资源，提炼和创造自己的概念、命题和理论，形成自己的学术话语，为世界社会学增添中国社会学学者自己的创造。中国社会与文化的转型和发展，为中国社会学、人类学、民俗学等学科的发展提供了难得的发展机遇，各学科如能抓住机遇，进一步增强理论自觉意识，加强学科间的交融与合作，不断推进自主理论创新，提升学科理论水平，形成具有中国特色的社会学、人类学和民俗学理论，就会提高自己在世界学术话语体系中的话语权。

2010年12月30日，在《中国社会科学报》第152期第6版上发表专访论文《民生为重 百姓至上——访著名社会学家郑杭生教授》。核心观点是，要把本国老百姓辛苦赚到的钱，更多地真正用到本国老百姓身上，防止这些钱被少数人不合理地或不合法地拿走，造成两极分化，更要防止这些钱这样那样被外国人吸走，变成外国人的各种福利。财政的钱是留不住的，不是花在这，就是花在那，最值得的是花在普通百姓身上。

2011年，在《中国社会科学》第2期上发表论文《学术话语权与中国社会学的发展》。核心观点是：作为“权利”的学术话语权，主要有创造更新权、意义赋予权、学术自主权等类型；作为“权力”的学术话语权，主要有指引导向权、鉴定评判权、行动支配权等类型。

2011 年 4 月 21 日，在《人民日报》上发表论文《不断提高社会管理科学化水平》。核心观点是，重点抓好“六个结合”，分别是治标管理与治本管理相结合、刚性管理与柔性管理相结合、社会服务与社会管理相结合、社区管理与社会管理相结合、政府主导与多方参与相结合、科学精神与人文关怀相结合。

2011 年，在《社会学研究》第 4 期上发表论文《社会建设和社会管理研究与中国社会学使命》。核心观点是，根据中国社会学百多年发展的轨迹和中国社会学前辈艰辛探索学科本土化的启示，探索社会建设和社会管理的重要且正确的研究路径是：立足现实，提炼现实；开发传统，超越传统；借鉴国外，跳出国外；正确总结“中国理念”，科学概括“中国经验”。

2011 年，在《新视野》第 6 期上发表论文《民生为重、造福于民的体制创新探索——从社会学视角解读“大民政”的本质和重大意义》。核心观点是，“大民政”的本质在于，它集中体现了“民生为重、造福于民”的理念。“大民政”的重大意义在于，它是大力推进现阶段中国特色现代民政的艰辛探索，有利于促进社会资源的合理配置；是社会管理从原有体制转向新型体制的不懈努力，力图做到“标本兼治”“刚柔相济”、社会服务与社会管理相结合、社区管理与社会管理相结合、政府主导与多方参与相结合、科学精神与人文关怀相结合；是社会成员从无感增长转向有感发展的必由之路；是夯实世界城市建设基础的“北京经验”的生动体现；是促进建构国家-社会新型关系，实现国家-社会有效联动、良好合作的有力抓手。

2011 年 7 月 15 日，以《当代中国社会学面临的挑战及其应对途径》为题，在中国社会学会 2011 年学术年会上作主题报告。核心观点是：立足现实，提炼现实；开发传统，超越传统；借鉴国外，跳出国外；正确总结“中国理念”，探索“中国道路”，是有一般的方法论意义的。

2011 年，以《中国社会学不应在西方的笼子里跳舞》为题，在中国社会科学网发表年会专访。核心观点是，现在确实是到了该大声疾呼“争取学术话语权，提升理论自觉度”的时候。

2011 年 8 月，以《民生为重、造福于民的体制创新探索——从社会学视角解读“大民政”的本质和重大意义》为题，作为《“大民政”的理论和实践与“中国经验”的成长——夯实中国特色世界城市基础的“北京经验”》(中国社会出版社)的前言。核心观点是五个“大”，就是：第一，大在要统筹经济社会协调发展；第二，大在要统筹城乡一体化发展；第三，大在以人为本，关注和服务的对象扩大到穷人、边缘人群和流动人口；第四，大在既兼顾过去的发展基础，也着眼今天的现实和未来的发展战略；第五，大在既讲制度创新，也讲服务创新，更讲价值重塑。“大民政”的“大”，体现在经济社会统筹上、城乡一体的统筹上、服务对象扩大上、过去现在和未来的兼顾上以及制度、服务和价值创新的兼顾上。

2011 年 8 月，出版《“大民政”的理论和实践与“中国经验”的成长——夯实中国特色世界城市基础的北京经验》(中国社会出版社)。核心观点是，作为“中国经验”的重要组成部分，“北京经验”以“民生为重”的核心主旨，确立和形塑自己在全球城市中的高端形态，迈向世界性国际化大都市过程的城市经济发展、社会建设和社会管理的核心内涵、独特品质和实践方向。大民政建立在“国家-社会”新型关系之上，强调社会资源的合理配置、社会管理体制的转型以及社会服务和社会管理的结合。通过“大民政”实践，促进国家和社会的新型关系构建，强化政府、市场、社会的三方合作。

2011年8月，出版《社会转型与中国社会学的理论自觉》（中国人民大学出版社）。核心观点是，中国社会转型的基本问题和主要矛盾是社会结构滞后于经济结构，这是我们现在所有社会问题的根源。中国社会学需要“理论自觉”，即在理解社会学理论的基础上，结合中国社会实际和文化传统，发展具有本土特色的社会学理论和研究。中国社会学的发展方向，是构建具有世界眼光和中国气派的社会学，社会学研究应处理好几对基本关系，包括科学性与价值性、经验性与理论性、建设性与批判性、传统性与现代性、本土性与国际性。社会学研究者应有顶天立地的精神和二维视野，以促进社会学的学科建设和理论创新。

2011年8月，出版《新世纪中国社会学（2006—2010）：“十一五”回顾与“十二五”瞻望》（中国人民大学出版社）。核心观点是，“十一五”期间社会学在理论构建和对现实问题的政策性回应上，都取得了显著成果。“十二五”期间社会学的重点研究课题有：中国特色社会学理论体系构建的探索与研究、新时期中国马克思主义社会学理论研究、西方社会学理论的借鉴与反思研究、中国社会思想史及其研究方案探索、社会研究过程中的困难与冲突研究、后单位社会及其运作机制研究等。

2012年8月，出版《多元利益诉求统筹兼顾与社会管理创新——来自南海的“中国经验”》（华中科技大学出版社）。核心观点是，在快速变迁的中国社会中，通过社会管理创新来平衡和协调多元且复杂的利益诉求，以及由此带来的社会治理挑战。南海区的社会管理实践，展现了社会管理与社区治理体制的复合化、方式的多元化、手段的艺术化、机制的科学化以及城乡一体化等新趋势。

2012年，在《学习与实践》第1期上发表论文《“传统”的现代性变迁——一种社会学视野》。核心观点是，中华民族的现代发展在某种意义上，就是“现代的成长与传统的（被）发明”的历史，那种对传统全盘否定的历史虚无主义或全盘肯定的历史保守主义，都是片面的、不符合实际的。“现代的成长与传统的（被）发明”这个观点，具有非常重要的理论意义和现实意义。

2012 年，在《社会科学家》第 1 期上发表论文《从社会成员“无感增长”转向“有感发展”—中国社会转型新命题及其破解》。核心观点是，从社会成员的“无感增长”到“有感发展”，是中国社会转型所面临的一个新命题。要破解这一命题，必须在对传统发展方式进行深刻反思的基础上，推进从发展理念到具体体制机制在内的全方位创新。从理念上看，要摒弃旧式现代性及其相对应的发展主义意识形态；从管理体制上看，要将治标管理与治本管理相结合、刚性管理与柔性管理相结合、社会服务与社会管理相结合、社区管理与社会管理相结合、政府主导与多方参与相结合、科学精神与人文关怀相结合，提高社会管理的科学化水平，以形成更好的社会资源配置体制；从机制上看，要构建收入分配的合理调整机制、创新政绩考核机制、民生资源整合机制和民生事业的社会参与机制。

2012 年，在《西北师范大学报（社会科学版）》第 1 期上发表论文《走向有序与活力兼具的社会——现阶段社会管理面临的挑战及应对》，后收入《中国人民大学中国社会发展研究报告 2012——走向有序活力兼具的社会：现阶段社会管理面临的挑战及其应对》（中国人民大学出版社 2013 年 3 月）的总论和第一章。核心观点是，如何走向有序与活力兼具的社会，避免“一管就死，一放就乱”的“历史怪圈”，是现阶段我国社会管理面临的重大挑战。我国上、中、下三个层次围绕这一问题各有重点的探索，不仅是“中国经验”的实质内容，而且也构成“中国经验”的一个个亮点和成长轨迹，其中，中央的经验是核心、灵魂和指导。从理论上来说，“社会运行论”包括的所有机制，都涉及有序与活力兼具的问题。从整合机制和动力机制出发，要应对现阶段我国社会管理面临的挑战，就要正确把握社会建设和社会管理的关系，要重视国家、市场和社会的有效整合与合作，要实现“组织构架的再造”，处理好利益多元化格局的关系，要在解决好各种关系的基础上努力实现科学管理。

2012年，在《社会科学家》第1期上发表《社会管理与社会建设：历史、战略、未来——著名社会学家、中国人民大学一级教授郑杭生先生访谈》。核心观点是：在新时期，既要“立足现实”，也要“提炼现实”；既要“开发传统”，更要“超越传统”；既要“借鉴国外”，更应“跳出国外”；从而正确总结“中国理念”，科学概括“中国经验”或“中国模式”。当代中国不断发展，中国社会是各种各样思潮的汇集点，遵循这一研究路径，尤为重要。

2012年4月17日，以《中国人类学发展的重要契机》为题，在中国人民大学人类学研究所举办的“二十一世纪人类学讲坛”的开讲仪式上致辞。核心观点是，沿着“文化自觉”“理论自觉”的学术轨迹、研究途径，人类学在中国社会大有可为，它的学科地位的逐步提高、它的丰硕成果的引人瞩目、它在世界学术格局中的学术作用的日益提高，都是可以期待的。

2012年6月11日，以《“理论自觉”与中国风格社会科学》为题，在国家行政学院首届科学报告会上作主题报告，后发表在《江苏社会科学》2012年第6期上。核心观点是，当理论自觉和理论自信的问题再一次尖锐地摆在了中国社会科学理论界和学术界面前时，应该感到一个重大而紧迫的时代课题正等待着去破解。只有把理论自觉落实到中国社会科学研究之中，中国社会科学才会结出中国特色的丰硕之果。

2012年8月10日，撰写《郑杭生自选集》(学习出版社2013年1月版)一书前言。核心观点是，一向主张中国学术界“多一点学派，少一点宗派”。学派要靠正常的学术争鸣来促进。学派应该是从不同的方面抓住和体现时代的精神，这是学派的灵魂、学派的生命，否则所谓“学派”就只是徒具形式，而无实际内容的空壳。真正的学派是理论自觉的高层次形式——理论自觉成为一个学术共同体的共识。

2012 年 10 月 17 日，在《南方日报》发表论文《促进公平正义：社会建设的本质》。核心观点是，“中国经验”是中国社会上下结合、共同探索、互动创新的结果。中央经验是“中国经验”的核心、灵魂和指导。地方和部门经验、基层经验的重要性，则在于它们共同构成了“中国经验”一个个亮点、一个个支点，共同标志着中国特色社会主义这种新型社会主义历程的一个个轨迹点、成长点。探索社会建设和社会管理必须遵循正确的学术途径。在调查研究的基础上，把这种途径表述为：立足现实，提炼现实；开发传统，超越传统；借鉴国外，跳出国外；创新话语，创造特色。

2012 年 10 月 27 日，以《中国社会研究与中国社会学学派——以社会运行学派为例》为题，在南京大学召开的第四届“中国社会与中国研究”国际学术研讨会上作主题发言，后发表在《社会学评论》（创刊号）2013 年第 1 期上。核心观点是，以社会运行学派为例，学派意识、学派建设还都是逐步增强的。照搬西方所谓“近亲繁殖”，无视中国学派传承和发展的传统，对中国学派形成和发展起了釜底抽薪的消极作用。中国社会学需要更多体现时代精神的互相争鸣的真正意义上的学派。

2012 年 11 月 26 日，在《人民论坛》发表论文《中国社会建设的六大艰巨“任务”》。核心观点是，现在强调的“社会建设”，已不是对过去社会建设的单纯重复，而是具有了新的时代内容，从而又成为一个鲜活的、对实际社会生活起越来越重要作用的现实概念。今天研究社会建设，主要是要着力揭示其新的时代内容，而不是去论证它是一个新概念。那种认为“社会建设”首次出现于十六届四中全会的说法，是不符合历史实际的、不确切的。

2012年，在《人民论坛》第12期上发表论文《“中国故事”期待学术话语支撑——以中国社会学为例》。核心观点是，从来没有一个时代像今天这样，如此迫切而又理直气壮地呼唤中国理论自觉自信自强和学术话语权。要走出“双重失语危机”，就必须牢牢树立理论自觉自信自强意识，立足现实、提炼现实，开发传统、超越传统，借鉴国外、跳出国外，正确总结“中国理念”、科学概括“中国经验”，逐渐形成具有中国特色的社会学学术话语体系，不断提升中国社会学的学术话语权。

2013年1月，出版《郑杭生自选集》（学习出版社）。核心观点是，社会学应立足中国的实际国情，发展具有本土特质的理论体系，特别是通过“社会运行”这一独特视角，分析社会结构与个体行为的互动关系。社会学的理论创新应与中国社会变迁的实践相结合，从而推动社会学研究服务于国家现代化进程与社会建设。

2013年，在《社会主义研究》第4期上发表访谈论文《社会建设与社会管理中的理论深化与实践创新——访中国人民大学郑杭生教授》。核心观点是，加强和创新社会建设与社会管理是一项方兴未艾的伟大实践，立足于当代中国社会变迁的历史大背景，以国际视野和世界眼光，对其进行系统深入的调查研究，把分散的经验材料提升为较为系统的理论观点形态，为其提供必要的学理支撑，这是中国社会学义不容辞的使命。

2013年7月，出版《社会运行学派成长历程：郑杭生社会学思想述评文选》（中国人民大学出版社）。核心观点是，社会学应从宏观层面研究社会运行机制，特别是在现代社会转型中如何通过制度、规范、文化等因素维持社会的有序运转。应通过社会运行的视角，理解社会结构和个体行为的互动，推动中国社会学的本土化理论建设，回应中国社会转型中的实际问题。

2013 年 7 月 20 日，以《再评判、再认识、再提炼》为题，在贵阳召开的中国社会学会 2013 年学术年会开幕式上致辞，后被中国社会科学网、光明网、人民网等各大网站刊登，并以《破除“边陲思维”》为题刊登在当年 9 月 2 日《北京日报》。核心观点是：一是“再评判”，着重指中西关系，即中国社会学与西方社会学的关系。二是“再认识”，着重指今古关系，即当代中国社会学与历代学术传统，特别是社会思想的关系；我们这一代社会学学者与我们社会学先辈的关系。三是“再提炼”，着重指理实关系，即理论与现实、理论与实践的关系。这里，现实主要是指社会转型的现实、社会风险的现实、集体意识构成的“社会事实”的现实。

2013 年 10 月 19 日，以《传统学术资源与理论自觉》为题，在南开大学国学研讨会上作主题发言。核心观点是，要正确提炼现实，必须有两个方面的基本素质：既要有学科的前沿意识，掌握本学科最新的理论、方法、发展趋势等，又要有草根情怀，深入基层，对我国基层社会的实际运行情况有真实的了解，通俗地说，也就是要“接地气”。把这两个方面结合起来，就是一种“顶天立地”的精神。这两者是缺一不可的。缺乏前沿意识的草根情怀，往往是狭隘的；而缺乏草根情怀的前沿意识，则往往是无根的。

2013 年 12 月 11 日，在《光明日报》发表论文《社会体制机制改革的新理念新思路——一种社会学的解读》。核心观点是，中国社会学必须面对三种基本关系：中西关系，今古关系，理实关系——理论与现实、理论与实践的关系。正确处理这三种关系，说说容易，实际做到难度不小，而且这是一个没有止境的过程。

2013 年 11 月 29 日，在《中国社会科学报》上发表论文《社会学在全面深化改革中大有可为——从社会学视角解读十八届三中全会》。核心观点是，社会治理（social governance）和善治（good governance）的核心之点在于由国家力量和社会力量，公共部门与私人部门，政府、社会组织与公民，共同来治理和管理一个社会。

2013年12月16日，在中国社会科学院召开的哲学社会科学话语体系建设座谈会上，以《把握学术话语权是学术话语体系建设的关键》为题作了发言，该文章后来被中国社科网、光明网、人民网等各大网站刊登。核心观点是，今年中国社会学界提出了“再评判、再认识、再提炼”，是中国社会学在“理论自觉”阶段的基本功的命题。只有把上述三个方面结合起来，真正做到“借鉴西方，跳出西方”，不断进行“再评判”；做到“开发传统，超越传统”，不断进行“再认识”；做到“提炼现实，高于现实”，不断进行“再提炼”，才能真正创新我们的学术话语，创造我们的学术特色，也才能形成为数众多的真正的中国学派。

2014年3月2日，在《人民日报》上发表论文《牢牢把握“四个治理”原则》。核心观点是，“四个治理”内容极其丰富，事实上包含了这样几个结合：治标治理与治本治理相结合、刚性治理与柔性治理（硬性治理和软性治理）相结合、社会服务与社会治理相结合、社区治理与社会治理相结合、政府主导与多方参与相结合、科学精神与人文关怀相结合。更宏观地看，“四个治理”，无论是从中西关系、古今关系，还是从理实关系（理论与现实、与实践的关系）来看，都是一种社会治理的中国化的创新探索。

2014年3月，出版《包容共享：社会管理的精神内核》（中国人民大学出版社）。核心观点是，社会管理作为一种服务、协调、组织、监控的过程和活动，其精神内核是“包容共享”，即在合理差别的基础上，让社会发展的优秀成果和福祉尽可能地惠及每一个人。社会管理创新，应在明确社会管理概念内涵、历史传统及借鉴国外社会管理模式的基础上，从体制改革与顶层设计、社区治理与基层探索、网络时代与虚拟社会管理、人心管理与资源配置等方面着手，探讨迈向包容共享、活力有序的现代社会管理机制。

2014 年 4 月，出版《社会运动学派轨迹：郑杭生自选集》（首都师范大学出版社）。核心观点是，围绕社会运行学派的理论和实践，强调“理论自觉”在中国风格社会科学中的重要作用，并探讨了社会运行学派与马克思主义的关系等，展示了社会运行学派对中国社会变迁和社会学理论的贡献，以及如何将社会学理论与中国的社会现实相结合，促进社会学的本土化发展。

2014 年 5 月 4 日，在《人民日报》上发表论文《国外社会治理的基本经验》。核心观点是，社会治理包括的内容非常复杂，国外关于社会治理的具体做法也千差万别，概括起来，大致有以下四种可以代表现代社会治理发展方向的理念和实践：首先是多元参与合作共治；其次是以人为本与标本兼治；再次是依法治理与刚柔并济；最后是预防为先与动态治理。

2014 年，在《社会学评论》第 3 期上发表论文《“理想类型”与本土特质——对社会治理的一种社会学分析》。核心观点是，党的十八届三中全会对社会治理的中国化创新探索，充分体现了治理的理想类型与改革的本土特质这两种视野的统一。较之于统治和管理，作为理想类型的治理更适合现代社会的需要，更能发挥三大主体的各自优势、形成彼此的良性互动。中国社会治理的本土创新探索，集中体现在社会治理方式的改进上。党的十八届三中全会提出的“四个治理”原则，正是一般性与特殊性相结合的、适合中国具体国情的社会治理具体制度的框架，中国的社会治理体制改革贯穿了正确的立场、观点和方法，它站在维护最广大人民根本利益的立场上，形成了与西方观点不同的中国特色社会主义的治理理念与观点，走出了一条理想类型与本土特质恰切结合的改革之道。

2014年6月，出版《品味社会学》(江苏人民出版社)，明确社会学是研究社会良性运行和协调发展的条件和机制的综合性具体社会科学，以"增促社会进步，减缩社会代价"。以个人为起点，社会学的具体研究内容可划分为宏观和微观两个部分。

2014年7月11日，以《学会　学派　学术——我对理论自觉从何而来的学术思考》为题，在武汉召开的中国社会学会2014年学术年开幕式上致辞，后发表在《北京日报》(2014年8月25日)上。核心观点是：学会，包括学术制度建设、学术平台和学会历史等，应成为中国社会学界的宝贵财富；学派，是学术发展的最实质的平台，有无学派，特别是有无著名的学派，是一个学科是否繁荣、是否有活力、是否成熟、是否有社会影响力以至国际影响力的重要标志之一。学术，要注意社会学学科的发展趋势，注意社会学理论在应用中的创新，锤炼理论自觉阶段的社会学的基本功。

2014年8月，出版《多元利益诉求时代的包容共享与社会公正——社会建设和社会治理创新的"中山经验"》(中国人民大学出版社)。核心观点是，2011年郑杭生及其学术团队在广东中山围绕新型城乡关系展开系列调研，总结"中山经验"，包括包容共享与社会公正、社会资源的公平合理配置、改革与发展成果的共建共享、社会治理实现从维稳到创稳的转变，推动多元协作的智慧型社会治理等体制创新，推进城乡一体的社会建设和治理，提出涵盖高品质社会生活的全方位利益诉求的"全域中山"理念。

2014年8月23日，以《全面提高"理论自觉阶段"基本功的功力》为题，在北京郑杭生社会发展基金会资助的中国社会发展青年学者论坛(2014)开幕式上致辞，后发表在《西北民族研究》2014年第4期和《广西民族大学学报(哲学社会科学版)》2014年第6期上。核心观点是，社会学研究非常需要科学性与人文性的统一。所以，要"全面"提高"理论自觉阶段”基本功的功力，就要全面地从这三个方面来提高。社会学界，特别是青年学者，要敢于和善于“再评判”“再认识”“再提炼”，在做好这些方面基本功的同时，不断增强自己的实际功力，扎扎实实地提高自己的理论自觉水平，使自己在学术上、理论上更加成熟，对社会建设与社会治理、对新型城镇化发挥更大作用，涌现一批社会学的名家，甚至社会学的大师。这是我们这一代担负承前启后、铺路搭桥的中国社会学学者的真诚希望！

2015 年 1 月 15 日，在《甘肃社会科学》第 1 期上发表遗作《“社会互构论”视阈下社会复合主体参与及互构机制》（与尹雷合作）。核心观点是，以“社会互构论”为视角，重新审视我国当前的社区文化建设。作为形塑社区文化形态最重要的三股力量，国家、市场和社会这三者的关系结构在社区文化建设的互动中形成，又在相互选择的结果中不断调整。国家、市场和社会在社区文化建设中已然形成了复合主体，这一主体功能的发挥需要各主体行为的良性互动和关系的合理调整。

2015 年 1 月 20 日，在《社会学评论》第 1 期上发表遗作《社会记忆与乡村的再发现——华北侯村的调查》（与张亚鹏合作）。核心观点是，乡村社会正以前所未有的方式发生着结构性变迁，这种变迁发生在经济、政治、文化、社会关系等诸多领域，在速度、广度和深度层面均呈现前所未有之势。乡村社会变迁具有两重性和复杂性，即社会优化与社会弊病并生、社会进步与社会代价共存、社会协调与社会失衡同在。双重性与复杂性的特点，深刻体现了乡土社会传统记忆力量的时代沉浮。乡村的过去、现在和未来呈现一个连续推进的过程，了解社会记忆对于重新认识当前的乡土社会具有深刻的理论与现实意义。

2015 年 3 月 20 日，在《社会学评论》第 1 期上发表最后一篇遗作《治理理论的适用性、本土化与国际化》（与邵占鹏合作）。核心观点是，治理理论适用性、本土化与国际化中有多个“中层”命题：国家治理与社会治理的关系是探讨治理理论适用性的突破口；重在比较中西在国家治理与社会治理关系上“特殊情况下”的异同；治理理论本土化存在国家责任、主体人格以及话语体系三个方面的难题；地方经验在问题提出、理论提升以及学术争鸣中具有特殊意义；等等。

2015 年 11 月，出版《中国特色社会学理论的提升——社会运行学派：前沿意识与草根精神》（中国人民大学出版社）。核心观点是，前沿意识代表学术研究需要具备前瞻性和创新性，要求社会学研究紧跟时代发展步伐，关注全球学术发展的前沿动态，提出具体的中国特色的社会学理论；草根精神强调学术研究深入基层，贴近生活，反映社会底层民众的需求和问题，坚持“顶天立地”的精神。

后记

十年，在历史的长河中只是短暂的一瞬，在人的一生中说长不长又说短不短，往往被用来做阶段性总结的时间节点，并被赋予一些特殊的意义，让每个人都可以生活在自己的特定时区内，这正是社会时间存在的价值。1984 年，恩师郑杭生先生留学英伦归国，创立中国人民大学社会学研究所并招收社会学硕士研究生，张建明等成为其第一批硕士开门弟子；1994 年，中国人民大学开始招收社会学博士研究生，郭星华等成为先生第一批博士开门弟子；2004 年，我有幸忝列先生的博士后研究人员，虽然不是第一批，也算凑了个时间节点的机缘；2014 年，先生与世长辞，告别他学习、工作、生活了近一个甲子的人大讲堂；2024 年，是先生离开我们的十周年，也是中国人民大学社会学学科恢复重建 40 周年。在这个特殊的时刻，总是会有诸多感怀涌上心头，给过去的那些岁月说点什么。

2024 年元月 3 日，在恩师郑杭生先生逝世十周年纪念会筹备会上，大家讨论要出版一本纪念先生的著作。因为我此前曾主持了一项关于理论自觉主题的国家社科基金项目（2015ASH001），大家会自觉不自觉地想到我。在当时的那个场合，我觉得自己有责任做点什么，就答应在会前完成这本书稿，并将这个任务纳入年度重要规划。今年年中，在华南农业大学举办的一个学术研讨会期间，师门再次聚首，又一次讨论了纪念会相关事宜，再次确认了我的任务书。原本以为，有一个国家社会科学基金重点项目结项良好的研究报告初稿，修改起来应该不会太难。现在看来，当初这个想法是多么天真。无奈已在师门会上夸下海口，只能硬着头皮往前走。

放暑期前后，我正式着手修改书稿，发现很多章节需要重写，工作量很大，只好每天到办公室加班，不舍昼夜。在修改书稿的过程中，我再次系统整理了先生著述，深刻体认先生的微言大义，重新认识到先生的大师品格与远见卓识。真正完成第一稿时，已是 8 月中旬了，接下来马不停蹄地开始统稿，把向出版社交书稿的时间一拖再拖。现在非常忐忑地呈现在大家面前的这本拙作，算是对这几个月辛勤付出的一个交代。因赶工时间仓促，书中还有诸多不足甚至疏漏之处，有请各位方家批评指正。感谢中国社会学会会长、中国社会科学院学部委员、中国式现代化研究院院长张翼研究员欣然答应为本书作序，这是对本书最大的嘉奖。

2024 年，是我从事社会学研究与教学的第 20 年。感谢华东理工大学社会与公共管理学院创院院长徐永祥先生生前的诸多关心，他常说与我是“忘年交”，两人之间无话不谈，我们多次一起出差，分享美食和生活小智慧。在与他共事的 15 年中，徐老师办公室的灯光常常是激励我辈自强不息的力量。他深谋远虑，为人豁达；他淡泊名利，襟怀坦荡。他的“大公小我、先公后私”的微信签名，是他高尚人格的最好注脚。与他工作和生活中交往的点点滴滴，已化为我生命中重要的情感维度。这份鞭策与鼓励，当永铭于心。转眼间，徐老师也离开我们 5 年了，有些感念，只能寄托于明月，或化作一缕清风。感谢社会学系曹锦清教授，他不只有深厚渊博的学识，更有传统知识分子独有的民族关怀和国家立场。他与先师郑杭生先生“神交已久”，这种“为民族思考”的灵魂，正是理论自觉的思想共鸣。感谢华东理工大学社会与公共管理学院院长何雪松教授、张广利教授、范斌教授、陈丰教授等，感谢华东理工大学社会学系的全体同仁。大家一直以来的包容与鼓励，让我始终坚守善良、心怀感恩。中国人民大学张建明教授、洪大用教授、冯仕政教授、刘少杰教授、李迎生教授、奂平清教授、黄家亮教授、富晓星教授，南开大学张文宏教授，华东师范大学文军教授，华中师范大学江立华教授、符平教授，中央财经大学杨敏教授、北京科技大学章东辉教授、《新华文摘》杂志社刘仲翔编审、中共中央党校王道勇教授，西安交通大学卢春天教授、姜利标副教授，华东理工大学唐有财教授、赵方杜副教授、马流辉副教授、徐选国副教授、杨君副教授等，为本书提出了诸多建设性的意见，或给予不同侧面的关注。华南农业大学陈玉生副教授为附录二作了大量的前期工作，郑杭生社会学思想年谱选编得以面世，具有重要的史料价值。书中部分章节已经在《福建论坛（人文社会科学版）》《西北师大学报（社会科学版）》《甘肃社会科学》《学习与实践》《社会学评论》等刊物上公开发表，感谢周贤润、罗兴奇、胡高强、王镜新、胡可欣等与我合作署名的作者。我的研究生闵競、胡可欣、祁颖菲、汪熹成、姚静、叶自冰等为本书查阅了部分资料，帮助修改书稿体例，核对参考文献。这本书，凝聚了大家的智慧，也诠释了最好的传承。华东理工大学出版社社长张辉女士和社科事业部主任刘军先生为本书的出版提供了大力支持。资深编辑秦静良先生、藕园女士为本书的高质量出版作出了很大努力，给予我交稿时间以最大的宽容，他们的敬业精神与辛勤付出让我为之感动。

最后，我要特别感谢我的家人。今年原计划暑假陪孩子外出旅行的安排泡汤了。用来凑数的，是 8 月中旬去孩子外婆家小住，这也是我为人“半边子”的责任。后辗转福建，在厦门大学胡荣教授的寿宁老家参加第二届群学书院乡村振兴论坛，再带学生赴江苏作了一个短暂的暑期调研。除此之外，每天都是加班、加班。这些年，无止境的俗务缠身，让我总是延期兑付给家人的承诺甚至一再食言。所以，但凡我再说有关陪同家人旅行的规划时，夫人总说我是在“画大饼”。这几年，儿子也说，“您的‘饼’不仅画得那么大，还画得那么远”。今年因为修改书稿，又算是一个正当的托词。我想，也许只有家人，才可以一而再再而三地容忍我的“言而无信”。个中滋味，只有日子可以做证。我常说：“等我把手上积压的一些事情处理好后，明年我要把节奏慢下来。”身边人总说：“这话怎么听起来这么熟悉，是不是说了好多年？”今年暑期调研时，我再这么一说，坐在边上的学生胡高强说，“老师，您说话算数？！”我竟一时语塞。人生无常。明年，家慈也已离开我们十年了，老家再无那位数着指头盼我归期的人，家乡早已变故乡。每年的清明，都要回乡祭祖，心如朝圣。每每踏上故乡的土地，望着父母长眠的山岗，垅上草青，别梦依稀，累月经年，思念成疾。

窗外，已是白露时节，应是秋意渐浓，却依然酷热如盛夏。面对这个百年未有之大变局，寰宇烽烟四起，极端天气频发，人工智能高歌猛进，世界充满太多不确定性，人类究竟向何处去，也许只有交给时间。

杨发祥　谨识

甲辰年仲秋于复兴号高铁上

内容提要

理论自觉是解读郑杭生中国特色社会学思想的重要视角。本书从学术史角度，在系统梳理郑杭生社会学理论谱系和思想精髓的基础上，从时局审视与敏锐感知、学科使命与话语转换、知识生产与身体力行、顶天立地与应用拓展四个维度，系统阐释了郑杭生何以成为理论自觉的先觉者、倡导者、先行者、推动者，科学评价其理论自觉思想的理论价值与方法论意义。理论自觉的思想遗产，已成为当代中国社会学人的集体记忆和行动动力。学术共同体意识的集体觉醒、薪火相传与接续努力，推动了中国社会学自主知识体系的生产、应用与传播，为谱写“中国故事”提供了有力的学术支撑，展现出一幅学派纷呈、百花齐放、美美与共的生动图景。